蔬菜价格大数据研究

◎ 杨 娟 著

上海科学技术出版社

图书在版编目(CIP)数据

蔬菜价格大数据研究 / 杨娟著. —上海:上海科学技术出版社,2020.1
ISBN 978-7-5478-4698-8

Ⅰ.①蔬… Ⅱ.①杨… Ⅲ.①蔬菜—物价波动—研究—中国 Ⅳ.①F326.13

中国版本图书馆 CIP 数据核字(2019)第 299065 号

蔬菜价格大数据研究
杨 娟 著

上海世纪出版(集团)有限公司
上 海 科 学 技 术 出 版 社 出版、发行
(上海钦州南路 71 号 邮政编码 200235 www.sstp.cn)
上海中华商务联合印刷有限公司印刷
开本 787×1092 1/16 印张 14 插页 4
字数:350 千字
2020 年 1 月第 1 版 2020 年 1 月第 1 次印刷
ISBN 978-7-5478-4698-8/S·189
定价:80.00 元

序　一

新中国成立 70 年来，我国农产品生产的投入水平、科技水平、机械化水平都发生了巨大变化，当前主要农产品生产能力达到了一个新的高度，取得了举世瞩目的成就。反映在农产品生产量上，2018 年与 1949 年相比，粮食产量增长了 4.8 倍，其中，水稻增长了 3.4 倍，小麦增长了 8.5 倍，玉米增长了 19.7 倍，大豆增长了 2.1 倍；2018 年与 1978 年相比，猪肉增长了 3.8 倍，牛肉增长了 23.0 倍，羊肉增长了 9.7 倍，蛋类增长了 10.1 倍，奶类增长了 33.8 倍，油料增长了 4.3 倍，糖料增长了 3.8 倍。这样的增长，为我国城乡居民解决温饱问题，过上小康生活奠定了坚实的食物供给基础。

但是，随着农产品生产水平的提高，作为一个产业，我国现代农业的风险非但没有降低，相反，我们今天农业面临的风险却更加严峻。因为当前农产品供给的风险不但有来自自然因素的固有风险，而且更多是来自市场因素的不确定风险，甚至还有来自国际市场的各种风险。因为现在的农产品早已不是自给自足式的生产消费方式了，大市场、大流通，生产重心与消费重心时常偏离，且渐行渐远。我们常常看到，生长在海南农田里的西红柿和青椒产品，不仅会销往海口、广州这些周边城市，很多时候还会销往北京、天津、哈尔滨等千里之外的城市，甚至更远的地区。

很显然，农产品供需的风险不仅仅是来自农产品生产量形成过程中的各种因素变化，而且，许多时候，是来自于农产品的贮藏、运输、加工、销售诸多环节中的突发因子的影响。因此，现阶段，仅仅研究农产品生产中的问题已经远远不够，而研究农产品的产前问题与产后问题就显得特别重要了。也就是说，研究农产品市场供需两个方面的问题可能才是认清我国农产品市场规律，进而有效调控市场和规避风险的最有效途径。

农产品市场变化有许多表现，但最直接、最灵敏、最真实的体现当然还是农产品的市场价格。价格信号是农产品供需状况不走样的、不误传的“显示器”，是鲜明展示市场走向的“信号灯”。但为了读懂这个传感器、看清这个信息灯，许多科研工作者正在为此不断努力艰苦工作。几十年来，研究农产品市场价格的专家学者不计其数，应用方法千差万别，得出的结论林林总总。从价格高低变化现象，到价格波动特征，再到价格因素规律、未来趋势等等，这些研究都从某一方面或几个方面解析了中国农产品市场的复杂影响和主要变迁，为农产品市场分析和生产、经营、管理决策提供了有力的科技支撑。

农产品市场信息分析有三难：一是实时性、精准化地获取数据难，至今为止，绝大部分“最初一公里”市场数据的获取，还是统计上报方法居多，主要数据粒度还是年度数据、月度数据，依靠这些数据来研究农产品市场短期变化还是很困难的；二是定量化、模型化地数据分析难。统计学方法时常难以应对农产品全产业链复杂系统问题，理论模型对于表现社会经济难于量化变量因素的分析困难重重；三是系统化预测未知难，对未知目标对象进行系统化、智能化预测预警依然是困难的，对系统方法的构建及分析人员的知识结构都有比较苛刻的要求。

在当前信息技术突飞猛进的时代背景下，大数据技术、物联网技术、人工智能技术正在改变传统复杂问题的解决路径。我国广大农业信息科技工作者，不断奋进，积极探索系统化的农产品信息分析方法，加强集成创新。在分析农产品市场现象，探寻多因素影响规律方面，不断创新方法，如针对单一模型不能顾及多条件分析时建立链合模型进行多维因素分析，针对数据量与分析目标不对应情况将统计学模型与大数据人工智能方法相结合多途径分析，都取得了较好的效果。近年来，农业信息分析对支撑决策、引导产销的作用明显增强，在应对市场波动中发挥了重要作用。目前，农业农村部发布的农产品批发市场价格日报、农产品价格 200 指数、经济重要数据月报和中国农业展望报告等信息产品，已经成为有关国际组织、有关国家和市场主体研判农产品市场形势的重要参考依据。

从实际情况上看，我们全国性数据相对完整，开展全国整体性的分析起步较早，研究较多，基础较好。但同时我们也知道，由于区域性单品农产品数据积累时间的原因，在目前数据基础和采集方法条件下，针对专门地区，瞄准专一品种，进行中短期监测预警分析，显然是一项极具挑战性的研究工作，也存留有许多空白。而今天，我在去雅加达五六个小时航程中，十分欣喜地读到了上海市农业科学院农业科技信息研究所副所长杨娟博士的新作——《蔬菜价格大数据研究》，这是一部专门研究上海蔬菜品种的生产、市场、价格规律和现象的信息分析专著。

读完这本专著深感具有几个特点。第一个特点是作者选择了一个重要对象开展了系统研究。这部专著，研究内容系统，以上海市民情有独钟的绿叶蔬菜为研究对象，从老百姓日常饮食中最普通、最受关注的青菜、鸡毛菜和卷心菜几个单品出发，并研究其价格波动特征，内容很有社会影响与意义。绿叶菜是上海人一日三餐菜盘子中的最爱，价格高低变化都是上海市民的日常关切，对其进行深入分析，最能体现科学研究的社会意义；第二个特点是由广角到聚集，为分析区域单品农产品创造了方法应用条件。专著首先从我国蔬菜生产及价格概况入手，进而进行全国蔬菜数据特征研究和上海蔬菜数据特征分析，再进行上海绿叶蔬菜的价格数据特征研究，为上海市的青菜、鸡毛菜和卷心菜价格监测数据分析方法介绍建立基础，有利于我们从全国的视角和其他农产品的角度去更好地了解上海绿叶蔬菜的市场特征；第三个特点是多方法集成应用，具有技术应用与介绍的系统性。在分析全国农产品价格特征、上海蔬菜价格特征过程中，对农产品市场价格数据分析进展进行总结，介绍了包括应用回归分析、蛛网模型、时间序列分析、均衡模型、智能分析、专家系统预测在内的方法应用，在分析全国和上海蔬菜价格波动和影响因素时分析了包括生产成本（Production Cost，PC）、居民消费价格指数（Consumption Price Index，CPI）、人均可支配收入（Per Capita Disposable Income，PCDI）等多个不同影响因素在内的单因素和多元回归分析过程，其分析具有较好的系统性；第四个特点是介绍了国内外农产品信息分析、展望及信息发布的情况，对USDA、OECD-FAO、G20-AMIS等国家和国际组织的农产品信息分析与展望进展进行了介绍，对中国农业展望和CAMES系统进行了介绍，对上海蔬菜价格数据采集、行情分析、辅助决策与推送服务系统也进行了介绍，值得广大读者阅读、借鉴与分享。

进行农产品监测预警，特别是进行分种类农产品的价格信息分析与信息发布服务，是现代农业发展软实力的充分体现。当前，我国现代农业发展的环境、条件、目标都发生了重大变化。适应这种新形势、新要求，建设系统、科学、有效的农产品信息分析技术方法和工作队伍，已经从客观上成为整个农业产业发展的全局性需要。特别是在国内外市场日益关联的背景下，基于国内外农产品生产、流通、贸易的实际状况，提醒我们必须加紧进行农产品全产业链数据分析预警技术体系建设，变事后被动跟进处理为事前主动引导服务，增强农产品生产市场调控的前瞻性、主动性、协同性，从而提高国际市场话语权、国际贸易主动权。显然，这是一项摆在我们农业信息科技工作者面前的艰巨任务，需要花很长的时间继续围绕基准数据、技术方法等关键环节不断突破，在实践中砥砺前行。我们也期盼更多的单品专业化大数据分析研究专著问世，以适应国内外农产品市场变化和农产品消费结构升级服务的要求，为生产者提供更加有效的信息引导，为消费者提供更加便捷的信息服务，提升广大老百姓日常生活的满意度和幸福感。

中国农业科学院信息所农业监测预警创新团队首席科学家
农业农村部市场预警专家委员会秘书长　许世卫

2019年11月25日

序　　二

产品和服务的价格分析是市场研究的核心。价格的形成、传递、变动引导了产品和服务供给链中各个利益相关者，如资源所有者、生产者、加工者、运输者、销售者和消费者的行为模式，关系着经济利益在各个部门、各利益相关者和不同国家之间的分配。因此，政府对市场的掌控在很大程度上是围绕着市场价格进行的。

定性和定量的模型是价格分析的主要工具，在经济学的分析框架中，市场价格是由供求决定的，而供求又受价格的影响，这一关系构成了供求和价格决定的内生性基础。定性模型的应用还反映在对不同市场结构条件下的价格分析。由于生产者和消费者数量、规模及市场信息流畅程度的不同，在不同市场结构条件下价格的形成存在着巨大的差异。因此，价格分析需首先研究市场结构，搞清楚市场是否在完全竞争条件下运行。

得益于市场营销、博弈论和行为科学在经济学中的应用，价格的定性分析在过去的四十年中得到了很大的发展。市场营销学的发展将商品属性的概念引入了价格分析。博弈论的应用使不同市场和人际环境下（如：合作/不合作，对称/非对称，零和/非零和，动态/静态，完全信息/不完全信息）的市场价格博弈更为清晰。行为科学更是拓展了人们在不同环境下对市场参与者决定市场行为模式和相互关系的认识。

相比而言，定量模型的发展更快。这一领域的发展一方面得益于定性模型，定性分析本身的发展，特别对其中一些似是而非结论和经济决策中量化的需要；另一方面，市场中特别是金融市场寻租、投机行为的扩展和信息革命的推动，特别是大数据和人工智能的推进，使定量价格模型成为价格分析的主流。

计量经济模型、结构性模型和大数据模型是现阶段市场价格分析的主要手段。计量经济模型，特别是时间序列模型更多地被运用在市场价格的预测中。这是因为由于生产和消费过程的技术和市场参与者行为的复杂性，产品和服务品的价格呈现一定程度的周期性、季节性和趋势性，计量经济模型能更好地拟合、刻画这些特征，反映一些不可测因素的作用。相比较而言，结构性模型，特别是局部和一般性均衡模型基于一般经济学理论假设，更关注于市场参与者的行为模式和市场的供求平衡，更多地被用于价格的结构分析和政策分析。此外，大数据条件下的价格分析模型正成为一种新的价格分析手段。大数据模型，比如利用随机森林方法建造的模型可用于更好地选择相关的变量，评估变量的重要性，避免估计的偏差，但是在模型变量的选择方面仍是其必不可少的基础。

作为一种重要的生活必需品，蔬菜的价格分析在中国乃之于世界仍是一个空白的区域。从经济学意义上讲，蔬菜是一类特殊产品，其特殊性在于：首先，蔬菜是一类易变质农产品。虽然储存手段的改善，比如冷库的建设能部分地解决变质快的问题，但其供给成本也会大幅度上升。其次，蔬菜的生产周期短。很多的蔬菜种类，比如上海的鸡毛菜，生产周期只有两三周。再次，蔬菜生产的季节性很强。很多种类在大田中适生期有限，生产设施的改善，比如大棚的发展虽在一定程度上可延长蔬菜的适生期，但同时也提高了生产成本。最后，也是最重要的一点，由于蔬菜价格关系到千家万户的民生，各级政府采取了大量措施来控制大、中、小城市的蔬菜价格，如果不清楚这些措施的影响，就很难研究清楚蔬菜价格的变动。

本书汇集了作者近年来对上海市乃至全国蔬菜过去 20 多年中价格变动的主要研究。利用年度、月度以及每日数据，分析了蔬菜价格变动的主要因素及其周期性和季节性；探讨了价格模型的研究进展、农产品价格波动的传导机制、国内外农业信息监测和农业展望工作体系的建设以及上海绿叶蔬菜价格分析系统和服务平台的建设情况，开拓了蔬菜价格领域的研究，为政府有效地管控“菜篮子”做出非常有益的贡献。

英国北爱尔兰农业生物与食品科学研究院　吴子平

2019 年 12 月 2 日

目　　录

第一章

我国蔬菜生产及价格概况

俗话说“宁可三日无荤,不可一日无菜”,蔬菜是居民生活的必需品之一。我国是蔬菜生产和消费大国,也是蔬菜出口大国。全国蔬菜播种面积达到 2 043.894 万公顷,年产量达到 70 346.72 万吨,人均产量约为 504.14 千克,以占种植业 12.3%的种植面积创造了 42.8%的总产量。每年蔬菜类产品成交额达到 7 720.01 亿元,其中批发市场成交额为 4 137.04 亿元,高于干鲜果类、水产品类、肉禽蛋类和粮油类的成交额;每年蔬菜出口量达到 920 万吨,出口量在农产品类中并不大,但出口金额为 131.523 7 亿美元,仅次于水(海)产品类,在农产品出口中处于第二位(2017 年数据)。蔬菜产业已经成为我国农业乃至国民经济的重要组成部分,蔬菜的有效供给不仅关乎我国居民生活的稳定,也影响着世界很多国家人民的蔬菜消费。保障蔬菜有效供给和蔬菜价格稳定,不仅对农业增效、农民增收,而且对城镇居民生活和社会经济平稳都有着重要的现实意义。

蔬菜生产具有生长周期短、效益快的特点,自 1980 年以来,我国蔬菜种植面积除个别年份(2003～2008 年)略有下降并保持平稳以外,总体呈现持续上涨的趋势,1980～2016 年,蔬菜播种面积平均每年增加 44 万公顷,年均增长率达到 5.23%。

蔬菜种植面积的增长将直接增加蔬菜的供给量,提高我国居民的生活质量及菜农收入。但蔬菜供给量的快速增加会导致蔬菜价格下降、菜农的收益减少,出现“菜贱伤农”的现象;而蔬菜供给的减少,会助推价格上升,农民的单位收益增加,但必然会使居民的生活成本增加,又会出现“菜贵伤民”的现象。

农产品价格由市场的供求决定,且农产品的需求弹性比较小(张洪星,2014),所以农产品的稳定供给显得尤为重要。在各类农产品中,蔬菜价格是波动最频繁的农产品种类,受自然、社会环境和市场供求因素的制约较大,面临一定的经营风险。蔬菜价格波动易引发其他食物价格的波动,并影响整体农产品价格的变动幅度。尽管我国蔬菜种植面积呈现逐年增加的总体趋势,但自 2002 年以来,蔬菜价格一反以往多年的平稳态势,出现了连续十多年的上涨,在蔬菜价格总体上涨的过程中多次出现部分蔬菜水果类价格徒增徒降的现象,如 2010 年大蒜、黑豆价格疯涨,2013 年生姜价格疯涨,引发了“蒜你狠”“姜你军”“葱击波”等网络热词,而与此同时又有一些农产品,多数是蔬菜、水果,因为价格低廉而出现丰产不丰收、农产品烂在田头的现象,如:2009 年柑橘无人问津;2016 年剁椒、西芹、荔枝滞销现象;2018 年 5 月,山东、河南、云南等地发生严重的大蒜滞销事件;等等。许多农产品如大蒜、生猪都曾出现过“价格上涨跟风种植/养殖,价格下跌种植/养殖减少”的恶性循环情况。农产品价格的高低关乎农民收入及整个国民生活及社会安定,保障蔬菜的有效供给和稳定蔬菜价格,不仅可以满足不断增长的多样化蔬菜品类的需求,而且对于保持社会经济平稳发展以及农业增效、农民增收有着重要的现实意义。

由于我国目前尚缺乏应对蔬菜价格波动的长效机制和紧急预案,菜农和城市低收入人群不得不面对菜价突升突降带来的冲击,这对我国目前的宏观调控以及经济的长期稳定运行是不利的,是当前亟需解决的重要课题。本书通过分析蔬菜价格变动的基本情况,开展蔬菜价格变动模拟与发布技术研究，以期对稳定蔬菜市场，保障蔬菜市场供给，乃至确保农产品价格的稳定产生积极而重要的影响。

一、菜篮子工程建设回顾

为缓解我国副食品供应偏紧的问题，农业部于1988年提出建设“菜篮子工程”，各地采取菜篮子市长负责制，在城郊建立了肉、蛋、奶、水产和蔬菜生产基地，以及良种繁育、饲料加工服务体系。至1993年底，城市的副食品供应基本得到解决，全国建立了2 080个农副产品批发市场，城乡集贸市场达8.3万个，初步形成了以蔬菜、肉、水果和蛋奶为主的大市场大流通格局。1994年菜篮子工程由以生产基地建设为主转入生产基地与市场体系建设并举，全国有27个省会城市、直辖市初步建立了主要副食品的地方储备库。

1995年至1999年底是菜篮子工程的第二阶段，在此阶段，城市农副产品的供给基地扩展了范围，由城市所在地郊区扩展到了农区，如山东寿光的蔬菜开始供应北京，山东临沂的蔬菜等农副产品开始供应上海和南京等地。蔬菜生产呈现设施化、多产化和规模化的特点，设施化就是大棚化，蔬菜温室大棚发展迅速；多产化就是蔬菜种植种类多样、丰富；规模化就是单品种大批量大规模种植。1997年底全国农副产品批发市场发展到约4 000家，全国初步形成了以中心批发市场为核心连接生产基地和零售市场的稳定的“菜篮子”市场体系，1999年9月，全国十大城市第12次“菜篮子”产销体制改革经验交流会正式提出，国内“菜篮子”供求形势已经从长期短缺转变为供求基本平衡、丰年有余。

1999年至2009年底，“菜篮子”工程建设开始向注重提高农产品质量安全方向发展，2010年国办发布《关于统筹推进新一轮“菜篮子”工程建设的意见》〔国办发(2010)18号〕，提出：统筹推进新一轮“菜篮子”工程建设，通过加强生产能力建设、完善市场流通设施、加快发展方式转变、创新调控保障机制，推动“菜篮子”工程建设步入生产稳定发展、产销衔接顺畅、质量安全可靠、市场波动可控、农民稳定增收、市民得到实惠的可持续发展轨道，更好地满足人们日益增长的需要。

二、我国蔬菜种植面积的发展变化

回顾我国蔬菜价格的波动历程，首先要从蔬菜生产面积的变化开始。蔬菜生产具有生长周期短、经济收益见效快的特点，为此在改革开放之初，蔬菜生产扩张特别快，1980～2003年是我国蔬菜种植面积的快速增长时期，种植面积一直保持增长趋势，年增长率为7.48%。但随着改革的深入和蔬菜市场的逐渐饱和，蔬菜生产劳动用工量大、工作环境辛苦，以及受自然、社会环境和供求因素制约大等缺点就显得尤为突出，比较效益低、生产经营风险大。同时，2004 年国家加强了对粮食生产自给的重视，出台了一系列种粮优惠政策，对蔬菜生产产生了一定的影响（张洪星，2014），2004 年我国蔬菜种植面积首次出现下降，之后的蔬菜面积增长速度开始放缓，直到 2009 年才恢复到 2003 年的蔬菜种植面积水平。随后，随着城市化进程的继续加快，蔬菜种植面积继续逐年上升。

我国 1980～2017 年蔬菜播种面积变化见图 1－1。

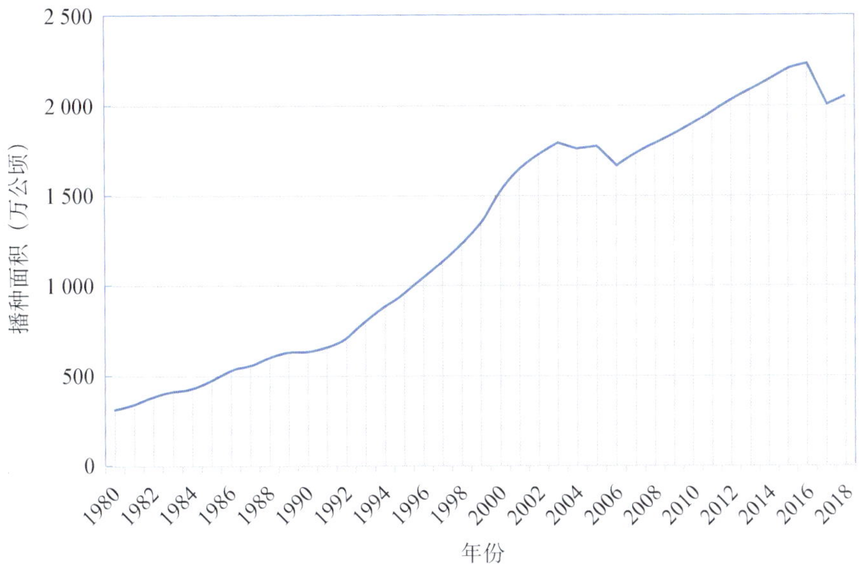

图 1－1　1980～2018 年全国蔬菜播种面积

（数据来源：国家统计局网站）

三、我国农产品整体价格变化特征

根据 1978～2006 年的农产品生产价格指数的变化来看，改革开放实行市场经济以来，我国主要农产品价格经历了 5 个波动周期：1978～1986 年为第一个波动周期，1987～1992 年为第二个波动周期，1993～2000 年为第三个波动周期，2001～2002 年为第四个波动周期，2003～2006 年为第五个波动周期（程国强等，2009），在每一个波动周期内，农产品价格都表现为先上涨后下跌的趋势特点。这其中，1994～1999 年，我国粮食连续 5 年大幅度增产，全国出现严重的“卖粮难”问题，粮食价格全面下跌，1998 年国家实行保护价收购政策，粮食库存量大，粮价继续低迷；到了 2003 年全国粮、棉、油、糖大宗农产品大幅减产，农产品价格又转为上涨走势，其中 2004 年涨幅最大。2006 年 10 月以来，全国农产品价格以生猪、稻谷、小麦、玉米为代表又纷纷大幅度上涨，短时间内形成全国普遍上涨格局，我国农产品价格进入新一轮波动周期。

农产品的价格波动因不同类型而表现较大的差异性，同类型农产品的价格也并非同时上涨或下跌，如2003～2006年，全国大豆、玉米、小麦价格纷纷上涨，上涨幅度为46%～116%不等，而同期稻谷的上涨只有4%。

蔬菜由于保鲜期短，其市场供应不像粮食产品那样较早开始大市场大流通，而是保持着城镇周边的近郊以蔬菜生产为主，供应本地市场，远郊发展粮食生产这一生产布局模式。因此，全国层面的蔬菜价格变动情况受到关注较少，而随着我国经济的发展、交通运输物流条件的改善，20世纪90年代中后期，蔬菜也逐渐呈现大市场大流通的格局。

四、我国蔬菜价格整体变化走向

1995～2004年十年间，全国蔬菜价格整体上走势平稳，并在低位徘徊(陈彦峰，2008)。随着全国蔬菜生产面积的进一步扩大，特别是设施蔬菜生产的快速发展及全国蔬菜大流通格局的形成，冬季及早春市场部分蔬菜种类价格甚至略有下调。菜篮子工程的实施，不仅满足了广大市民农副产品消费的需求，还通过大量农产品的供给，使农产品价格保持低位运行，有效缓解了国民经济运行中的通货膨胀压力。

自2005年以来，全国蔬菜价格一反多年疲软走势而快速上涨，2007年蔬菜价格上涨较大，开始引起各方注意，2009年仅上半年蔬菜价格同比上涨就达到6.4%，其中一季度上涨1.1%、二季度上涨10.6%，不同种类的蔬菜涨幅不同，叶菜类和瓜菜类涨幅较大。

2010年前后，在蔬菜市场需求拉动、生产效益驱动以及政府菜篮子工程的推动下，我国蔬菜种植面积和产量平均每年以两位数的速度增加，这种增长是因为我国城镇化速度加快，市场需求扩大，蔬菜生产有效益，但也很快出现了季节性、区域性、种类结构性供过于求。蔬菜价格出现较大幅度的上涨和不同农产品的涨跌频现(李娜等，2012)，有些种类蔬菜的价格居高不下[1]。为此，2010年以来新一轮菜篮子工程建设意见中提到要“市场波动可控”。

我国1995～2018年蔬菜年平均批发价格和月平均批发价格变化见图2-1、图2-2。

2011年蔬菜种植面积继续有较大提高，从2010年的18 999.89万公顷扩大到19 639.16万公顷。由于种植面积大量增加，且当年的气候也较适合蔬菜生长，因此蔬菜获得丰收，产量从2010年的65.099 41万吨增加到67.929 67万吨，导致蔬菜市场供过于

[1] 长三角菜篮子调查：蔬菜卖得比肉贵　两元难买一斤菜。食品科技网，2010年10月12日 https://www.tech-food.com/news/detail/n0435420.htm

求。从 2011 年 4 月份开始，全国多地菜农在丰收之后遭遇季节性蔬菜价格下跌与滞销，多种大众化蔬菜价格接连“跳水”（马国英等，2011）。而 2012 年 5 月全国菜价在天气转暖价格本应下跌的季节出现上涨[2]。2012 年 7 月、11 月也均有全国性蔬菜价格上涨的新闻报道。2012 年 12 月至 2013 年 1 月，全国多地菜价又出现明显上涨，据商务部监测，2012 年 12 月份，36 个大中城市 18 种蔬菜批发均价环比上涨 24.6%；2013 年 1 月份第一周，18 种蔬菜批发均价环比上涨 7.1%，涨幅较前一周扩大 4.2 个百分点[3]。2013 年大蒜和生姜价格先后出现大幅上涨，引发了“蒜你狠”“姜你军”等网络热词，蒜、姜的批发价格一度高达 20.78 元/千克和 16 元/千克。

2014～2015 年蔬菜价格是在涨涨跌跌之间[4~7]整体呈现上涨趋势。2015 年中央农村工作会议提出要着力加强农业供给侧结构性改革，提高农业供给体系质量和效率，使农产品供给数量充足、品种和质量契合消费者需要，真正形成结构合理、保障有力的农产品有效供给。农业供给侧结构性改革成为农业发展的新理念、新思路，其当务之急是加大去库存、降成本、补短板力度，提高农业效益和农产品竞争力，加强农业基础设施等薄弱环节，增加市场紧缺农产品的生产。其中，去库存最主要是调减玉米的种植面积、消化库存量，导致的影响是蔬菜种植面积进一步提高，全国蔬菜种植面积由 2015 年的 21 999.67 万公顷增加到 2016 年的 22 328.28 万公顷。

2016 年 2～4 月全国蔬菜价格处于较高的价位[8]，随后到 5 月蔬菜价格就大幅下跌[9]，直至 2017 年的几乎全年，蔬菜价格一直处于低迷状态[10~12]，往年价格高的冬春季节也因为暖冬适宜蔬菜生长而处于供过于求的状态。一直到 2018 年 1～2 月，蔬菜价格才

---

[2] 全国菜价逆势疯涨，一棵白菜售价顶一斤半猪肉。搜狐新闻，2012 年 05 月 06 日 https://news.qq.com/a/20120506/000093.htm

[3] 中国“菜篮子”面临极端天气和节庆双重考验。中国青年网，2013 - 1 - 9 http://news.youth.cn/caij/201301/t20130109_2791697.htm

[4] 成本因素推动蔬菜价格刚性上涨。人民网，2014 年 04 月 17 日 http://finance.people.com.cn/gb/n/2014/0417/c1004-24905794.html

[5] 全国蔬菜价格止降趋涨。中央政府门户网站，2014 年 06 月 20 日 http://www.gov.cn/xinwen/2014-06/20/content_2705298.htm

[6] 沪大多数大宗蔬菜价格昨天回落，跌幅达到 10%～40%。新浪财经，2015 年 10 月 06 日 http://finance.sina.com.cn/consume/20151006/042123407083.shtml

[7] 大雪影响济南蔬菜“变脸”，蔬菜大多开启涨价模式。济南日报，2015 年 11 月 25 日 http://news.e23.cn/content/2015-11-25/2015B2500140.html

[8] 今春菜价为何那么高？最多半个月菜价将回落。中国新闻网，2016 年 4 月 1 日 http://www.chinanews.com/cj/2016/04-01/7820754.shtml

[9] 33 种蔬菜有 22 种表现下跌，菜价终于回落了。搜狐新闻，2016 年 4 月 25 日 http://www.sohu.com/a/71461032_119665

[10] 蔬菜产能过剩致今春菜价跳水，菜农批发商赔惨。新华网，2017 年 2 月 20 日 http://www.xinhuanet.com/fortune/2017-02/20/c_1120495847.htm

[11] 2017 蔬菜价格“大跳水”，菜农何去何从？搜狐新闻，2017 年 5 月 3 日 http://www.sohu.com/a/138025560_686926

[12] 经济日报：蔬菜价格为何一路走低。搜狐新闻，2017 年 5 月 26 日 http://www.sohu.com/a/143618774_120702

回升[13,14]。

我国农产品生产长期以来是小农体制生产模式，生产规模小，组织化程度低。因此生产经营者没有能力开展有效的市场调查和预测，产销信息不灵使得农户用盲目扩大生产去应对有限的市场容量，以简单的追高价或从众调整种植品种和规模的办法去适应千变万化的市场，势必加剧了蔬菜价格起伏波动。

除了年际间的价格波动，蔬菜价格还存在明显的季节波动，1～5月是一年中蔬菜价格较高的时期；5月之后随着气温的转暖，成为蔬菜产出的旺季，价格也随之下跌，价格低谷期一般从6月持续到10月；11月之后，随着气温的降低，蔬菜产出量下降，价格也逐渐回升。但是在部分地区，夏季反倒成为某一类蔬菜的供给淡季，如江南地区人民喜食的绿叶类蔬菜，在夏季高温季节生长受阻、商品性差、市场供应量少，价格反倒处于一年的最高峰。

五、上海蔬菜价格整体变化走向

上海市拥有常住人口2 485万人(2018年统计数据)，每年蔬菜消耗量约619.6万吨，2017年全市完成蔬菜播种面积9.47万公顷，全市蔬菜产量310.76万吨，比2016年减少3.2%。由于蔬菜需求量巨大，上海市的蔬菜供应除了来自郊区蔬菜(又叫地产蔬菜或郊菜)外，还有大量外来蔬菜(又称客菜)。客菜主要是适合长途运输和储存的果菜如黄瓜、番茄、茄子、辣椒、冬瓜、南瓜、豆角等，叶菜如大白菜、卷心菜、芹菜等，根菜如萝卜、土豆等，主要来自江苏、浙江、山东、安徽、河南等地(钱智等，2011)，运输条件好时来自较远区域如福建、云南、甘肃、贵州、海南等地的蔬菜也很常见。

每年的7～8月是上海的高温季节，蔬菜生产受高温、虫害等的影响，形成明显的供应"夏淡"季，价格随之上涨迅猛。每年1～2月由于天气寒冷，蔬菜生长速度慢，成为上海蔬菜供应的"冬淡"季，通常价格上涨，但涨幅较"夏淡"季小。此外，春节、中秋国庆双节对蔬菜价格的影响也比较大，上涨幅度大，但影响时间短。

2010年以来，上海市蔬菜价格总体呈现上涨趋势，到2018年底，总体上涨8.5%，其中2016年达到峰值，2017年有较大下跌，到2018年又回升至2015年的水平。

---

[13] 国家发改委回应蔬菜价格上涨，未来蔬菜价格将逐渐平稳。新浪新闻，2018年8月28日 http://news.sina.com.cn/c/2018-08-28/doc-ihiixyeu0617044.shtml

[14] 国家统计局：蔬菜价格大幅上涨的基础并不存在。新浪财经，2018年9月14日 http://finance.sina.com.cn/china/gncj/2018-09-14/doc-ihkahyhw8848275.shtml

第二章

全国蔬菜价格数据特征研究

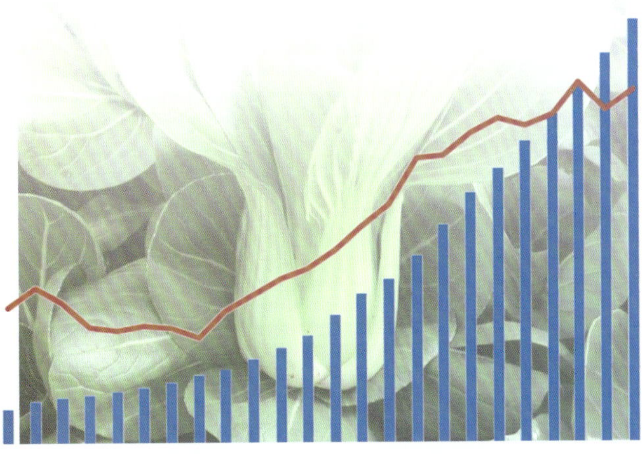

自1995年起，原农业部启动全国农产品价格数据监测工作，在全国43个批发市场布设了农产品价格采集点，每日上传各类农产品价格数据至农业农村部全国农产品价格数据库。这些数据信息为农业监测预警工作提供了坚实的基础，本章所做全国蔬菜价格数据特征的分析工作数据即来源于农业农村部全国农产品价格数据库。

一、全国蔬菜价格波动特征分析

（一）全国蔬菜年平均批发价格走势特征分析

如图2－1所示，1995～2002年我国蔬菜价格整体呈下降趋势，下降幅度平均为3.3％。2003年开始，蔬菜价格开始上涨，以2002年为起点，到2018年，蔬菜价格上涨幅度平均为14.6％，十六年中，除2014年略有下降（相较于2013年下降2.0％）、2017年有较大幅度下降（相较于2016年下降7.8％）外，其他年份均呈上涨趋势（表2－1）。

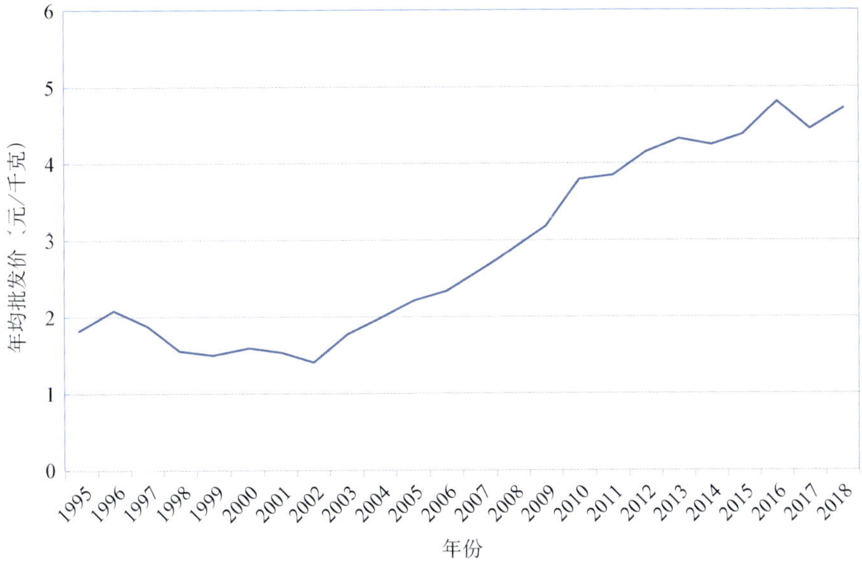

图2－1　1995～2018年全国蔬菜年平均批发价格走势

表2－1　1995～2018年我国蔬菜批发价格及涨跌幅度

年份	年平均价格（元/千克）	年均变动幅度（％）	年份	年平均价格（元/千克）	年均变动幅度（％）
1995	1.83		1997	1.88	−9.7
1996	2.08	13.9	1998	1.56	−17.2

续表

年份	年平均价格（元/千克）	年均变动幅度（%）	年份	年平均价格（元/千克）	年均变动幅度（%）
1999	1.50	−3.4	2009	3.18	9.8
2000	1.59	5.4	2010	3.80	19.6
2001	1.54	−2.6	2011	3.84	1.1
2002	1.41	−8.6	2012	4.14	7.7
2003	1.77	25.7	2013	4.32	4.5
2004	1.98	11.8	2014	4.24	−2.0
2005	2.21	11.3	2015	4.39	3.5
2006	2.33	5.5	2016	4.81	9.7
2007	2.58	10.8	2017	4.44	−7.8
2008	2.89	12.0	2018	4.72	6.2

（二）全国蔬菜月平均批发价格走势特征分析

从全国蔬菜月平均批发价格走势（图 2－2）来看，蔬菜价格表现出明显的季节性，1995～2018 年蔬菜价格呈现波动中上升的总体趋势，每年的 1～4 月形成一个波峰，随后一直降低，到 6～11 月形成一个波谷，如此循环往复。其中 2000 年 1～3 月、2008 年 2～3 月、2016 年 2～3 月和 2018 年 2 月的波峰偏离比较多，价格上升较多。

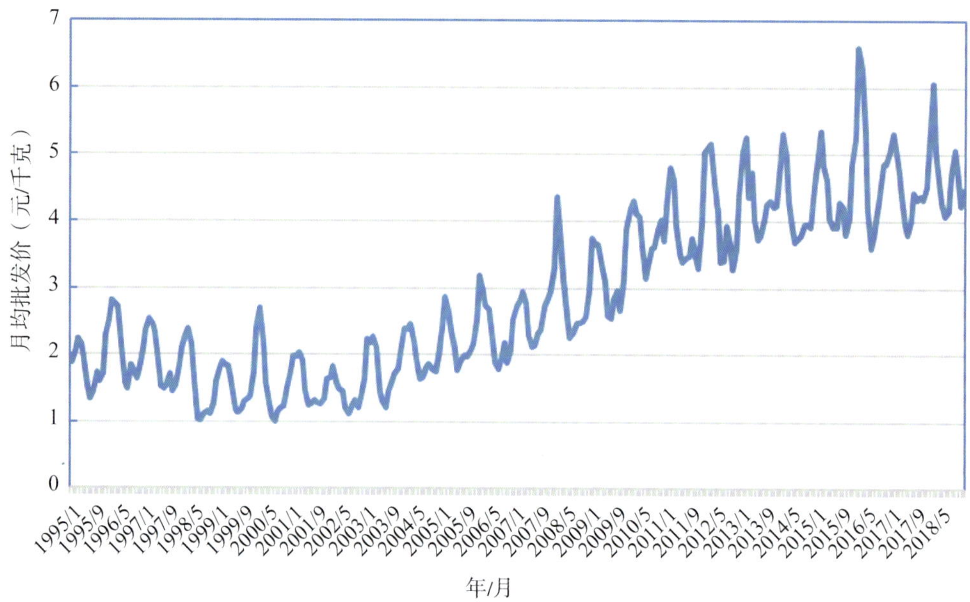

图 2－2　1995～2018 年全国蔬菜月平均批发价格走势

（三）全国蔬菜日平均批发价格走势特征分析

从图 2－3 全国蔬菜日平均批发价格走势来看，蔬菜价格同样表现出明显的季节性，从 1995 年至 2018 年蔬菜价格呈现波动中上升的总体趋势，日平均批发价格走势与月平均批发价格的走势相同，每年的 1～4 月形成一个波峰，随后一直降低，到 6～11 月形成一个波谷，如此循环往复。其中 2000 年 1～3 月、2008 年 2～3 月、2016 年 2～3 月和 2018 年 2 月有几天的波峰偏离比较多，价格上升较多，并非整月价格都较高。

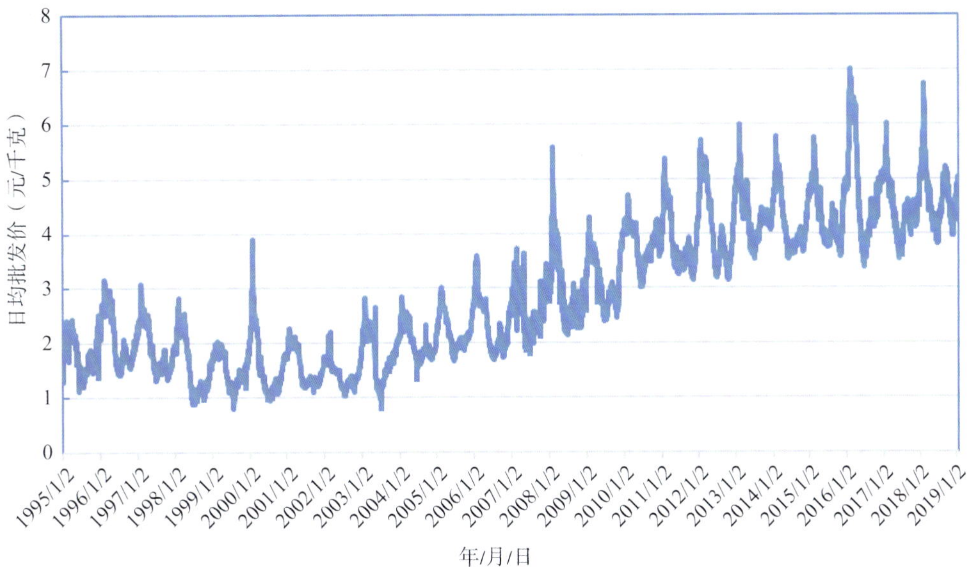

图 2－3　1995～2018 年全国蔬菜日平均批发价格走势

从全国蔬菜年、月、日平均批发价格变化来看，通过年价格走势可以分析蔬菜价格的总体变化趋势，从月价格走势可以分析蔬菜价格的季节性变化趋势，从日价格走势可以分析蔬菜价格的细微变化和影响的时间，因此研究过程中应根据不同的目的选择不同的时间分析尺度。

（四）全国蔬菜价格季节性特征分析

不同经济活动对季节的响应各不相同，通过季节特征分析，对季节特征明显的序列进行季节调整，可以消除季节因素的影响，进一步分析其他影响因素的波动特征和对经济活动的影响。运行 Census X-12 季节调整模型，将时间序列数据分离成季节项、趋势循环项和不规则项，趋势循环项可运用 H-P 滤波法进一步分离得到趋势项和循环项，其中季节项可以分析数列季节波动规律，趋势项可以分析数据随时间的走势特征，不规则项则可以分析经济活动是否受一些不规律因素的影响或某些因素的不规律性影响。

1. 季节性分析

采用计量经济学中的 Census X-12 乘法和 H-P 滤波法对全国蔬菜月平均批发价格进

一步分析，结果表明，蔬菜月平均批发价格存在明显的季节性变动特征（图 2－4），全国蔬菜月价格变化季节性特征明显，每年 2 月至次年 2 月的时段内蔬菜价格呈“V”形波动规律，2 月价格较高，随后开始下降，至 6 月下降到一年的最低值，随后又开始上升，9、10 月有时有一个价格小低谷，但波动幅度不大，之后价格又一路上升，至次年 2 月达到顶峰。1995～2002 年整体价格呈缓慢下降趋势，2002 年后全国蔬菜价格上涨幅度较快，到 2016 年开始略有下降并维持稳定（图 2－5）。

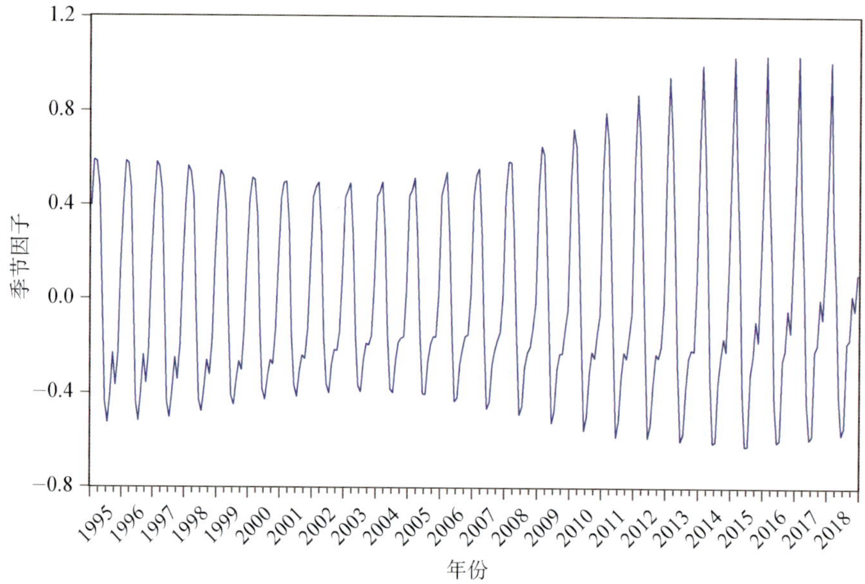

图 2－4　全国蔬菜月平均批发价格季节因子序列曲线

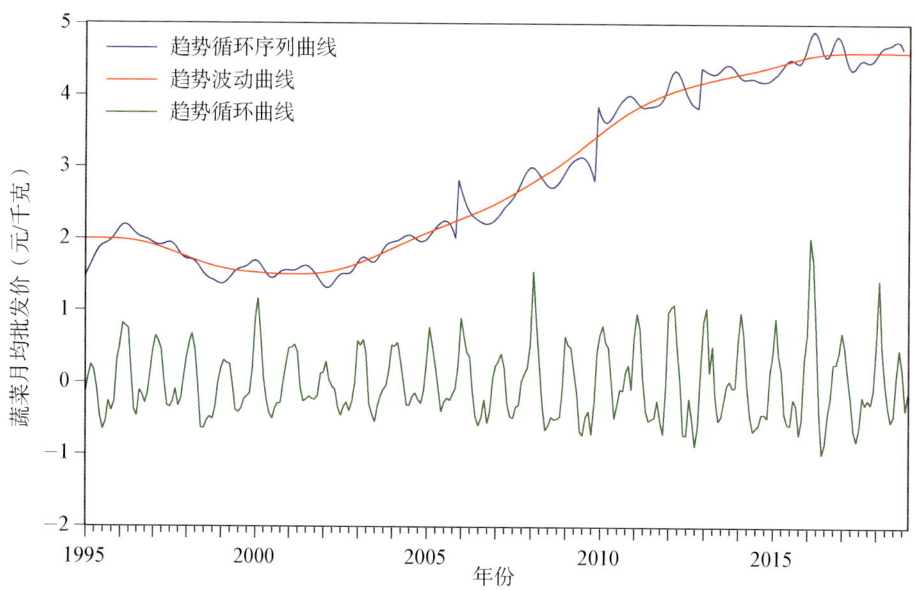

图 2－5　全国蔬菜月平均批发价格趋势循环序列 H-P 滤波分解

2. 趋势性分析

在 Cenxus X-12 方法分解出季节因子的同时，得到一个去除季节因子后的全国蔬菜月价格趋势序列 P_TC，以时间 t 为自变量，建立全国蔬菜价格趋势序列 P_TC 与时间的回归方程，见式 2-1。

$$P\_TC = 0.013 \cdot t + 0.952 \qquad (式 2-1)$$

方程拟合度为 0.856，F-Statistic 数值为 1 703.46，t-statistic 数值为 41.273。说明全国蔬菜月价格具有时间变化趋势，有显著的线性关系，每个月上涨约 0.013 元/千克。

利用向量自回归模型，以全国蔬菜上一个月的价格为自变量，建立回归方程，得到：

$$P\_TC = 0.998 \cdot P\_TC(-1) + 0.016 \qquad (式 2-2)$$

方程拟合度为 0.995，F-Statistic 数值为 57 793.11。说明上一个月的蔬菜价格对当前月的价格影响非常大，影响系数达到 0.998。

3. 不规则性分析

从 1995～2018 年全国蔬菜月平均批发价格不规则因素序列（图 2-6）可以看出，全国蔬菜月平均批发价格存在不规则性。对蔬菜产品的特征和影响蔬菜产品市场的现实因素分析也发现，蔬菜生长季节短，受夏季高温、冬春低温、阴雨、干旱等自然灾害天气的影响很大，同时也会受到节假日、舆论导向、交通等社会经济因素的影响，当遇到这类事件时，均会引致菜价大幅波动。

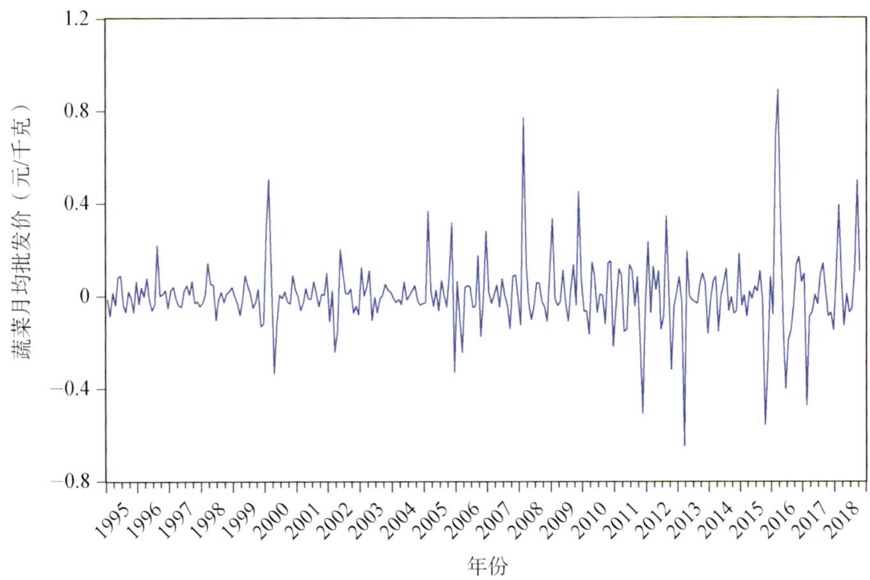

图 2-6 全国蔬菜月平均批发价格不规则序列

4. 平稳性分析

在 EViews 软件中对全国蔬菜月平均批发价格数据进行 ADF 检验，分析其数据序列是否具有平稳性。经过分析，全国蔬菜价格数据原数据序列不具有平稳性，t-Statistic 值

2.83 大于 5%水平的临界值−1.94；但其一阶数据序列具有平稳性，其一阶数据序列的 t-Statistic 值为−14.91，小于 1%水平的临界值−3.45，也小于 5%水平的临界值−2.87 和 10%水平的临界值−2.57。

二、农产品价格波动影响因素

农产品价格受政策影响较大，尤其是以粮食为代表的大宗农产品，1978 年前的计划经济时期，粮食实行的是政府统购统销制度，价格比较稳定；1979 年国家粮食统购价格提高，粮食价格上涨较多；到 1985 年国家粮食收购改为合同订购后，合同订购价格进一步提高，提高幅度最大的是 1989 年；1994 年国家对粮食定购实行"保量放价"，粮食价格随行就市，又出现一次大幅度上涨。可以看出，粮食产品价格的每一次大幅度上涨都与国家政策密切相关。

此外，通货膨胀对大宗农产品的价格影响也非常大。1987～1989 年和 1993～1994 年两次较为严重的通货膨胀都导致农产品价格的全面大幅度上涨，粮食价格涨幅环比分别达到 26.9%和 46.6%。

而蔬菜因生育期短、保存期短，其价格受小环境的影响比较大，蔬菜价格的变化较易受到市民和农民的关注，为此关于蔬菜价格研究、报道的文章经常见诸学术圈、报刊和网络。归纳起来，蔬菜价格变化主要是因气候条件、生产成本、前期价格、调控政策、宏观经济背景等(钱智等，2011；翟欣等，2012；薛正平等，2014)导致供求关系变化而引起的。

(一) 供求关系

1. 蔬菜供给量变化分析

影响蔬菜供给量的关联指标有年蔬菜播种面积、年蔬菜产量、蔬菜收获后到上市过程中的损耗率以及蔬菜年进口量。

从图 2-7 可以看出，自 1980 年以来，全国蔬菜播种面积和蔬菜产量均呈增长态势，人均蔬菜产量 411.54～576.98 千克/年(如图 2-8)，远大于人均蔬菜消费量 111.9 千克/年(数据来源于中国统计年鉴)，我国蔬菜产品处于供大于求的状态，由此可以判断出蔬菜价格的上涨原因不是来自供给方面。

蔬菜总供给量计算公式如式 2-3。

$$S = P \cdot f_1 + I \quad (式\ 2-3)$$

式 2-3 中，S 为蔬菜总供给量(万吨/年)；P 为年蔬菜产量(万吨/年)；f_1 为蔬菜运输与销售过程中的损耗率，根据农业农村部农业监测预警委员会发布的蔬菜平衡表数据来看，f_1 一般取 30%；I 为蔬菜进口量(万吨/年)。

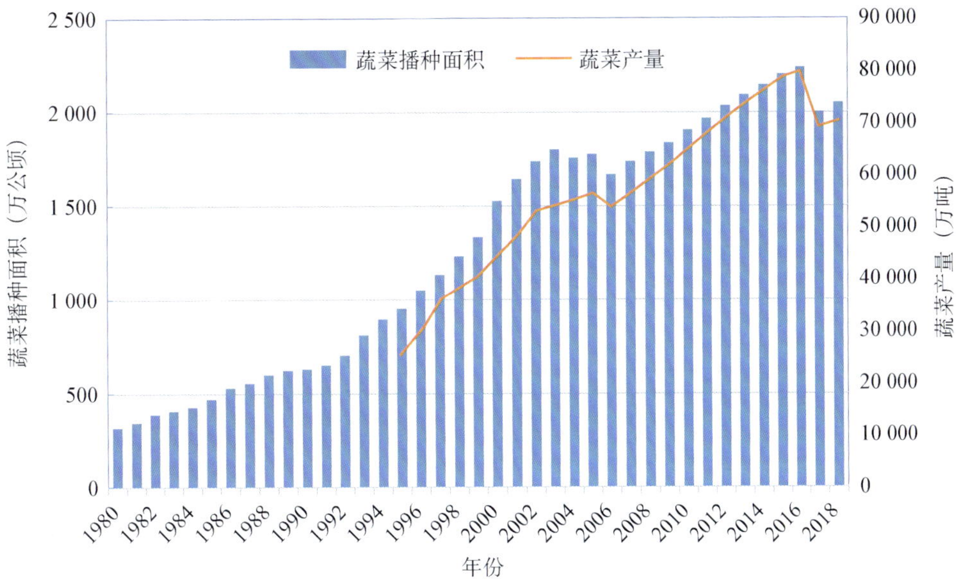

图 2－7　1980～2018 年全国蔬菜生产与供给量

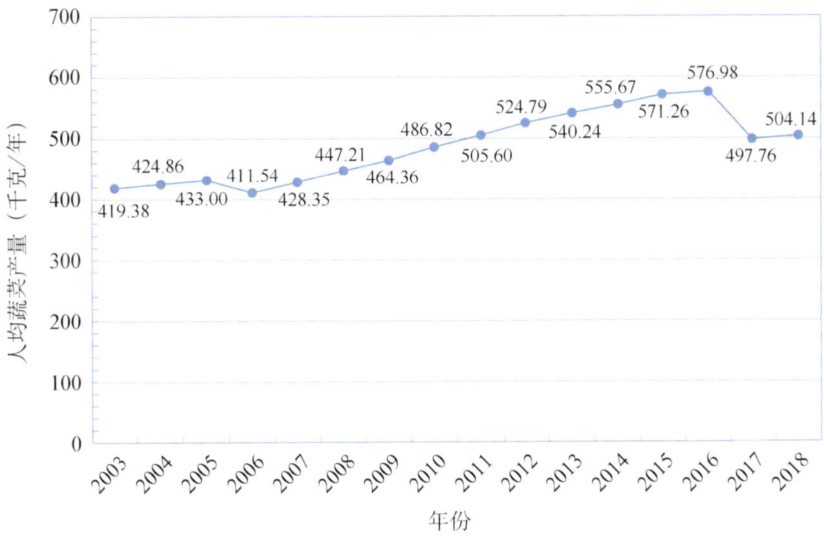

图 2－8　2003～2018 年全国人均蔬菜产量

（数据来源：国家统计局网站）

2. 蔬菜需求量变化分析

影响蔬菜需求量的关联指标有人口数量、人均蔬菜消费量、蔬菜从销售到被食用过程的损耗率以及蔬菜年出口量。

我国人口数量持续增长，城镇居民数量更是增长迅速，1998 年以来我国人口已由 12.47 亿增长到 2018 年的 13.95 亿，如图 2－9 所示，在 2011 年我国城镇居民首次超过农村居民，城镇化率达到 51.3%，而城镇居民是蔬菜产品的主要消费者。

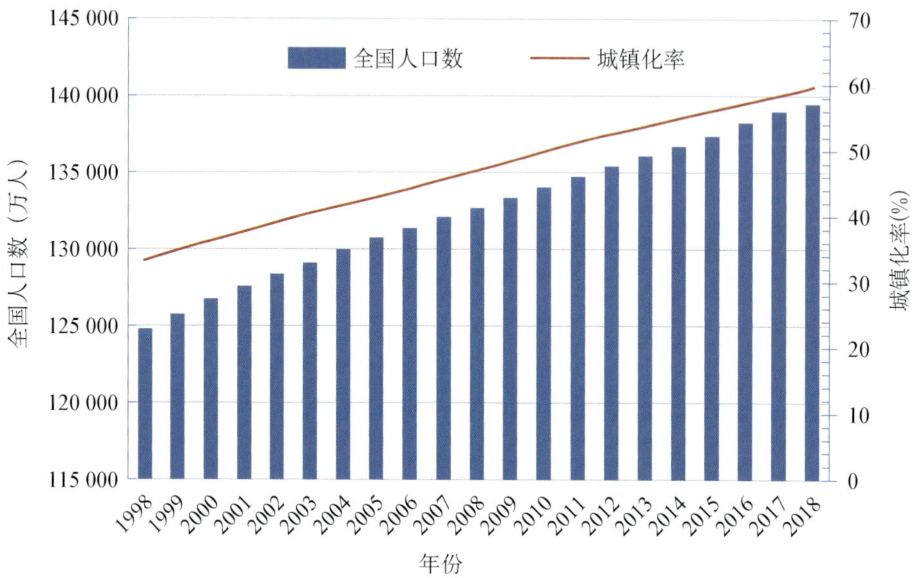

图 2-9　1998～2018 年全国人口与城镇化率变化

（数据来源：国家统计局网站）

由于人均饮食量是有上限的，因此人均蔬菜消费量会随着人民生活水平的提高而增加，但提高到一定程度后，就会保持稳定数值，不再继续受经济水平的增长而增长。从中国统计年鉴近年发布的数据来看，人均蔬菜消费量已处于稳定数据，城市人均蔬菜消费量稳定在 117.7 千克/年，农村由于有自留地可以自产自销一部分蔬菜，人均蔬菜消费量稳定在 106.2 千克/年，总体我国人均蔬菜消费量为 111.9 千克/年。

据农业农村部 1993～2018 年的蔬菜出口量走势来看，我国蔬菜出口呈快速增加趋势，如图 2-10 所示。

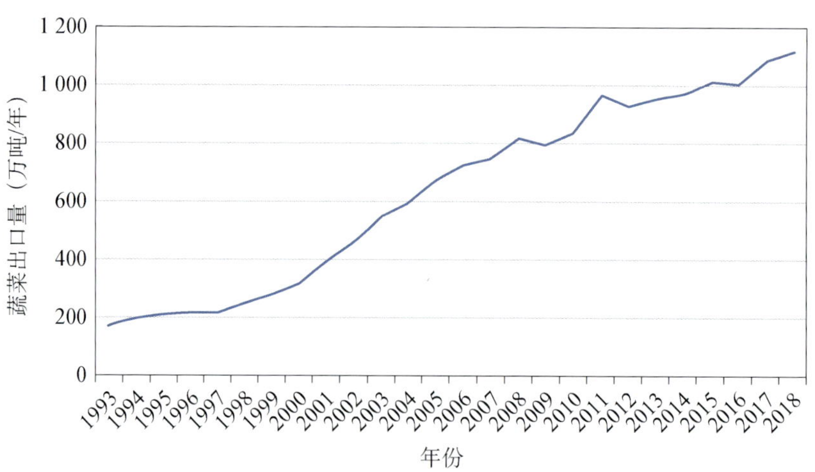

图 2-10　1993～2018 年全国蔬菜出口量变化

蔬菜总消费量计算公式见式 2-4。

$$U=P_o \cdot C_p \cdot (1+f_2)/1\,000+E \quad (式 2-4)$$

式 2-4 中，U 为蔬菜总消费量（万吨/年）；P_o 为人口数量（万人）；C_p 为人均蔬菜消费量（千克/年）；f_2 为蔬菜销售到消费过程中的损耗率，根据农业农村部农业监测预警委员会发布的蔬菜平衡表数据来看，f_2 一般取 20%；E 为蔬菜出口量（万吨/年）。

3. 我国蔬菜供求关系分析

根据式 2-3 和式 2-4 得到我国蔬菜供求关系变化图（图 2-11），从图中可以看出，虽然我国蔬菜需求量呈增长趋势，但是蔬菜供给量的增长更快，因此造成了供过于求的现象。

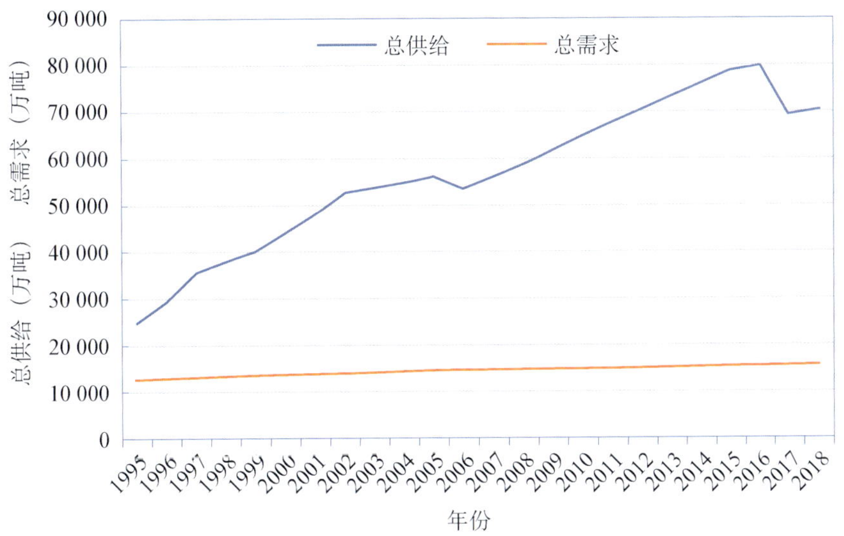

图 2-11 1995～2018 年全国蔬菜总供给与总需求走势变化

所以，从供求关系来看，城镇居民直接消费需求、蔬菜出口需求的增加，是导致蔬菜价格上涨的因素之一。此外，生产成本的提高、宏观经济的增长等也是导致我国蔬菜整体价格走势向上增长的原因。但是蔬菜价格与宏观经济水平发展的关系还有待进一步分析，才能判断出绝对蔬菜价格的走势。

那么，我国蔬菜出现了明显供过于求的局面，为什么现实农业生产中还在不断扩大蔬菜生产面积呢？分析原因如下。

一是蔬菜基地很难调整为其他生产用途。蔬菜生产多需要温室大棚等现代设施，前期的大量投入使得改变种植类型损失更大。同时某一种蔬菜上一年的种植规模对当前该种类蔬菜的种植面积影响也较大，这主要是因为蔬菜生产对种植技术、经营经验等有较高的要求，变换种植种类需要较长时间的学习摸索过程，时间成本会带来经济损失；此外，还由于生产者缺乏决策能力,从众现象比较明显,由此决定了蔬菜的生产面积变化、某种类蔬菜的种植规模变化是一个缓慢的过程。

二是蔬菜种植规模对蔬菜价格的响应需要一定的时间。蔬菜价格是决定蔬菜种植面积的重要影响因素,但是蔬菜种植面积对蔬菜价格的反应具有滞后性,蔬菜短期供给弹性比长期供给弹性小(张洪星,2014),因为蔬菜价格发生剧烈变化时,蔬菜种植面积很难做出及时有效的调整,蔬菜播种面积对价格的响应需要一定的时间才能显现,因而在现实中容易导致蔬菜供求发生短时间的局部失衡,给菜农或居民生活带来一定的损失。

三是我国蔬菜生产单位经营规模小,生产成本和收益率的变化影响小,生产者不会过多地关注投入产出收益。我国蔬菜生产多为一家一户家庭农场或合作社的方式经营,即便是蔬菜农业企业,规模也并不大,因此生产者在决策时,蔬菜生产资料价格对决定蔬菜种植面积的影响要小于蔬菜价格。当蔬菜价格较低时,生产资料的价格无论高低,菜农的种植意愿都不高;而当蔬菜价格较高时,生产资料的价格即使较高,菜农也会愿意种植蔬菜,这其中也有蔬菜生产前期设备、土地等资金投入的原因。

正是由于上述原因,蔬菜种植面积变化的弹性小、时间反应慢,蔬菜价格低时容易对菜农造成很大的损失,影响蔬菜产业的健康发展。而蔬菜价格高时,又影响到居民的生活成本,进而影响宏观经济。

为此,加强蔬菜产业大数据信息平台的建设,通过科学的分析研究,将有用的信息及时反馈给管理者和生产者,对于蔬菜产业供给侧结构性调整具有重要意义。

(二)生产成本

1. 直接成本对我国蔬菜价格的影响分析

商品的价格不可避免地与其生产成本有着非常密切的相关性。蔬菜生产周期短、生产单位的规模小,因此其成本的统计较为困难,从中国统计出版社出版发行的由国家发展和改革委员会价格司编撰的《全国农产品成本收益资料汇编》中获得的全国大中城市圆白菜历年的生产成本走势变化来看,以圆白菜为例的蔬菜生产成本与全国蔬菜价格有较为密切的正向相关性(图 2-12),其走势十分一致,统计分析其相关系数,相关性达到89.0%。但具体来看,2016~2017 年两年较为特殊,生产成本在持续快速上升,但蔬菜价格却出现下降,反映了蔬菜生产迫切需要调整生产措施。

从图 2-13 具体的生产资料价格(物质费用)、劳动力成本和土地成本变化来看,2000年以来,人工成本增长较为迅速,土地成本也呈现持续增长走势,而物质成本在 2009~2015 年间变化不大,2015 年后生产资料的增长非常迅速。三类蔬菜生产成本中,2010 年前,生产资料是蔬菜生产的主要成本,2010 年后,人工成本成为蔬菜生产的主要成本,远高于生产资料成本和土地成本。

2. 运输成本对我国蔬菜价格的影响分析

图 2-14 是 2015 年 7 月以来我国成品油批发价格走势变化,从图中可以看出,近年来

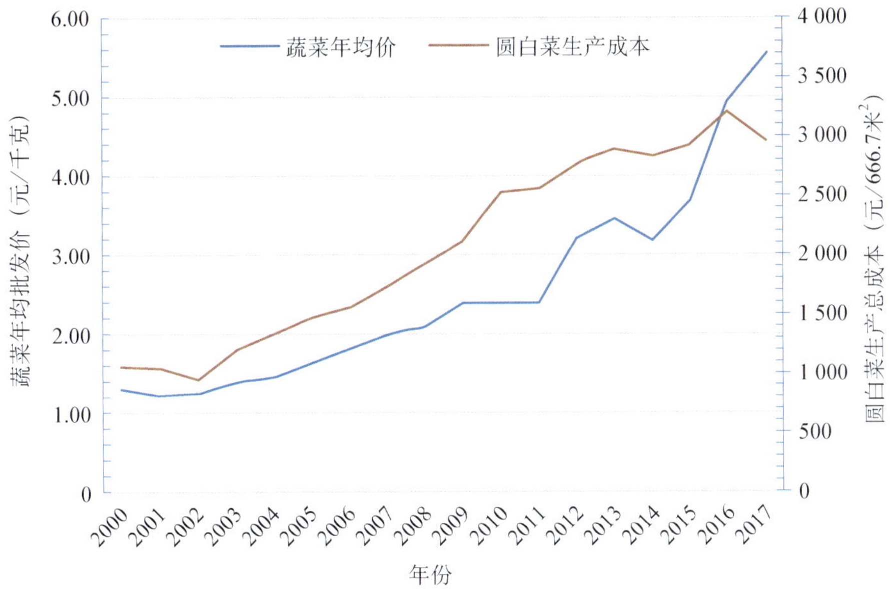

图 2-12　2000～2017 年全国蔬菜年均批发价与生产成本走势变化

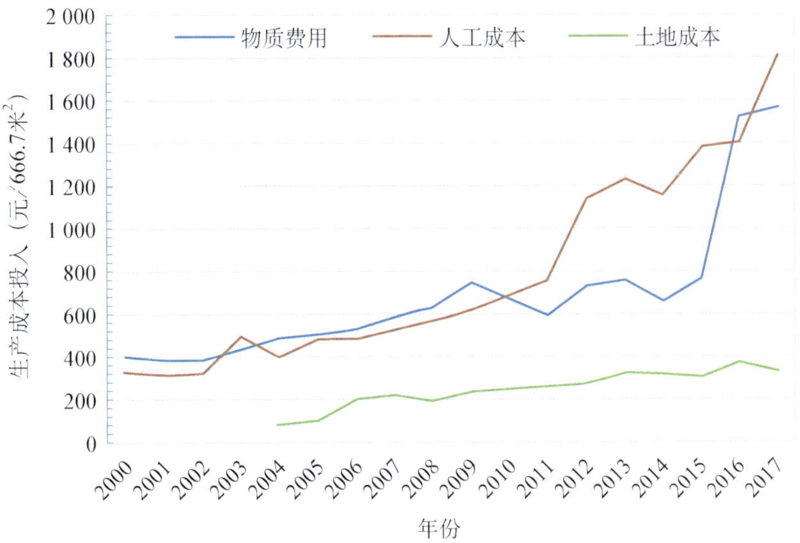

图 2-13　2000～2017 年全国大中城市圆白菜生产成本走势变化

我国成品油价格在波动中上升，在 2016 年 11 月至次年 1 月、2017 年 12 月和 2018 年 10 月有几次波动，2018 年 11 月开始呈下降趋势。而同期全国蔬菜价格波动较为频繁（图 2-15），没有明显的上升趋势。分析 2015 年 7 月至 2019 年 1 月我国成品油周价格与蔬菜周价格的相关性，发现相关系数仅为 3.05%，而分析成品油年均价与全国蔬菜年均价

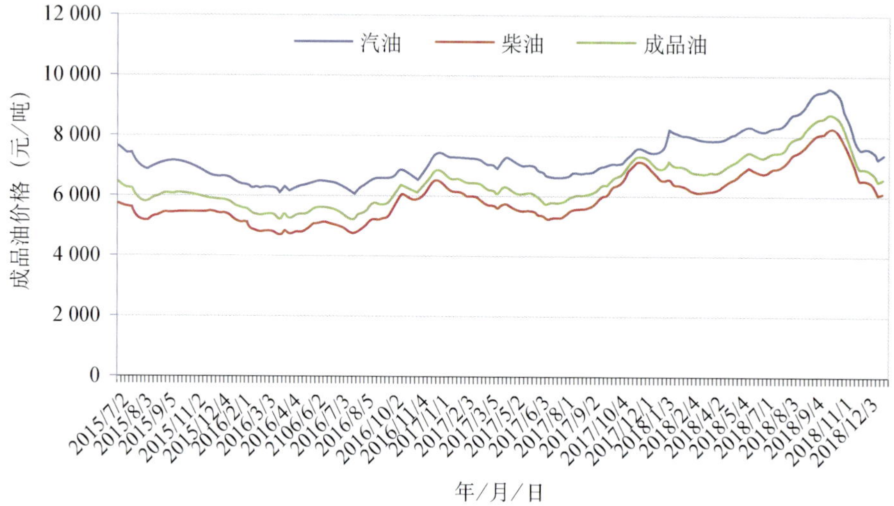

图 2-14　2015 年 7 月至 2019 年 1 月全国成品油批发价格变化

（数据来源于国家发展和改革委员会价格监测中心发布的全国成品油批发市场价格周报）

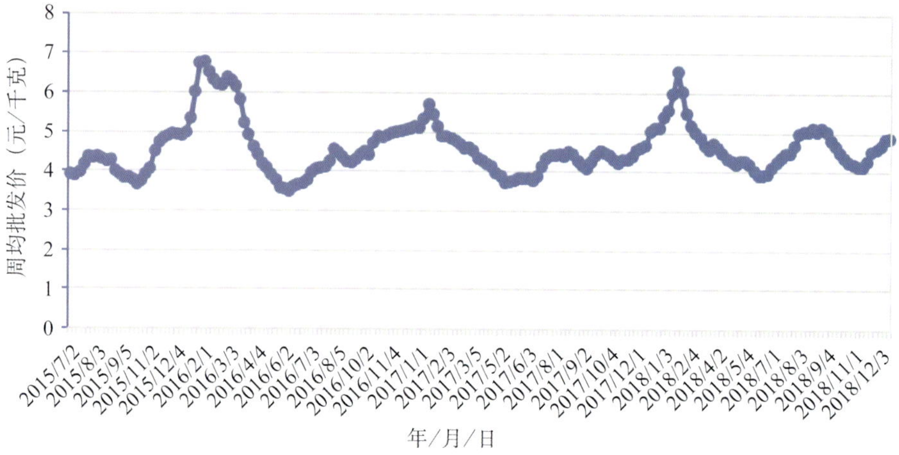

图 2-15　2015 年 7 月至 2019 年 1 月全国蔬菜周价格走势

格的关系时，发现同期成品油价格与蔬菜批发均价的相关系数为 5.9%，但蔬菜批发年均价与上一年的成品油年均价的相关系数达到 80.2%，为此又分析了 2015 年 7 月至 2019 年 1 月我国蔬菜周价格与上一期成品油周价格的相关性，相关系数为 3.44%，较蔬菜周价格与当期成品油周价格相关性的 3.05%相关系数值有所提高，说明前一阶段的成品油价格对蔬菜销售者的定价有一定的影响。

由于成品油价格的数据仅获取到 2015 年 7 月后的数据，其对蔬菜价格的影响研究还有待更长时间的观察和分析。据报道，国际原油价格自 2000 年一路飙升至 2008 年 7 月，涨幅超过 7 倍，2008 年 7 月开始大幅下跌，原油价格的下跌传导至生产资料市场，从而降低了蔬菜生产和运输成本，一定程度上压制了蔬菜价格的上涨，从全国蔬菜月均批发价（图 2-2）来看，2008 年 5～11 月确实维持了 7 个月的低价，较往年同期 5 个月的低价多了 2 个月的低价期，但从长期来看（图 2-1），2008 年蔬菜价格并未下降，仍处于上升阶段。

（三）宏观经济

1. 居民消费价格指数与蔬菜价格的关系

1978 年至今，我国居民消费价格指数（CPI）一直呈现上升趋势，其中 1989 年、1996～1997 年、2008 年有 3 个快速上升的节点（图 2-16），而蔬菜价格与 CPI 呈现较强的相关性，1995～2018 年蔬菜价格与 CPI 的相关系数达到 97.7%。从图 2-17 中可以看出，尽管蔬菜价格与 CPI 总体走势相同，都随着时间呈上升趋势，但 1996～2002 年蔬菜价格呈现下降趋势，而 CPI 变化不大；2002～2016 年蔬菜价格呈现连续 15 年的上升，同期 CPI 也呈上升趋势；2016～2018 年，CPI 继续上涨，但蔬菜价格呈现波动中略下降现象。

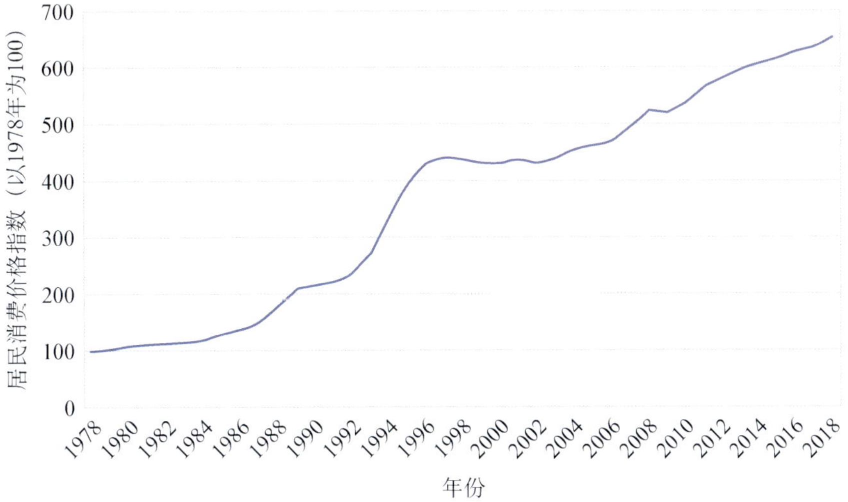

图 2-16 1978～2018 年全国居民消费价格指数（CPI）变化

（数据来源：国家统计局网站）

从图 2-18 可以看出，蔬菜月均价格的走势与 CPI 的走势非常一致，但蔬菜价格的波动幅度较大。蔬菜月均价格指数与月度居民消费价格指数的相关系数为 93.8%，而月度食品烟酒类居民消费价格指数与蔬菜月均价格指数的相关性达到 95.0%，反映了蔬菜价格与居民消费价格指数密切相关。

总体来说，蔬菜价格与居民消费价格指数密切相关，但个别年份，蔬菜价格也有与 CPI 走势背道而驰的情况发生。

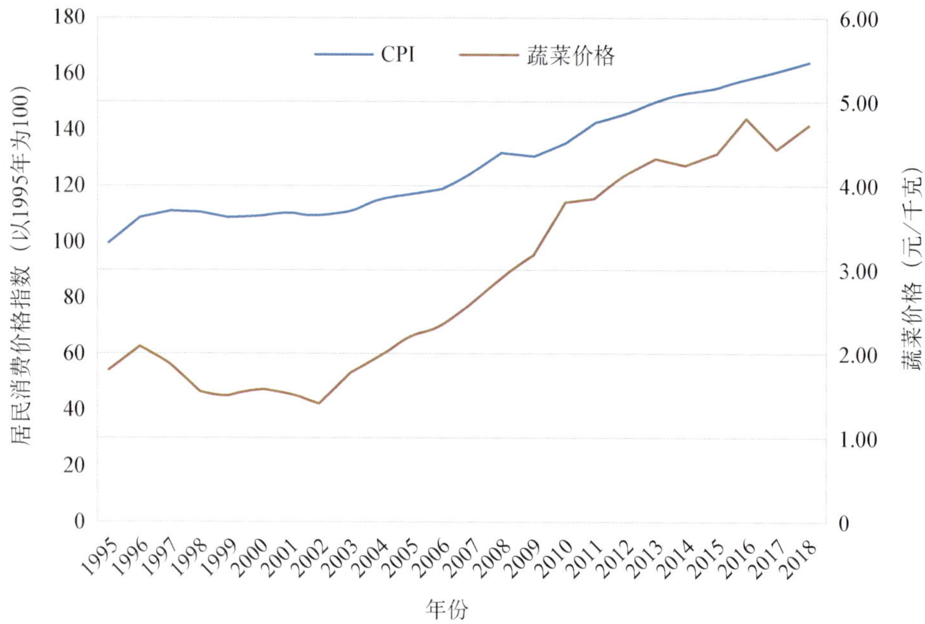

图 2-17　1995～2018 年居民消费价格指数(CPI)和蔬菜价格走势

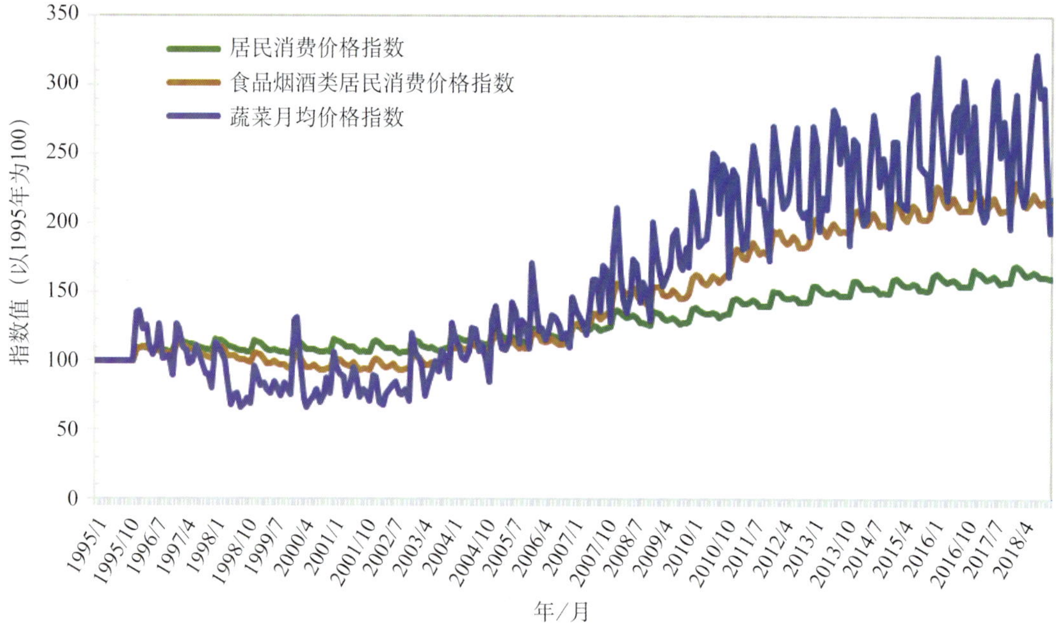

图 2-18　1995～2018 年月度居民消费价格指数(CPI)和蔬菜月均价格指数的变化

2. 人均可支配收入与蔬菜价格的关系

从图 2-19 可以看出，蔬菜价格随着人均可支配收入的增长而增长，二者的相关性达到 95.8%。具体来看，1995 年以来我国经济快速发展，人均可支配收入约呈指数增长，同期蔬菜价格也呈现快速增长，但自 2010 年以来蔬菜价格增长放缓，2017 年还较 2016 年有

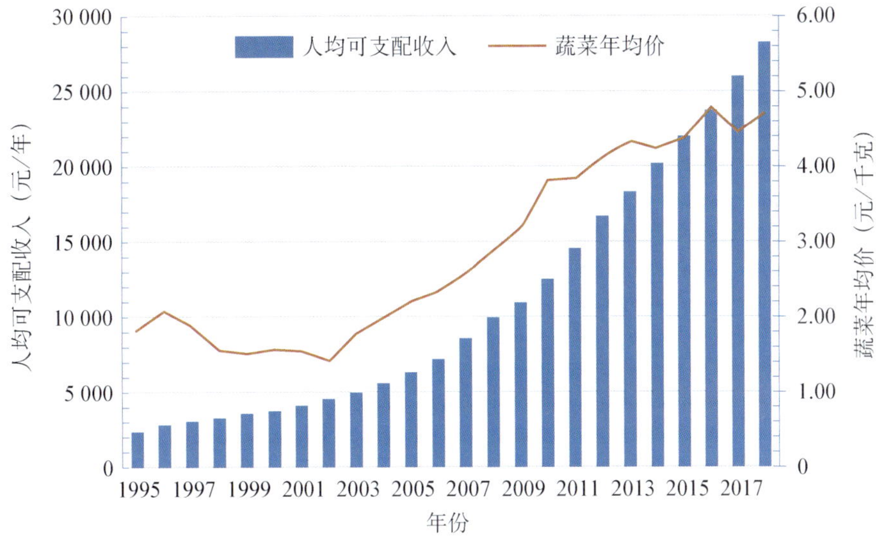

图 2-19　1995～2018 年蔬菜价格和人均可支配收入的走势

大幅下降，2018 年有所恢复，但仅恢复到 2016 年水平，相较于人均可支配收入的增长速度，蔬菜价格的增长水平偏低。

3. 国内生产总值与蔬菜价格的关系

从图 2-20 可以看出，蔬菜价格随着国内生产总值(GDP)的增长而增长，二者的相关性达到 96.5%，高于与人均可支配收入 95.8%的相关性。具体来看，1995 年以来我国经济快速发展，国内生产总值(GDP)约呈指数增长，同期蔬菜价格也呈现快速增长，但自

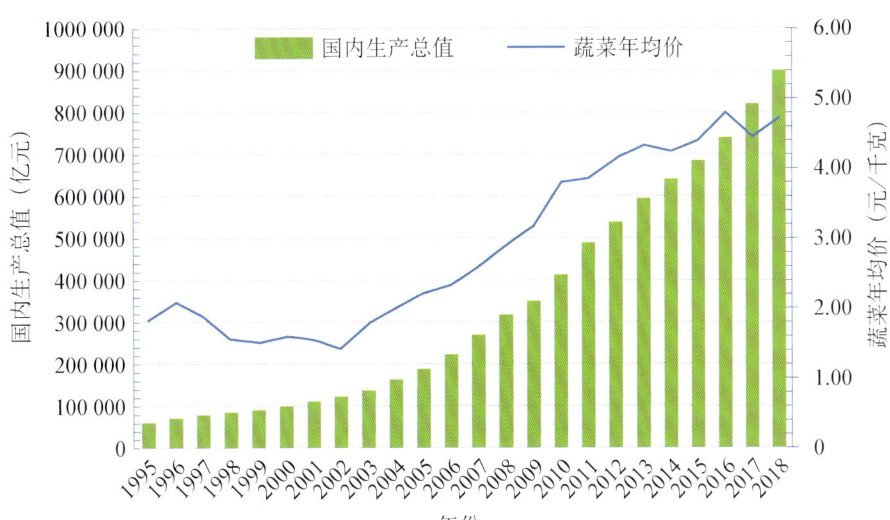

图 2-20　1995～2018 年蔬菜价格和国内生产总值(GDP)的走势

2010 年以来蔬菜价格增长放缓，2017 年还较 2016 年有大幅下降，2018 年有所恢复，但仅恢复到 2016 年水平，相较于国内生产总值的增长速度，蔬菜价格的增长水平偏低。

4. 城镇人口数量与蔬菜价格的关系

蔬菜产品主要销往城镇地区，因此城镇人口数量大，其蔬菜需求量也大，势必会影响蔬菜价格。从图 2－21 可以看出，蔬菜价格随着城镇人口数量的增长而增长，二者的相关性达到 93.2%。随着城镇化水平的不断提高，城镇人口数量呈直线增长，同期蔬菜价格也呈现快速增长。具体来看，2002 年前，蔬菜价格呈现下降趋势；2002～2010 年，蔬菜价格的增长速度快于城镇人口数量的增长；2010 年后，蔬菜价格的走势与城镇人口的走势几乎保持平行，反映了蔬菜价格与城镇人口数量的高度相关性。

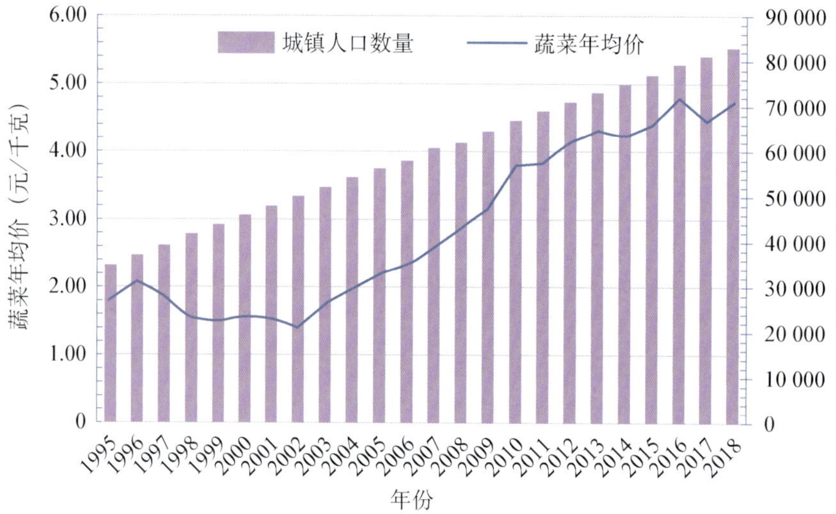

图 2－21　1995～2018 年蔬菜价格和城镇人口数量的走势

（四）季节规律

我国蔬菜价格受气候和自身生长条件影响而呈现明显的季节性特征，一年内的总体变化规律是：11 月至次年 2 月为蔬菜上市相对淡季，蔬菜价格相对较高；3～5 月，温室、大棚蔬菜陆续产出，但其数量不大，对蔬菜价格的影响相对较小，蔬菜价格虽有所下降，但仍处于高位；6～9 月为蔬菜旺产旺销的季节，露地、温室、大棚蔬菜等全面供应，受供求关系影响，蔬菜价格降至最低；10 月末，露地蔬菜销售基本结束，蔬菜价格逐步回升。但不同蔬菜的变化规律又不同，如马铃薯、大白菜这类种植规模大、耐储存的蔬菜，一年内价格波动幅度不大；而番茄、茄子这类季节性强、不耐储存的蔬菜，一年内价格变动幅度较大；还有一类区域特定喜好的不耐储运的蔬菜，如绿叶蔬菜，其一年内价格波动幅度也较大，而且波动规律与全国蔬菜的变化规律不同。

气象因素主要通过影响蔬菜的适生性来间接影响供应量，从而影响价格，或者通过间接影响运输成本、运输条件等因素而对蔬菜价格发挥着间接作用，使得蔬菜价格表现出明显的季节性特征和不规则性特征。

三、农产品价格多元回归分析

综合农产品价格波动影响因素部分的分析，全国蔬菜价格的波动受到供求关系中的蔬菜供给量、蔬菜需求量、蔬菜生产成本、运输成本、居民消费价格指数、人均可支配收入、国内生产总值、城镇人口数量等因素的影响。选择上一年的全国蔬菜年均价[Price，Pr(−1)]、蔬菜产量(Production，P)、蔬菜总需求量(Total Consumption，TC)、蔬菜生产成本(Production Cost，PC)、全国居民消费价格指数(Consumption Price Index，CPI)、全国人均可支配收入(Per Capita Disposable Income，PCDI)、全国城镇化率(Urbanization Rate，UR)等7项指标来进行全国蔬菜年均价(Price，Pr)的多元回归分析。

(一) 影响因素的平稳性分析

利用时间序列模型的ADF检验法对全国蔬菜价格和各影响因素进行平稳性检验，结果见表2-2。从表中可以看出，全国蔬菜年均价(Pr)、蔬菜产量(P)、蔬菜总需求量(TC)和城镇化率(UR)一阶差分数列为平稳序列，蔬菜生产成本(PC)、全国居民消费价格指数(CPI)和人均可支配收入(PCDI)二阶差分数列为平稳序列。

表2-2 全国蔬菜价格和各影响因素平稳性检验结果

指标	数据序列特征	t-Statistic值	显著性水平
全国蔬菜年均价(Pr)	一阶差分数列为平稳序列	−4.251	5%
蔬菜产量(P)	一阶差分数列为平稳序列	−3.705	5%
蔬菜总需求量(TC)	一阶差分数列为平稳序列	−3.614	5%
蔬菜生产成本(PC)	二阶差分数列为平稳序列	−9.150	5%
全国居民消费价格指数(CPI)	二阶差分数列为平稳序列	−6.500	5%
人均可支配收入(PCDI)	二阶差分数列为平稳序列	−5.406	5%
城镇化率(UR)	一阶差分数列为平稳序列	−2.986	10%

(二) 各因素间的相关关系分析

1. 相关系数分析法

分析各因素间的相关系数，可以看出全国蔬菜年均价(Pr)与上一年的全国蔬菜年均价[Pr(−1)]、蔬菜产量(P)、蔬菜总需求量(TC)、蔬菜生产成本(PC)、居民消费价格指数(CPI)、人均可支配收入(PCDI)和城镇化率(UR)有较强的相关关系;蔬菜产量(P)与蔬菜总需求量(TC)、蔬菜生产成本(PC)、居民消费价格指数(CPI)、人均可支配收入(PCDI)和城镇化率(UR)有较强的相关关系;蔬菜总需求量(TC)与蔬菜生产成本(PC)、居民消费价格指数(CPI)、人均可支配收入(PCDI)和城镇化率(UR)有较强的相关关系;蔬菜生产成本(PC)与居民消费价格指数(CPI)、人均可支配收入(PCDI)和城镇化率(UR)有较强的相关关系;居民消费价格指数(CPI)与人均可支配收入(PCDI)、城镇化率(UR)有较强的相关关系;人均可支配收入(PCDI)与城镇化率(UR)有较强的相关关系(表2-3)。

表2-3 相关系数分析法分析各因素间的相互关系

	Pr	Pr(−1)	P	TC	PC	CPI	PCDI	UR
Pr	1.000	0.980	0.865	0.933	0.893	0.977	0.958	0.932
Pr(−1)	0.980	1.000	0.856	0.894	0.895	0.986	0.966	0.918
P	0.865	0.856	1.000	0.951	0.797	0.899	0.866	0.962
TC	0.933	0.894	0.951	1.000	0.897	0.954	0.939	0.995
PC	0.893	0.895	0.797	0.897	1.000	0.936	0.972	0.913
CPI	0.977	0.986	0.899	0.954	0.936	1.000	0.986	0.965
PCDI	0.958	0.966	0.866	0.939	0.972	0.986	1.000	0.951
UR	0.932	0.918	0.962	0.995	0.913	0.965	0.951	1.000

2. 格兰杰因果分析法

相关关系可以反映两个变量之间的关联程度,但不能反映因果关系或者影响的方向,为此需要通过格兰杰检验来分析两个变量之间的因果关系,究竟是一方影响另一方,还是两者相互影响。

利用格兰杰因果检验分析全国蔬菜年均价(Pr)、蔬菜产量(P)、蔬菜总需求量(TC)、蔬菜生产成本(PC)、居民消费价格指数(CPI)、人均可支配收入(PCDI)和城镇化率(UR)7个因素之间的相关关系,结果见表2-4。由表可以看出,蔬菜产量(P)、城镇化率(UR)对全国蔬菜年均价是单向因果关系,蔬菜总需求量(TC)、蔬菜生产成本(PC)、居民消费价格指数(CPI)、人均可支配收入(PCDI)与全国蔬菜年均价是双向因果关系;蔬菜生产成本(PC)、城镇化率(UR)对蔬菜产量(P)是单向因果关系,蔬菜总需求量(TC)、人均可支配收入(PCDI)与蔬菜产量(P)是双向因果关系,蔬菜产量(P)对居民消费价格指数(CPI)是单向因果关系;蔬菜总需求量(TC)与居民消费价格指数(CPI)、人均可支配收入(PCDI)是双向因果关系,城镇化率(UR)对蔬菜总需求量(TC)是单向因果关系;人均可支配收入(PCDI)对蔬菜生产成本(PC)是单向因果关系;人均可支配收入(PCDI)、城镇化率(UR)对居民消费价格指数(CPI)是单向因果关系;城镇化率(UR)对人均可支配收入(PCDI)是单向因果关系。

表 2-4 格兰杰因果分析法分析各因素间的相互关系

	Pr	P	TC	PC	CPI	PCDI	UR
Pr		↓	↔	↔	↔	↔	↓
P	↑		↔	↓	↑	↔	↓
TC	↔	↔		↔	↔	↔	↓
PC	↔	↑	↔		/	↓	/
CPI	↔	↓	↔	/		↓	↔
PCDI	↔	↔	↔	↑	↑		↓
UR	↑	↑	↑	/	↔	↑	

注:↑表示对应的列指标对对应的行指标有单向因果关系;↓表示对应的行指标对对应的列指标有单向因果关系;↔表示行指标与列指标是双向因果关系;/表示行指标与列指标之间无因果关系。

(三)全国蔬菜价格多元回归分析

1. 全国蔬菜价格与供求量的回归分析

商品价格是商品供给量和商品需求量在某一点达到平衡的体现,价格的高低变化密切反映了供求的平衡走势,是市场变化的风向标。用全国蔬菜年均价(Pr)、蔬菜产量(P)、蔬菜总需求量(TC)建立回归分析模型,见式 2-5 所示。

$$Pr = -1.04 \times 10^{-5} \cdot P + 0.0022 \cdot TC - 26.7891 \quad \text{(式 2-5)}$$

从式 2-5 可以看出,随着蔬菜产量(P)的增加,即供给量增多,全国蔬菜年均价(Pr)降低,随着蔬菜总需求量(TC)的增加,即需求量增多,全国蔬菜年均价(Pr)升高,模型拟合度为 0.808,这一结果很好地反映了经济规律。

尽管式 2-5 能反映出经济常识,但由于蔬菜产量和蔬菜总需求量这两个变量对价格来说属于内生性变量,三者存在互相影响的关系,为此该方程系数并不能反映蔬菜产量和蔬菜总需求量这两个变量与价格之间的真实关系。

2. 单因素回归分析

首先建立全国蔬菜年均价与各影响因素的单一因素回归模型,见式 2-6。

$$Pr = aX + C \quad \text{(式 2-6)}$$

式 2-6 中,a 为某一价格影响因素 X 如上一年的全国蔬菜年均价[Pr(-1)]或蔬菜生产成本(PC)、居民消费价格指数(CPI)、人均可支配收入(PCDI)、城镇化率(UR)的系数;C 为常数,系数取值和模型拟合度见表 2-5。

表 2-5　全国蔬菜年均价单影响因素回归模型系数和模型拟合度

自变量	系数 a 取值	常数 C 取值	模型拟合度
Pr(−1)	1.017 8	0.075 7	0.961
PC	0.001 0	1.242 3	0.790
CPI	0.060 4	−4.907 3	0.966
PCDI	0.000 1	1.305 3	0.916
UR	12.708 4	−2.869 3	0.881

从表 2-5 可以看出，全国蔬菜年均价与上一年的全国蔬菜年均价[Pr(−1)]、蔬菜生产成本(PC)、居民消费价格指数(CPI)、人均可支配收入(PCDI)、城镇化率(UR)的走势一致，随着这些因素的增大(多)而提高，随着这些因素的降低(减少)而降低。其中与居民消费价格指数(CPI)的关联度最大，其次是上年同期价格，这与市场调查中得到的结论一致，蔬菜消费者定价的主要依据是维持生活成本所需商品的价格走势和变化幅度。

3. 多元回归分析

选择了上一年的全国蔬菜年均价[Pr(−1)]、蔬菜生产成本(PC)、居民消费价格指数(CPI)、人均可支配收入(PCDI)、城镇化率(UR)这 5 项与商品价格密切相关的外生变量指标来建立全国蔬菜年均价(Pr)的多元回归分析模型。

采用 EViews 软件进行 OLS 回归分析获得全国蔬菜年均价的影响因素模型，见下式 2-7。

$$Pr = aPr(-1) + bPC + cCPI + dPCDI + eUR + C \qquad (式\ 2-7)$$

式 2-7 中，a、b、c、d、e 分别为上一年的全国蔬菜年均价[Pr(−1)]、蔬菜生产成本(PC)、居民消费价格指数(CPI)、人均可支配收入(PCDI)和城镇化率(UR)的系数；C 为常数，系数取值见表 2-6，模型拟合度达到 0.994。

表 2-6　全国蔬菜年均价的影响因素模型各变量的系数

自变量	系数	取值	自变量	系数/常数	取值
Pr(−1)	*a*	0.389 5	*PCDI*	*d*	-9.82×10^{-5}
PC	*b*	9.97×10^{-5}	*UR*	*e*	1.413 4
CPI	*c*	0.066 7		*C*	−6.503 3

从模型系数可以看出，上一年的全国蔬菜年均价[Pr(−1)]、蔬菜生产成本(PC)、居民消费价格指数(CPI)、城镇化率(UR)的对全国蔬菜价格的影响是正效应，而人均可支配收入(PCDI)对全国蔬菜价格的影响是负效应。其中，人均可支配收入对价格的影响呈负效应，不符合经济学常识，为此进行了残差平稳性检验。

在 EViews 中获得 5 个因素组成的 group 的残差数列，用 ADF 检验残差数列的平稳性，得到残差数列的 t-Statistic 为－6.024，小于 5%水平的 t-Statistic 临界值－1.957，说明残差项平稳，应变量全国蔬菜年均价（Pr）与选定的自变量上一年的全国蔬菜年均价[Pr(－1)]、蔬菜生产成本（PC）、居民消费价格指数（CPI）、人均可支配收入（PCDI）和城镇化率（UR）存在长期均衡关系。

为了进一步解释各影响因素之间的短期波动关系和长期均衡关系的内在机理，建立了误差修正模型。对全国蔬菜年均价（Pr）、上一年的全国蔬菜年均价[Pr(－1)]、蔬菜生产成本（PC）、居民消费价格指数（CPI）、人均可支配收入（PCDI）和城镇化率（UR）6 个因素的时间序列取对数，得到新的数列 *P1*、*P2*、*P3*、*P4*、*P5*、*P6*，从而消除异方差问题。对新数列进行 OLS 回归分析，得到全国蔬菜年均价的误差修正模型，在 EViews 中获得新数列 group 的残差数列 resid，再次对 *P1*、*P2*、*P3*、*P4*、*P5*、*P6* 和 resid 的差分数列进行 OLS 回归分析，得到消除异方差后的回归模型，见式 2－8。

$$\log(Pr) = 0.9600 \times \log[Pr(-1)] + 0.0756 \times \log(PC) - 1.6526 \times \log(CPI) + 1.5309 \times \log(PCDI) - 1.4541 \times \log(UR) - 0.0939 \quad \text{(式 2－8)}$$

模型的拟合度为 0.760，F-Statistic 值为 7.917，然后再得到残差数列 resid 的系数－1.474，即为误差修正系数。误差修正系数的 t-Statistic 为－4.980，小于 5%水平的 t-Statistic 临界值 0.000 2，说明应变量全国蔬菜年均价（Pr）对解释各自变量的短期波动有影响。

虽然多元回归模型是较为理想的分析农产品价格受影响因素影响程度的模型，但从全国蔬菜年均价多元回归分析的过程来看，单因素分析结果的 t-Statistic 值和系数 Prob.值结果较好，多元因素的回归结果 t-Statistic 值和系数 Prob.值不理想，这是因为各个影响因素之间存在高度的相关性，有共线性现象。因此在建立模型时，影响因素之间的高度共线性使得无法得到一个有效的多元回归模型。考虑到蔬菜产品的需求弹性低，其价格从经济学分析主要是由供给决定的，为此如果建立蔬菜价格与影响因素的回归分析模型，蔬菜生产成本是最合适的影响因素，全国蔬菜年均价和蔬菜生产成本的回归分析模型结果见单因素回归分析，模型参数取值见表 2－5。

四、结语与讨论

本章对 1995 年以来我国蔬菜年均价进行了分析，结果表明，1995～2002 年蔬菜年均价呈下降趋势，而 2003 年开始蔬菜年均价呈逐年上涨趋势，蔬菜月均价和日均价呈现明显的季节性，日均价波动性较大。对蔬菜月均价所做的定量化季节性特征分析表明，全国蔬菜年均价表现出季节性、趋势性、不规则性和非平稳性，但一阶差分后呈现平稳性，因此可以通过时间序列分析建立时间序列模型。

对我国经济特征中影响蔬菜价格的因素进行了分析，发现1995年以来我国蔬菜播种面积和蔬菜产量呈现连年增加趋势，蔬菜供给远大于需求，因此蔬菜价格上涨主要来源于宏观经济。宏观经济中，居民消费价格指数、国民生产总值、人均可支配收入、城镇化率等均呈线性增长或近指数增长，这些是导致蔬菜价格连年上涨的主要原因；而分析蔬菜生产成本发现，生产成本也呈增长趋势，因此可知道蔬菜生产利润呈收缩趋势；另外蔬菜价格还受到季节因素的影响，但季节因素的量化难以分析，也成为农产品价格研究的难点。

我国农产品价格的影响因素定量化分析表明，全国蔬菜年均价与上一年的蔬菜年均价、蔬菜生产量、蔬菜总需求量、蔬菜生产成本、居民消费价格指数、人均可支配收入和城镇化率显著相关性，蔬菜生产成本与居民消费价格指数、人均可支配收入、城镇化率各因素之间也有较强的相关关系。蔬菜生产量和城镇化率是引起价格变动的原因，而价格与其他因素之间是互为因果的关系。格兰杰因果分析表明，蔬菜产量、城镇化率是导致全国蔬菜年均价变化的原因，蔬菜总需求量、蔬菜生产成本、居民消费价格指数、人均可支配收入与全国蔬菜年均价是互为因果关系。

回归分析建模过程表明：①蔬菜生产量的增多引起全国蔬菜价格降低，蔬菜总需求量的增多会导致蔬菜价格的增高，反之亦然。②全国蔬菜年均价与上一年的全国蔬菜年均价、蔬菜生产成本、居民消费价格指数、人均可支配收入和城镇化率的单因素回归分析过程表明，这些因素的变动与价格变动趋势一致，其中居民消费价格指数和上一年的全国蔬菜年均价对全国蔬菜年均价的影响最大。③全国蔬菜年均价与上一年的全国蔬菜年均价、蔬菜生产成本、居民消费价格指数、人均可支配收入和城镇化率的多元回归分析模型过程表明，虽然上一年的全国蔬菜年均价、蔬菜生产成本、居民消费价格指数、人均可支配收入和城镇化率存在多重共线性问题，模型系数不能代表各变量对全国蔬菜年均价的真实影响关系，但是能反映全国蔬菜年均价和上一年的全国蔬菜年均价、蔬菜生产成本、居民消费价格指数、人均可支配收入和城镇化率存在长期均衡关系，全国蔬菜价格可有效解释各个影响因素对价格短期波动的影响。总体来说，难以建立一个全国蔬菜年均价与多项影响因素的多元回归分析模型。

蔬菜价格与各影响因素的综合模型有助于农业管理措施、市场调控措施的制定，然而从本章的多元回归分析过程来看，无法建立全国蔬菜年均价与影响因素的多元回归分析模型，因此在下一步的研究中将考虑建立局部均衡模型。

第三章

上海蔬菜价格波动特征分析及影响因素研究

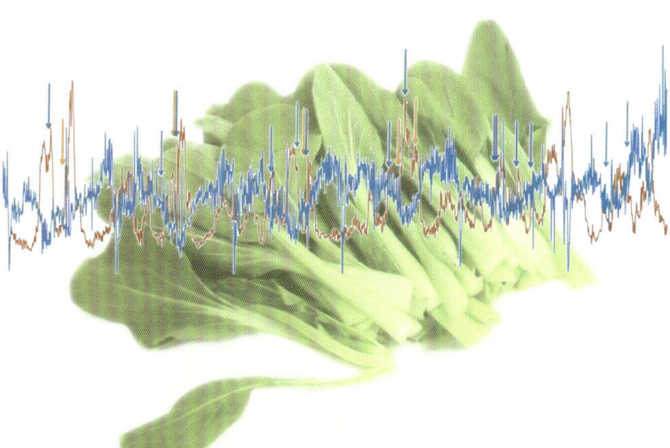

上海较早启动了农产品价格数据监测的工作，但期间存在数据采集标准和采集市场的变动。自2010年以来，该项工作才在总结历史工作经验的基础上逐渐系统化，在全市一共6个一级批发市场布设了农产品价格采集点，每天由各个批发市场上传农产品价格数据至上海市农业农村委信息中心上海农产品价格监测系统。本章所做上海蔬菜价格数据特征分析的数据(2010～2018年)来源于上海农产品价格监测系统。

一、上海蔬菜价格波动特征分析

(一) 上海蔬菜年平均批发价格走势特征分析

2010～2016年上海蔬菜价格整体呈平稳上升趋势(图3-1、表3-1)，总计上升幅度为27.7%；2017年蔬菜价格回落，到2018年，蔬菜价格又略有上涨。9年中，2012年、2016

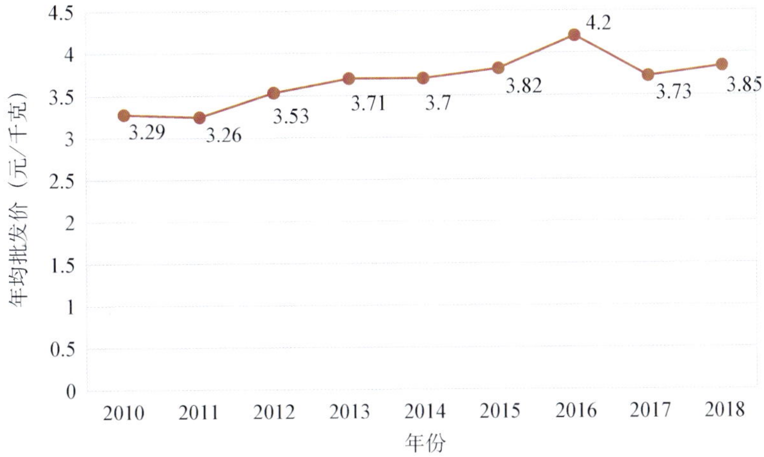

图3-1 2010～2018年上海蔬菜年平均批发价格走势

表3-1 2010～2018年上海蔬菜年平均批发价格及涨跌幅度

年份	年均批发价(元/千克)	年均变动幅度(%)	年份	年均批发价(元/千克)	年均变动幅度(%)
2010	3.29	/	2015	3.82	3.2
2011	3.26	−0.9	2016	4.2	9.9
2012	3.53	8.3	2017	3.73	−11.2
2013	3.71	5.1	2018	3.85	3.2
2014	3.7	−0.3			

年涨幅较大(超过 8%),2017 年降幅较大(−11.2%),其他年份均平稳上升。

(二) 上海蔬菜月平均批发价格走势特征分析

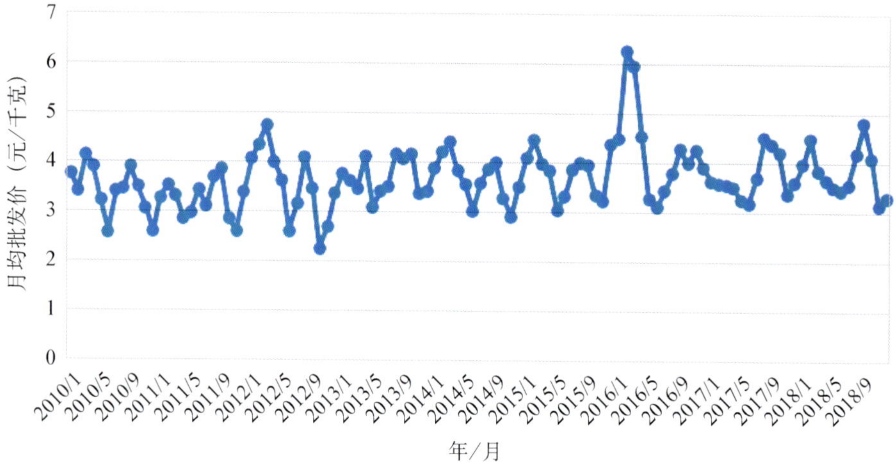

图 3-2　2010～2018 年上海蔬菜月平均批发价格走势

从图 3-2 来看,上海蔬菜月均批发价格表现出较明显的季节性,价格高点多出现在 3 月和 9 月,价格低点多出现在 6 月和 11 月。

(三) 上海蔬菜日平均批发价格走势特征分析

上海蔬菜日平均批发价格同样表现出较明显的季节性,和月平均批发价格波动规律基本一致(图 3-3),价格高点出现在 2～4 月、7～9 月,价格低点出现 5～6 月、11～12 月。2016 年较为反常,在 7～9 月出现较低点,11 月出现价格高点。

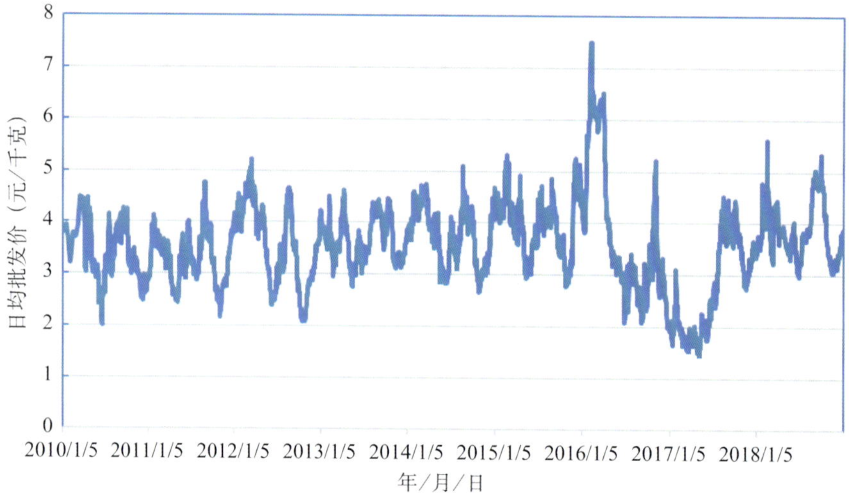

图 3-3　2010～2018 年上海蔬菜日平均批发价格走势

(四)上海蔬菜价格季节性特征分析

采用计量经济学中的 Census X-12 乘法和 H-P 滤波法对上海蔬菜月平均批发价格进一步分析,结果表明,蔬菜月均价存在明显的季节性变动特征(图 3-4),上海蔬菜价格变化季节性特征明显,每年 3 月至次年 3 月蔬菜价格呈"W"形波动规律,3 月价格较高,随后开始下降,到 6 月降至一年的最低值,随后又开始上升,9 月上升到另一个波峰,幅度比 3 月的略小,之后价格又下降到 11 月的波谷,然后又回到 3 月的最高峰。上海蔬菜价格自 2010 年以来变化趋势相对平缓,但波动性强(图 3-5)。

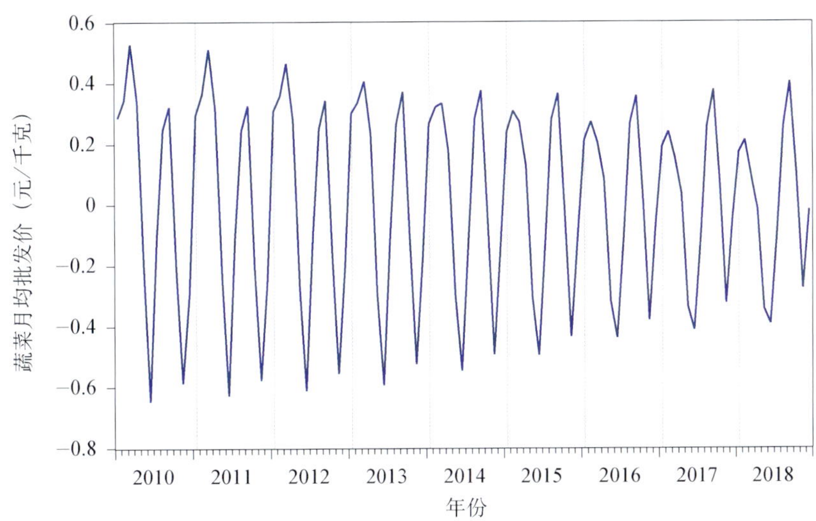

图 3-4 2010~2018 年上海蔬菜月平均批发价格季节因子序列曲线

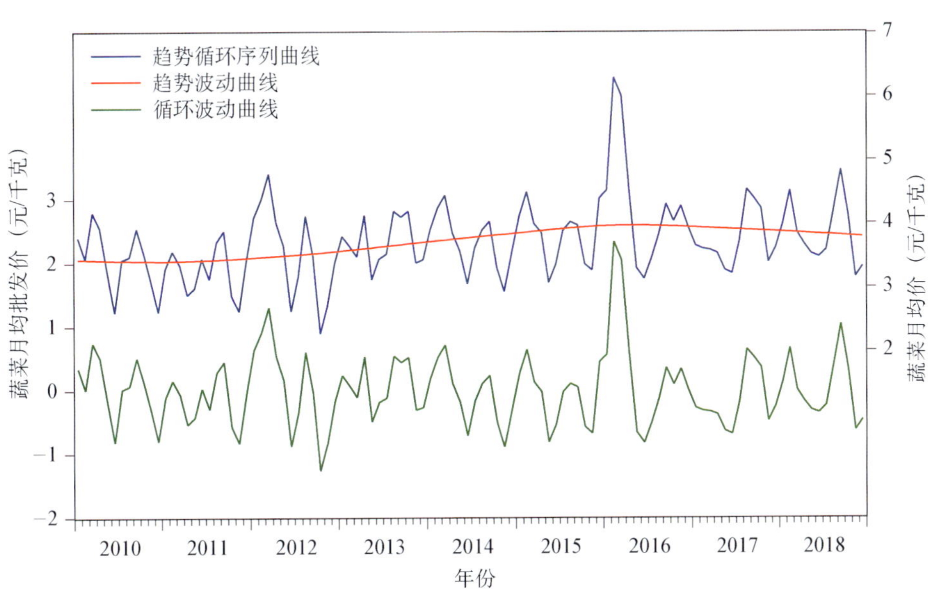

图 3-5 2010~2018 年上海蔬菜月平均批发价格趋势循环序列 H-P 滤波分解

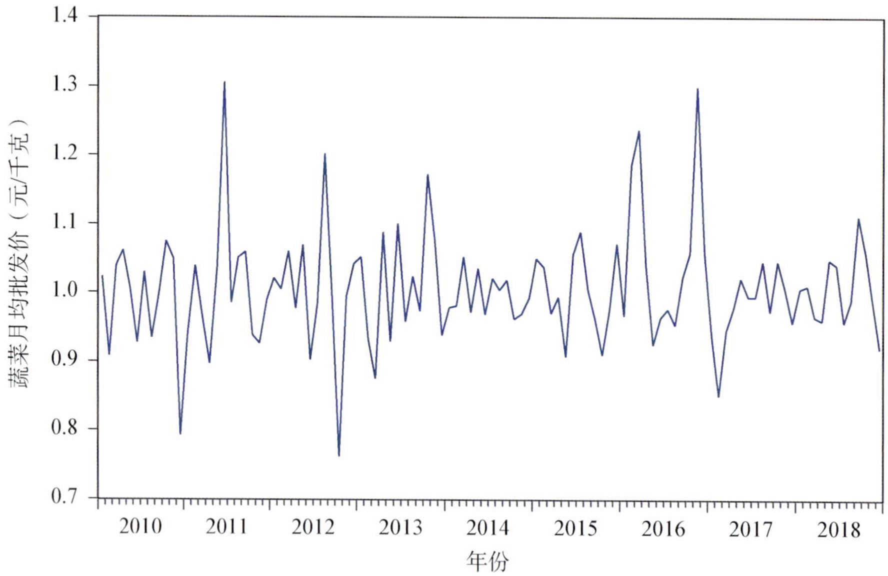

图 3-6　2010～2018 年上海蔬菜月平均批发价格不规则序列

这一特点从图 3-6 也可以看出，上海蔬菜月均价存在不规则性。对蔬菜产品的特征和影响蔬菜产品市场的现实因素分析也发现，蔬菜生长季节短，受夏季高温、冬春低温、阴雨、干旱等自然灾害天气的影响很大，同时也会受到节假日、舆论导向、交通等社会经济因素的影响，当遇到这类事件时，均会引致菜价大幅波动。

二、上海蔬菜价格波动影响因素

蔬菜生育期短、保存期短，其价格受小环境的影响较大，蔬菜价格的变化较易受到市民和农民的关注，为此关于蔬菜价格研究、报道的文章经常见诸学术圈、报刊和网络。归纳起来，蔬菜价格变化主要是由于气候条件、生产成本、前期价格、调控政策、宏观经济背景等引起的供求关系变化而导致的。

（一）供求关系

1. 蔬菜供给量变化分析

影响蔬菜供给量的关联指标有年蔬菜播种面积、年蔬菜产量、蔬菜收获后到上市过程中的损耗率以及蔬菜年进口量。

从图 3-7 可以看出，自 2010 年以来，上海蔬菜播种面积和蔬菜产量均呈下降态势，人均蔬菜产量约为 150 千克/年，同时上海蔬菜的自给率约为 50%，有一半蔬菜来自外省市，

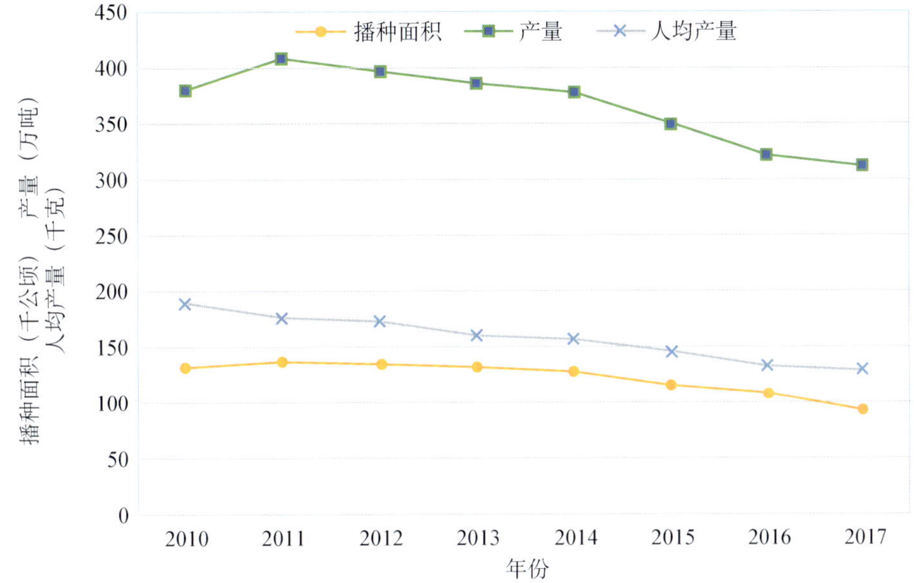

图 3-7 2010～2017 年上海蔬菜播种面积与产量、人均产量

供给量远大于人均蔬菜消费量的 110 千克/年（数据来源于上海统计年鉴），上海蔬菜产品处于供大于求的状态，可以判断出蔬菜价格的上涨原因不是来自供给方面。

2. 蔬菜需求量变化分析

影响蔬菜需求量的关联指标有人口数量、人均蔬菜消费量、蔬菜从销售到被食用过程的损耗率。

上海人口数量近年来保持相对稳定，城镇化率也稳定在 88%～89%（图 3-8），年人均

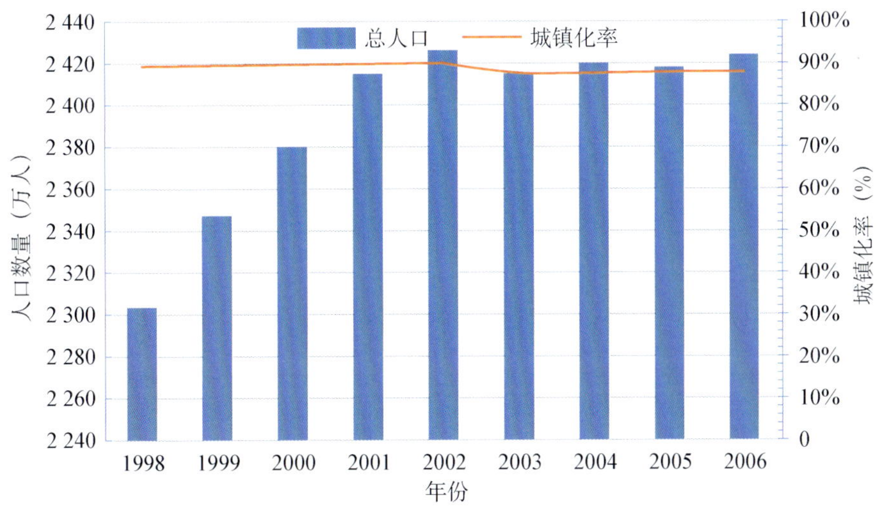

图 3-8 2010～2018 年上海总人口与城镇化率

蔬菜消费量从 2010 年 102.7 千克增加到 2017 年 119.8 千克，保持较快增长，为蔬菜需求增加的主要影响因素。

3. 上海蔬菜供求关系分析

综上分析，从供求关系来看，居民消费需求的增加，是导致蔬菜价格上涨的因素之一。此外，生产成本的提高、宏观经济的增长等也是导致上海蔬菜整体价格走势向上增长的原因。但是蔬菜价格与宏观经济发展水平的关系还有待进一步分析，才能判断出蔬菜价格走势变化的真正原因。

（二）生产成本

蔬菜生产周期短，生产单位的规模小，因此其成本的统计较为困难，从中国统计出版社出版、国家发展和改革委员会价格司编撰的《全国农产品成本收益资料汇编》中获得的全国大中城市圆白菜历年的生产成本走势变化来看，以圆白菜为例的蔬菜生产成本与上海蔬菜价格关系不大，成本上涨的速度大于蔬菜价格上涨速度（图 3－9），2017 年较为特殊，生产成本在持续快速上升，但蔬菜价格却出现下降。

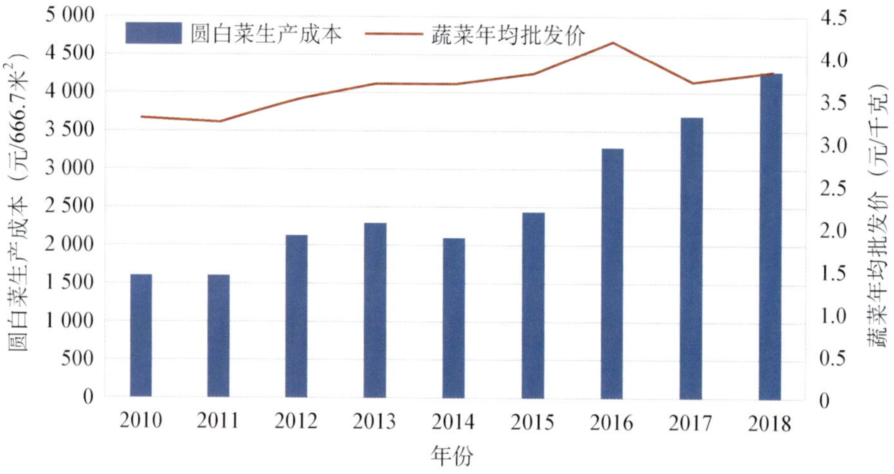

图 3－9　2010～2018 年上海蔬菜年平均批发价格与生产成本走势

（三）宏观经济

1. 居民消费价格指数与蔬菜价格的关系

2010 年至今，上海居民消费价格指数（CPI）一直呈现上升趋势，而蔬菜价格与 CPI 的关系呈现较强的相关性；2016～2018 年，CPI 继续上涨，但蔬菜价格呈现波动中略下降现象（图 3－10）。

总体来说，蔬菜价格与居民消费价格指数密切相关，但个别年份，蔬菜价格也有与 CPI 走势背道而驰的情况发生。

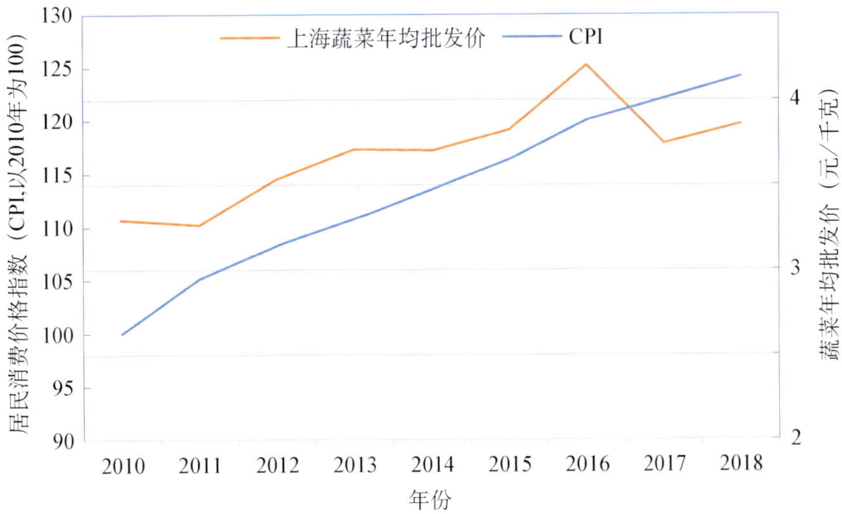

图 3-10　2010～2018 年上海居民消费价格指数（CPI）与蔬菜年平均批发价格走势

2. 人均可支配收入与蔬菜价格的关系

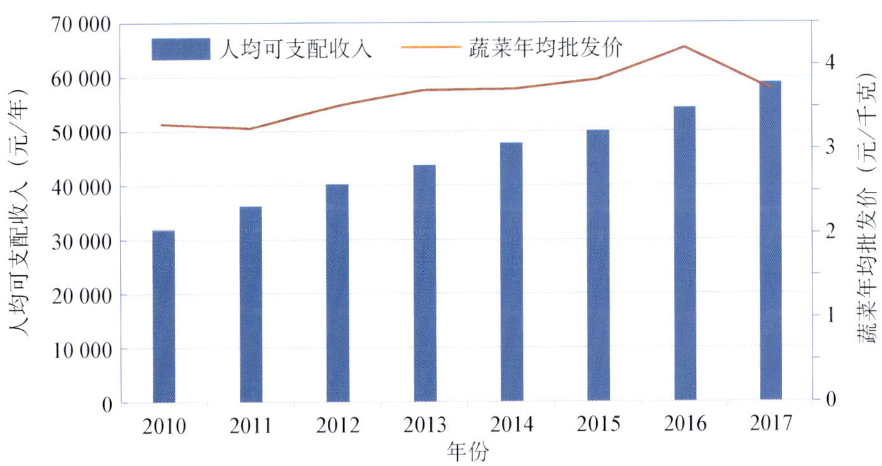

图 3-11　2010～2017 年上海蔬菜年平均批发价格与人均可支配收入走势

从图 3-11 可以看出，蔬菜价格随着人均可支配收入的增长而缓慢增长，2017 年还较 2016 年有大幅下降，相较于人均可支配收入的增长速度，蔬菜价格的增长水平偏低。

3. 国内生产总值与蔬菜价格的关系

从图 3-12 可以看出，蔬菜价格随着人均可支配收入的增长而增长，2017 年还较 2016 年有大幅下降，2018 年有所恢复，但未达到 2016 年水平，相较于上海生产总值的增长速度，蔬菜价格的增长水平偏低。

图 3-12　2010～2018 年上海蔬菜年平均批发价格与上海生产总值(GDP)的走势

三、上海蔬菜价格多元回归分析

综合农产品价格波动影响因素的分析，上海蔬菜价格的波动受到供求关系中的蔬菜供给量、蔬菜需求量、蔬菜生产成本、运输成本、上海居民消费价格指数、上海人均可支配收入、国内生产总值、城镇人口数量等因素的影响。选择上一年蔬菜价格[Pr(－1)]、蔬菜产量(Production，P)、蔬菜总需求量(Total Consumption，TC)、蔬菜生产成本(PC)、上海居民消费价格指数(CPI)、上海人均可支配收入(PCDI)、上海城镇化率(UR) 7 项指标来开展上海蔬菜月均价的多元回归分析。

(一) 影响因素的平稳性分析

利用时间序列模型的 ADF 检验法对上海蔬菜价格和各影响因素进行平稳性检验，结果见表 3-2。从表中可以看出，上海蔬菜价格(Pr)、蔬菜产量(P)、上海居民消费价格指数

表 3-2　上海蔬菜价格和各影响因素平稳性检验结果

指标	数据序列特征	t-Statistic 值	显著性水平
上海蔬菜价格(Pr)	一阶差分数列为平稳序列	－2.988	5%
蔬菜产量(P)	一阶差分数列为平稳序列	－4.383	5%
蔬菜总需求量(TC)	二阶差分数列为平稳序列	－6.402	5%
蔬菜生产成本(PC)	二阶差分数列为平稳序列	－6.819	5%
上海居民消费价格指数(CPI)	一阶差分数列为平稳序列	－3.487	10%
人均可支配收入(PCDI)	二阶差分数列为平稳序列	－3.492	1%
城镇化率(UR)	一阶差分数列为平稳序列	－2.849	5%

(CPI)和城镇化率(UR)数列为一阶差分平稳序列,蔬菜生产成本(PC)、人均可支配收入(PCDI)、蔬菜总需求量(TC)数列为二阶差分平稳序列。

(二)各因素间的相关关系分析

1. 相关系数分析法

分析各因素间的相关系数,可以看出上海蔬菜价格(Pr)与上一年蔬菜价格[Pr(−1)]、蔬菜总需求量(TC)、蔬菜生产成本(PC)、上海居民消费价格指数(CPI)、人均可支配收入(PCDI)有较强的相关关系,与蔬菜产量(P)有较强的负相关关系;蔬菜产量(P)与蔬菜总需求量(TC)、蔬菜生产成本(PC)、上海居民消费价格指数(CPI)、人均可支配收入(PCDI)有较强的负相关关系;蔬菜总需求量(TC)与蔬菜生产成本(PC)、上海居民消费价格指数(CPI)、人均可支配收入(PCDI)有较强的正相关关系;蔬菜生产成本(PC)与上海居民消费价格指数(CPI)、人均可支配收入(PCDI)有较强的相关关系;上海居民消费价格指数(CPI)和人均可支配收入(PCDI)有较强的相关关系;城镇化率(UR)与各因素间的相关关系较弱(表3-3)。

表3-3 各因素间的相关系数分析

	Pr	Pr(−1)	P	TC	PC	CPI	PCDI	UR
Pr	1.000	0.601	−0.723	0.790	0.706	0.825	0.777	0.512
Pr(−1)	0.601	1.000	−0.820	0.870	0.713	0.847	0.810	−0.678
P	−0.723	−0.820	1.000	−0.916	−0.943	−0.887	−0.910	0.250
TC	0.790	0.870	−0.916	1.000	0.953	0.994	0.998	0.402
PC	0.706	0.713	−0.943	0.953	1.000	0.927	0.955	0.250
CPI	0.825	0.847	−0.887	0.994	0.927	1.000	0.991	0.462
PCDI	0.777	0.810	−0.910	0.998	0.955	0.991	1.000	0.427
UR	0.512	−0.678	0.250	0.402	0.250	0.462	0.427	1.000

2. 格兰杰因果分析法

相关关系可以反映两个变量之间的关联程度,但不能反映因果关系或者影响的方向,为此需要通过格兰杰检验来分析两个变量之间的因果关系,究竟是一方影响另一方,还是两者相互影响。

利用格兰杰因果检验分析上海蔬菜价格(Pr)、蔬菜产量(P)、蔬菜总需求量(TC)、蔬菜生产成本(PC)、上海居民消费价格指数(CPI)、人均可支配收入(PCDI)和城镇化率(UR)7个因素之间的相关关系,结果见表3-4。从表中可以看出,蔬菜产量(P)、人均可支配收入(PCDI)、城镇化率(UR)对上海蔬菜价格(Pr)是单向因果关系,上海蔬菜价格(Pr)对蔬菜总需求量(TC)是单向因果关系,上海蔬菜价格(Pr)与蔬菜生产成本(PC)是双向因果关系；蔬菜产量(P)与蔬菜总需求量(TC)、蔬菜生产成本(PC)、人均可支配收入(PCDI)、城镇化率(UR)是双向因果关系；蔬菜总需求量(TC)对蔬菜生产成本(PC)、人均可支配收入(PCDI)是单向因果关系，上海居民消费价格指数(CPI)是影响蔬菜总需求量(TC)的单向因果关系；蔬菜生产成本(PC)对人均可支配收入(PCDI)是单向因果关系，城镇化率(UR)对蔬菜生产成本(PC)是单向因果关系；人均可支配收入(PCDI)对上海居民消费价格指数(CPI)是单向因果关系；人均可支配收入(PCDI)和城镇化率(UR)、城镇化率(UR)和上海居民消费价格指数(CPI)是双向因果关系。

表 3-4　格兰杰因果分析法分析上海蔬菜价格和各影响因素间的相互关系

	Pr	P	TC	PC	CPI	PCDI	UR
Pr		↓	↑	⟷	/	↓	↓
P	↑		⟷	⟷	↓	⟷	⟷
TC	↓	⟷		↑	↓	↑	/
PC	⟷	⟷	↓		⟷	↑	↓
CPI	/	↑	↑	⟷		↓	⟷
PCDI	↑	⟷	↓	↓	↑		⟷
UR	↑	⟷	/	↑	⟷	⟷	

注：↑表示对应的列指标对对应的行指标有单向因果关系；↓表示对应的行指标对对应的列指标有单向因果关系；⟷表示行指标与列指标是双向因果关系；/表示行指标与列指标之间无因果关系。

(三) 上海蔬菜价格多元回归分析

1. 上海蔬菜价格与供求量的回归分析

商品价格是商品供给量和商品需求量在某一点达到平衡的体现，价格的高低变化密切反映了供求的平衡走势，是市场变化的风向标。用上海蔬菜年均价(Pr)、蔬菜产量(P)、蔬菜总需求量(TC)建立回归分析模型，见式 3-1 所示。

$$Pr = 0.0006 \cdot P + 0.0134 \cdot TC - 0.1124 \qquad (式 3-1)$$

从式 3-1 可以看出，蔬菜产量(P)、蔬菜总需求量(TC)的系数均为正值，模型拟合度为 0.667，但是模型各参数的 t-Statistic 和 Prob. 值均没有通过检验，由于蔬菜产量和蔬菜总需求量这两个变量对价格来说属于内生性变量，三者存在互相影响的关系，为此该方程系数并不能反映蔬菜产量和蔬菜总需求量这两个变量与价格之间的真实关系。

2. 单因素回归分析

首先建立上海蔬菜年均价与各影响因素的单一因素回归模型，见式 3-2。

$$Pr = aX + C \qquad (式 3-2)$$

式 3-2 中，a 为某一价格影响因素 X 如上一年的上海蔬菜价格[Pr(−1)]或蔬菜生产成本(PC)、上海居民消费价格指数(CPI)、人均可支配收入(PCDI)、城镇化率(UR)的系数；C 为常数，系数取值和模型拟合度见表 3-5。

表 3-5 上海蔬菜年均价单影响因素回归模型系数和模型拟合度

自变量	系数 a 取值	常数 C 取值	模型拟合度
$Pr(-1)$	0.534 5	1.771 2	0.362
PC	0.000 2	3.110 8	0.498
CPI	0.029 5	0.327 8	0.681
$PCDI$	2.12×10^{-5}	2.670 2	0.602
UR	−20.615 8	21.957 4	0.401

从表中可以看出，上海蔬菜年均价与上一年的上海蔬菜价格[Pr(−1)]、蔬菜生产成本(PC)、上海居民消费价格指数(CPI)、人均可支配收入(PCDI)的走势一致，随着这些因素的增大(增多)而提高，随着这些因素的降低(减少)而降低。其中与上海居民消费价格指数(CPI)的关联度最大，其次是人均可支配收入(PCDI)，这与市场调查中得到的结论一致，蔬菜消费者定价的主要依据是维持生活成本所需商品的价格走势和变化幅度。城镇化率(UR)的系数为负值。总的来说，单因素回归分析模型各参数的 t-Statistic 和 Prob. 值均通过了检验，说明是有效模型。

3. 多元回归分析

选择了上一年蔬菜价格[Pr(−1)]、蔬菜生产成本(PC)、上海居民消费价格指数(CPI)、人均可支配收入(PCDI)、城镇化率(UR) 5 项指标来建立上海蔬菜年均价(Pr)的多元回归模型。

采用 EViews 进行 OLS 回归分析获得上海蔬菜年均价的影响因素模型，见式 3-3。

$$Pr = aPr(-1) + bPC + cCPI + dPCDI + eUR + C \qquad (式 3-3)$$

式 3-3 中，a、b、c、d、e 分别为上一年的上海蔬菜价格[Pr(−1)]、蔬菜生产成本(PC)、上海居民消费价格指数(CPI)、人均可支配收入(PCDI)和城镇化率(UR)的系数；C 为常数，系数取值见表 3-6，模型拟合度达到 0.928。

表 3-6 各变量的系数

自变量	系数	取值	自变量	系数/常数	取值
$Pr(-1)$	a	−0.726 9	$PCDI$	d	1.67×10^{-4}
PC	b	1.37×10^{-5}	UR	e	23.739 7
CPI	c	0.312 3		C	−42.347 8

从模型系数可以看出，蔬菜生产成本(PC)、上海居民消费价格指数(CPI)、人均可支配收入(PCDI)、城镇化率(UR)对上海蔬菜年均价的影响是正效应，而上一年蔬菜价格[Pr(−1)]对上海蔬菜年均价的影响是负效应，实际价格也有一年蔬菜价格高、下一年蔬菜价格低这种交互现象。接着进行了残差平稳性检验，并建立了误差修正模型。

在 EViews 中获得 6 个因素 group 的残差数列，用 ADF 检验残差数列的平稳性，得到残差数列的 t-Statistic 为−4.731，小于 5%水平的 t-Statistic 临界值−3.403，说明残差项平稳，应变量上海蔬菜年均价(Pr)与选定的自变量上一年蔬菜价格[Pr(−1)]、蔬菜生产成本(PC)、人均可支配收入(PCDI)、居民消费价格指数(CPI)、城镇化率(UR)存在长期均衡关系。

对上海蔬菜年均价(Pr)、上一年蔬菜价格[Pr(−1)]、蔬菜生产成本(PC)、人均可支配收入(PCDI)、上海居民消费价格指数(CPI)、城镇化率(UR)6 个因素的时间序列取对数，得到新的数列 *P1*、*P2*、*P3*、*P4*、*P5*、*P6*，从而消除异方差问题。对新数列进行 OLS 回归分析，得到上海蔬菜年均价的误差修正模型，在 EViews 中获得新数列 group 的残差数列 resid，再次对 *P1*、*P2*、*P3*、*P4*、*P5*、*P6* 和 resid 的差分数列进行 OLS 回归分析，得到消除异方差后的回归模型，见式 3-4。

$$\log(Pr) = -0.6240 \times \log[Pr(-1)] - 0.0749 \times \log(PC) - 2.5660 \times \log(PCDI) + 11.4880 \times \log(CPI) + 7.6033 \times \log(UPP) - 23.1722 \quad \text{(式 3-4)}$$

模型的拟合度为 0.857，F-Statistic 值为 2.404，然后再得到残差数列 resid 的系数，即为误差修正系数，误差修正系数的 t-Statistic 为−3.263，小于 5%水平的 t-Statistic 临界值−2.006，说明应变量上海蔬菜价格 Pr 对解释各自变量的短期波动有影响。

虽然多元回归模型是较为理想的分析农产品价格受影响因素影响程度的模型，但从上海蔬菜年均价多元回归分析的过程来看，单因素分析结果的 t-Statistic 值和系数 Prob. 值结果较好，多元因素的回归结果 t-Statistic 值和系数 Prob. 值不理想。这是因为各个影响因素之间存在高度的相关性，有共线性现象。因此在建立模型时，影响因素之间的高度共线性使得无法得到一个有效的多元回归模型。考虑到蔬菜产品的需求弹性低，其价格从经济学分析主要是由供给决定的，为此如果建立蔬菜价格与影响因素的回归分析模型，蔬菜生产成本是最合适的影响因素，上海蔬菜年均价和蔬菜生产成本的回归分析模型结果见单因素回归分析，模型参数取值见表 3-5。

四、结语与讨论

本章对 2010～2018 年上海蔬菜价格进行了分析，结果表明，2010～2016 年上海蔬菜年平均价格整体呈平稳上升趋势，2017 年价格回落，到 2018 年，又略有上涨。9 年中，2012 年、2016 年涨幅较大(超过 8%)，2017 年降幅较大(-11.2%)，其他年份均呈平稳上升趋势。从上海蔬菜月平均价格走势图来看，价格表现出较明显的季节性，价格高点多出现在 3 月和 9 月，价格低点多出现在 6 月和 11 月。上海蔬菜日平均价格同样表现出较明显的季节性，和月平均价格波动规律基本一致，价格高点出现在 2～4 月、7～9 月，低点出现在 5～6 月、11～12 月。2016 年较为反常，在 7～9 月出现较低点，11 月出现价格高点。

前文对全国蔬菜价格分析中得出，价格上涨原因主要来源于宏观经济；而分析蔬菜生产成本发现，生产成本也呈增长趋势，因此可知道蔬菜生产利润呈收缩趋势。另外，蔬菜价格还受到季节因素的影响。本地天气情况和交通运输成本也影响上海蔬菜的供给，从而造成价格变动。

上海蔬菜年均价的影响因素定量化分析表明，上海蔬菜价格与上一年蔬菜价格、蔬菜总需求量、蔬菜生产成本、上海居民消费价格指数、人均可支配收入均有较强的相关关系，与蔬菜产量有较强的负相关关系；其他各影响因素之间都存在较强的相关关系，特别是蔬菜生产成本与人均可支配收入、上海居民消费价格指数表现出极强的相关关系。格兰杰因果分析结果表明，蔬菜产量、人均可支配收入、城镇化率对上海蔬菜价格是单向因果关系，上海蔬菜价格对蔬菜总需求量是单向因果关系，而上海蔬菜价格和蔬菜生产成本是双向因果关系。

回归分析建模过程表明：①蔬菜产量和蔬菜总需求量这两个变量对价格来说属于内生性变量，三者存在互相影响的关系，无法建立回归分析模型。②上海蔬菜年均价与上一年蔬菜年均价、蔬菜生产成本、人均可支配收入、居民消费价格指数、城镇化率的单因素回归分析模型检验结果好，上海蔬菜年均价与上一年的上海蔬菜年均价、蔬菜生产成本、上海居民消费价格指数、人均可支配收入的走势一致，随着这些因素的增大(增多)而提高，随着这些因素的降低(减少)而降低，其中与上海居民消费价格指数的关联度最大，其次是人均可支配收入。③上海蔬菜年均价与上一年蔬菜年均价、蔬菜生产成本、人均可支配收入、上海居民消费价格指数、城镇化率的多元回归分析模型没有通过模型参数显著性检验，但也可看出上海蔬菜价格与上一年蔬菜价格、蔬菜生产成本、人均可支配收入、上海居民消费价格指数、城镇化率存在长期均衡关系，上海蔬菜价格可有效解释各影响因素的短期波动对价格的影响。模型各自变量之间存在多重共线性，模型系数不能代表各变量对上海蔬菜年均价的真实影响关系。

蔬菜价格与各影响因素的综合模型有助于农业管理措施、市场调控措施的制定，然而从本章的多元回归分析过程来看，无法建立上海蔬菜年均价与影响因素的多元回归分析模型，因此在下一步的研究中将考虑建立局部均衡模型。

第四章

上海绿叶蔬菜价格波动特征分析

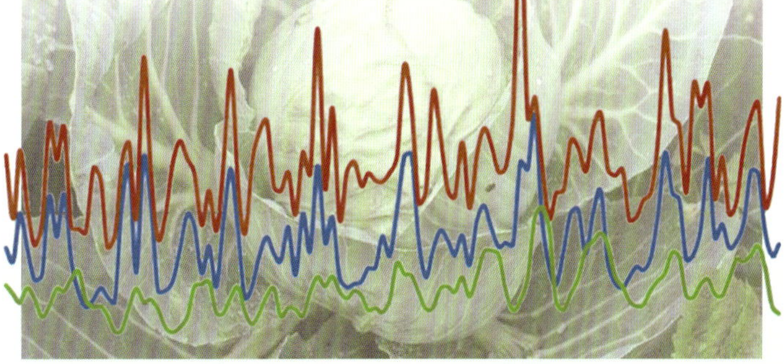

在全国蔬菜价格数据特征研究和上海蔬菜价格数据特征研究的基础上，本章选择上海青菜、鸡毛菜和卷心菜开展上海绿叶蔬菜的价格数据特征研究，上海青菜、鸡毛菜和卷心菜价格数据同样来源于上海农产品价格监测系统。

一、上海绿叶蔬菜价格数据波动特征分析

（一）上海绿叶蔬菜年平均批发价格走势特征分析

如图 4-1 所示，2011～2018 年上海青菜价格整体呈上涨趋势，上涨幅度平均为 6.3%；2017 年，青菜价格出现下跌，下跌幅度为 17.5%；2018 年价格恢复原有趋势，并较 2016 年上涨 0.44%；9 年中，青菜价格在 2011 年和 2017 年有下降趋势，其他年份均呈逐年上涨，上涨幅度如表 4-1 所示。鸡毛菜价格 2010～2015 年呈上涨趋势，涨幅平均为 5.9%；2016 年和 2017 年鸡毛菜价格出现明显下跌，下跌幅度分别为 7.3%和 0.7%，2018 年恢复上涨趋势。2011～2016 年上海卷心菜价格整体呈明显的上涨趋势，上涨幅度平均为 20.4%，但因卷心菜平均价格较低，每年平均上涨 0.24 元；在 2011 年和 2017 年呈明显下降，下降幅度分别为 34.2%和 30.1%（表 4-1）；2018 年价格略有回升。

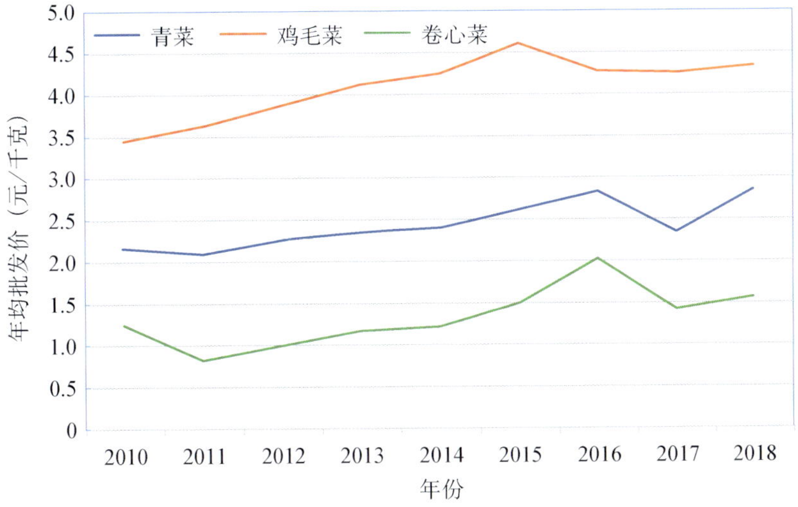

图 4-1　2010～2018 年上海绿叶蔬菜年平均批发价格走势

表 4－1　2010～2018 年上海绿叶蔬菜年平均批发价格及涨跌幅度

年份	青菜		鸡毛菜		卷心菜	
	年均批发价（元/千克）	年均变动幅度（%）	年均批发价（元/千克）	年均变动幅度（%）	年均批发价（元/千克）	年均变动幅度（%）
2010	2.16	/	3.46	/	1.24	/
2011	2.08	−3.7	3.63	5.1	0.82	−34.2
2012	2.27	8.7	3.88	6.9	1.00	21.9
2013	2.35	3.7	4.12	6.2	1.18	18.0
2014	2.40	2.2	4.23	2.5	1.21	2.8
2015	2.59	7.9	4.60	8.8	1.50	24.0
2016	2.83	9.2	4.27	−7.3	2.03	35.3
2017	2.33	−17.5	4.24	−0.7	1.42	−30.1
2018	2.84	21.7	4.33	2.1	1.56	10.1

（二）上海绿叶蔬菜月平均批发价格走势特征分析

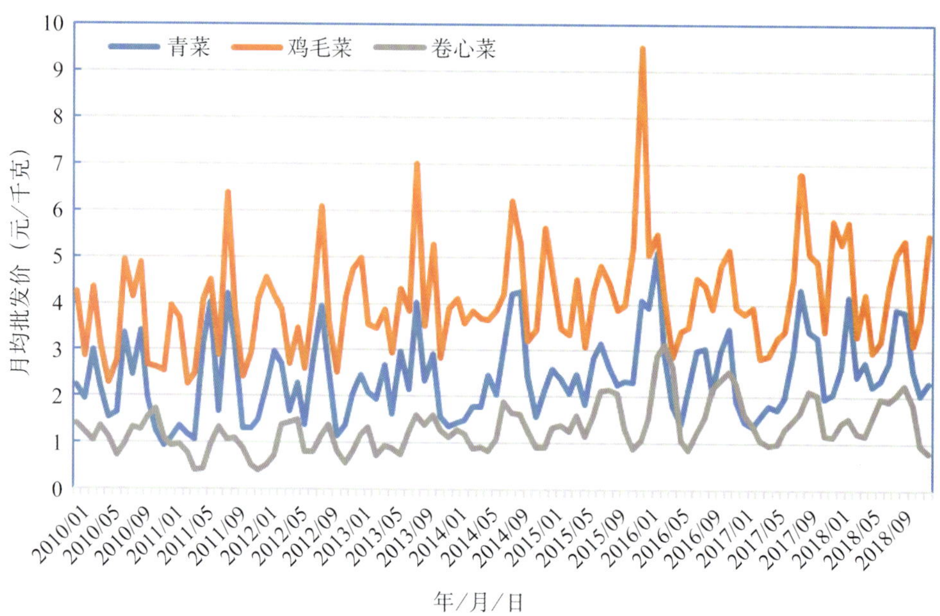

图 4－2　2010～2018 年上海绿叶蔬菜月平均批发价格走势

从蔬菜月平均批发价格走势（图 4－2）来看，每年青菜、鸡毛菜、卷心菜的月均批发价都存在明显的波动。青菜价格最大值出现在 2016 年 2 月，为 5.12 元/千克，最小值出现在 2010 年 12 月，价格为 0.94 元/千克；鸡毛菜价格最大值出现在 2015 年 12 月，为 9.52 元/

千克，最小值出现在2010年12月，价格为2.25元/千克；卷心菜价格最大值出现在2016年3月，为3.12元/千克，最小值出现在2011年12月，价格为0.40元/千克。由表4-2可以看出，3种绿叶蔬菜月均价格最高者是鸡毛菜，4.08元/千克，最低者为卷心菜1.33元/千克；变异系数最高者为卷心菜，青菜次之，最低者为鸡毛菜。由此可以看出，鸡毛菜的均价最高、月均波动幅度最大，卷心菜均价最低、波动幅度最小，但是从变异系数来看，三种绿叶蔬菜的波动频率和波动幅度均非常高。

表4-2 绿叶蔬菜月平均批发价格特征参数

参数	青菜	鸡毛菜	卷心菜
最大值(元/千克)	5.11	9.52	3.12
最小值(元/千克)	0.94	2.25	0.40
均值(元/千克)	2.43	4.08	1.33
标准差(元/千克)	0.88	1.15	0.53
变异系数(%)	36.42	28.08	39.71

（三）上海绿叶蔬菜日平均批发价格走势特征分析

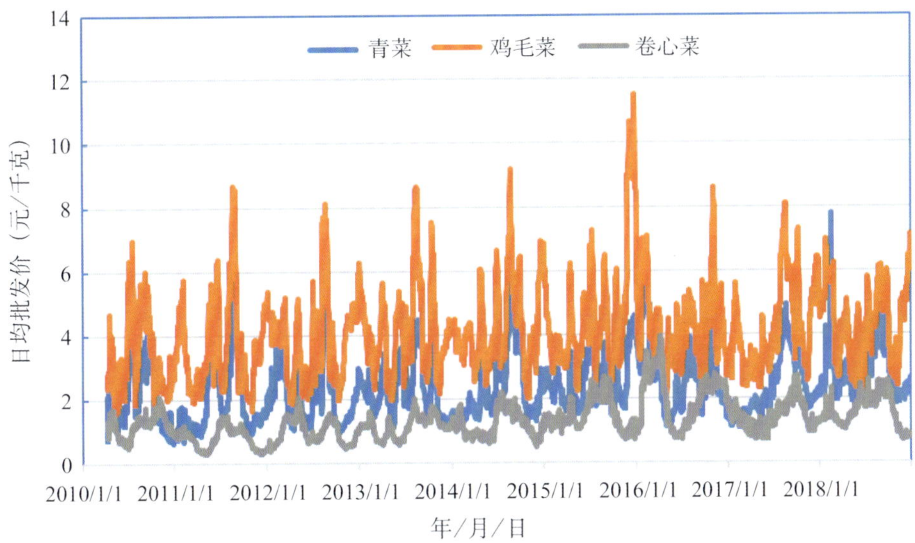

图4-3 2010～2018年上海绿叶蔬菜日平均批发价格走势

从2010～2018年上海绿叶蔬菜日平均批发价格走势(图4-3)来看，绿叶蔬菜价格表现出明显的波动性，趋势性不明显，日均价格走势与月均价格的走势相同。青菜和鸡毛菜价格均存在升高和降低速度快、波动剧烈的现象。卷心菜日均价格波动略缓。

（四）上海绿叶蔬菜季节性特征分析

1. 季节性分析

采用计量经济学中的 Census X-12 乘法与 H-P 滤波法对上海绿叶蔬菜月均批发价进行分析，3 种蔬菜季节波动特征存在不同差异。青菜季节因子曲线有明显波峰存在（图 4-4)，2010～2018 年波峰出现时间均为 8 月。但自 2015 年开始，8 月波峰逐渐减弱，最低波谷由 11 月变为 5 月。

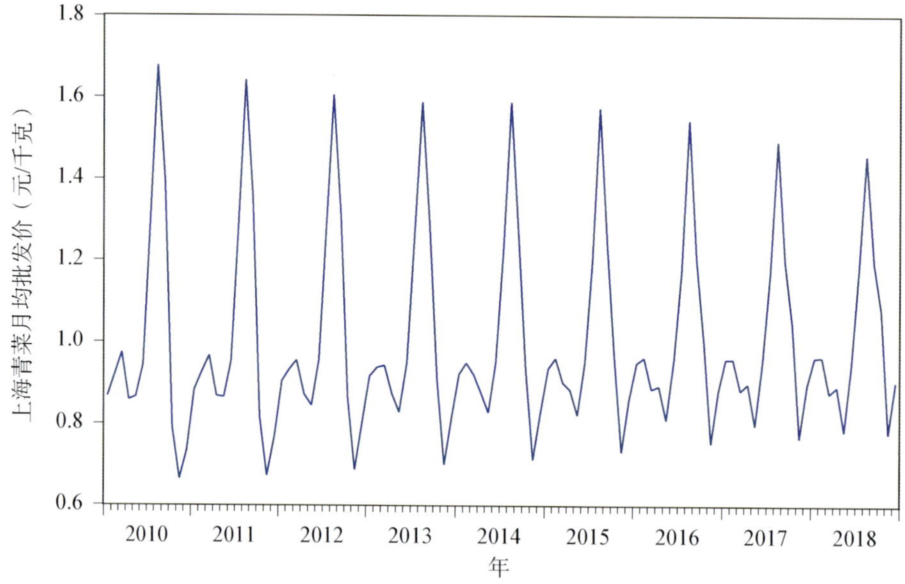

图 4-4　上海青菜月平均批发价格季节因子序列曲线

鸡毛菜月均批发价格季节变化特征如图 4-5 所示，2010～2014 年鸡毛菜月均批发价存在明显的季节性变动特征，呈"W"形波动规律，每年季节因子曲线的波峰出现在 1 月和 8 月，其中 8 月波峰最高；曲线的波谷出现在 4 月和 10 月，其中 10 月波谷最低。自 2015 年开始季节因子波动曲线规律出现变化，8 月波峰逐渐减小，最低波谷出现在每年 5 月。

卷心菜月均批发价格季节变化特征如图 4-6 所示，价格的季节波动曲线存在 3 个波峰和 3 个波谷，一般上半年有 2 个小型波峰，分别发生在 2 月和 4 月，2013 年之前，4 月波峰较高，之后逐渐变小；下半年有最大波峰和最低波谷出现，波峰出现在 8 月（2010 年、2011 年）或 9 月（2012～2018 年），波谷出现在 11 月（2010～2012 年）或 12 月（2013～2018 年）。从季节因子变化趋势来看，卷心菜的价格均在下半年出现较大波动。

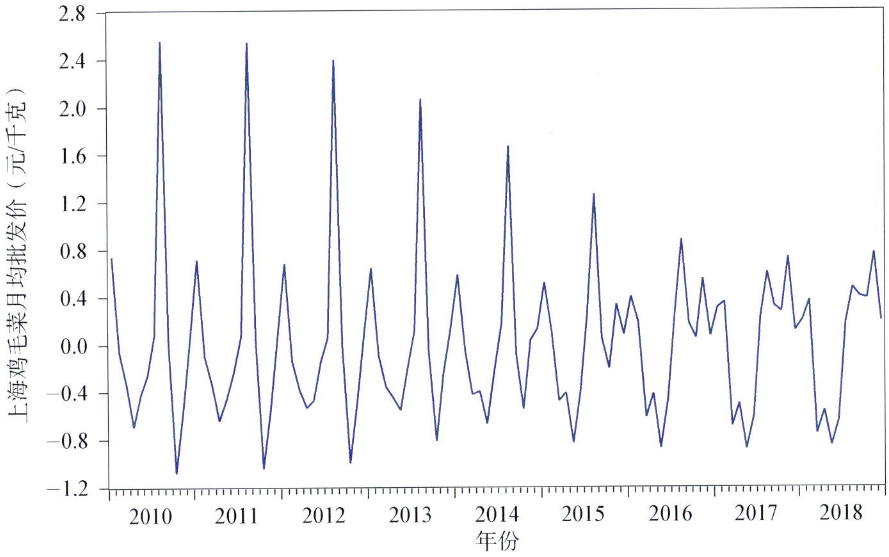

图 4-5 上海鸡毛菜月平均批发价格季节因子序列曲线

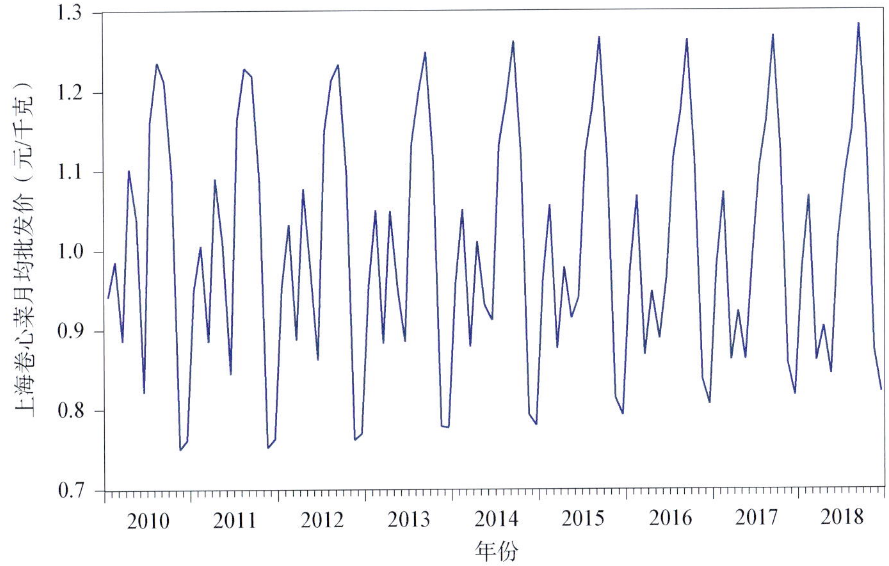

图 4-6 上海卷心菜月平均批发价格季节因子序列曲线

2. 趋势性分析

在 Cenxus X-12 方法分解出季节因子的同时，得到一个去除季节因子后的蔬菜价格趋势序列，从图 4-7、图 4-8、图 4-9 可以看出，青菜价格趋势性不明显，鸡毛菜价格变化趋势不大，卷心菜价格的变化趋势呈现波浪形。

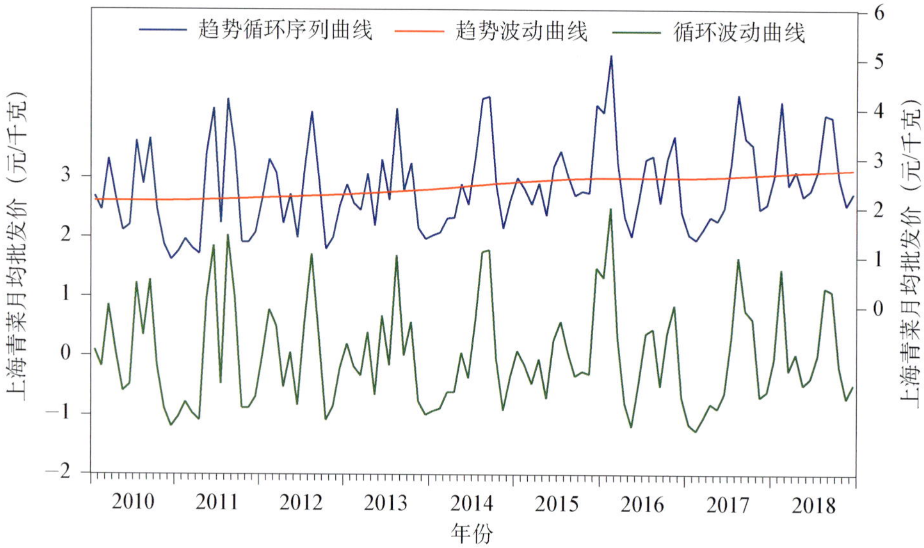

图 4－7　上海青菜月平均批发价格趋势循环序列 H-P 滤波分解

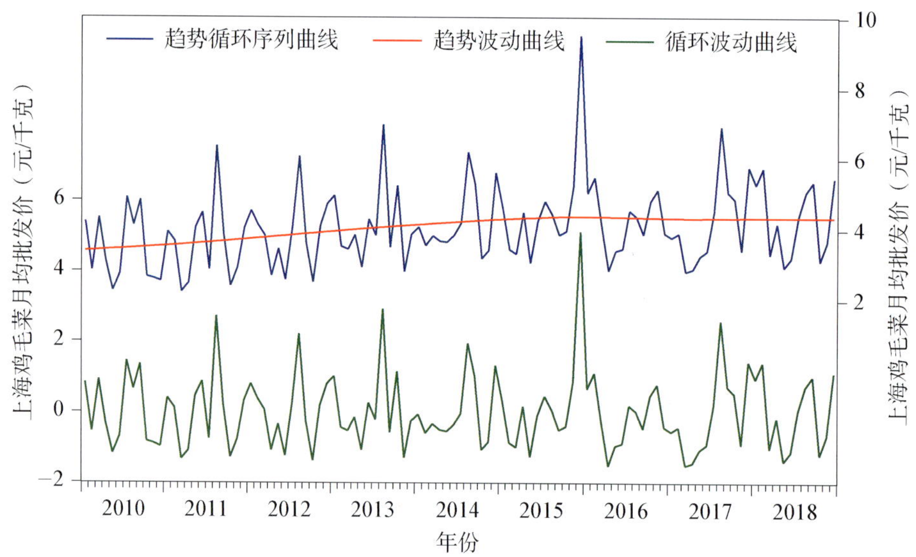

图 4－8　上海鸡毛菜月平均批发价格趋势循环序列 H-P 滤波分解

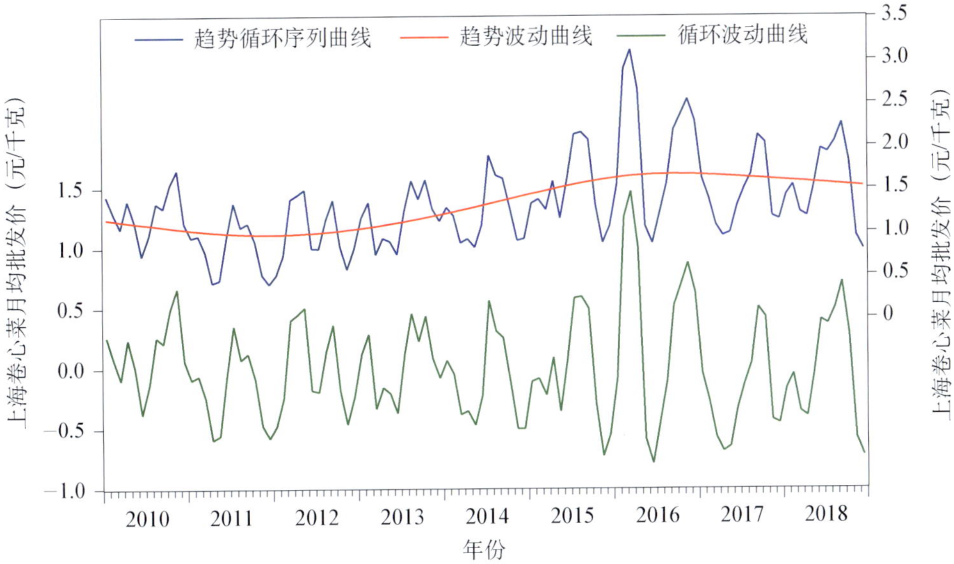

图 4-9 上海卷心菜月平均价格趋势循环序列 H-P 滤波分解

3. 不规则性分析

从 2010～2018 年上海绿叶蔬菜月平均批发价格不规则因素序列图 4-10 至图 4-12 可以看出，上海绿叶蔬菜月均批发价存在不规则性。其中，不规则性波动最大的是鸡毛菜(图 4-11)，最小的是卷心菜(图 4-12)。对蔬菜产品的特征和影响蔬菜产品市场的现实因素分析也发现，蔬菜生长季节短，受夏季高温、冬春低温、梅雨、台风等自然灾害天气的影响很大，同时也会受到节假日、舆论导向、交通等社会经济因素的影响，当遇到这类事件时，均会引致菜价大幅波动。

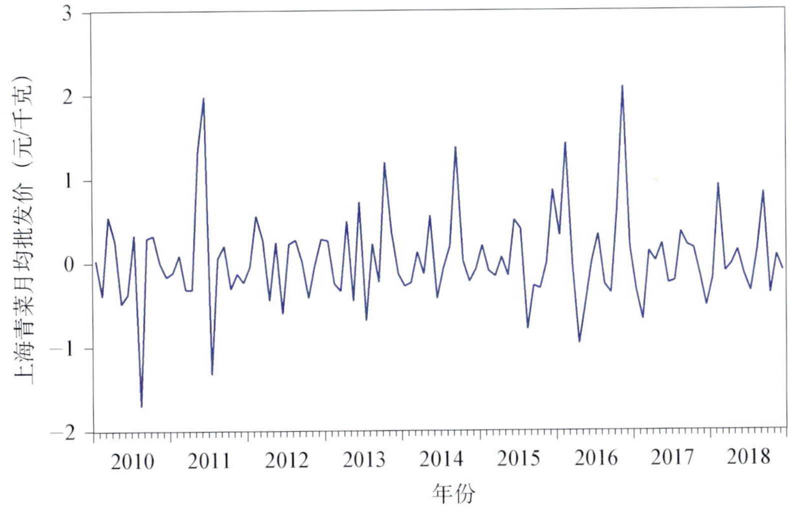

图 4-10 上海青菜月平均批发价格不规则序列

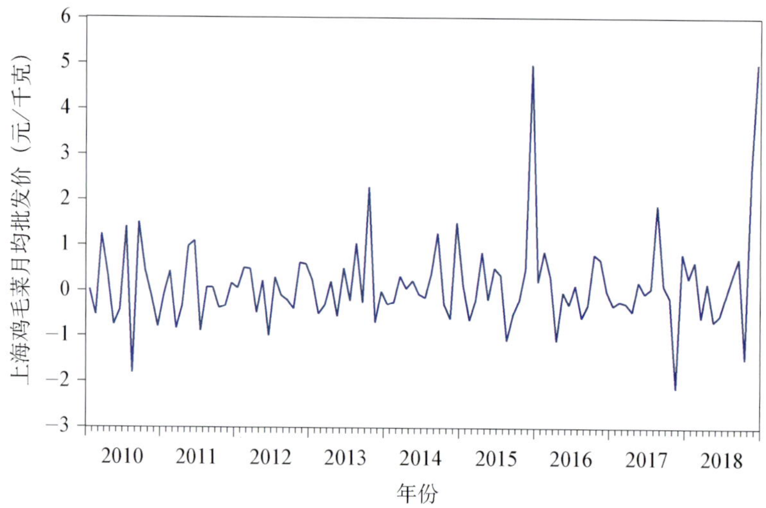

图 4-11　上海鸡毛菜月平均批发价格不规则序列

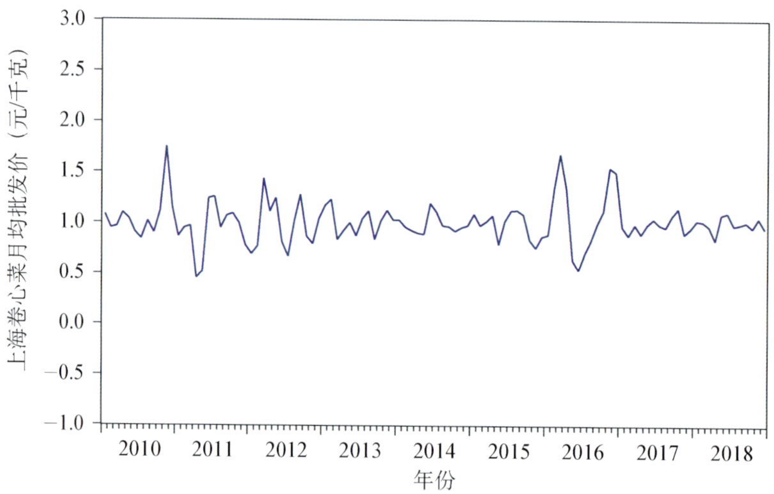

图 4-12　上海卷心菜月平均批发价格不规则序列

4. 平稳性分析

在 EViews 软件中对上海绿叶蔬菜月平均批发价格数据进行 ADF 检验，分析其数据序列是否具有平稳性。ADF 检验结果显示，青菜价格数据原数据序列不具有平稳性，t-Statistic 值−1.92 大于 5%水平的临界值−1.94，但其一阶数据序列具有平稳性，其一阶数据序列的 t-Statistic 值为−8.99，小于 1%水平的临界值−2.59，也小于 5%水平的临界值−1.94 和 10%水平的临界值−1.61。鸡毛菜价格数据原数据序列也不具有平稳性，t-Statistic 值−0.485 大于 10%水平的临界值−1.61，其一阶数据序列的 t-Statistic 值为−8.99，小于 1%水平的临界值−2.59，具有平稳性。卷心菜价格数据原数据序列也不具有平稳性，t-Statistic 值−0.16，大于 10%水平的临界值−0.16，其一阶数据序列的 t-Statistic 值为−7.73，小于 1%水平的临界值−2.59，具有平稳性。

5. 异方差性分析

分别建立上海青菜、鸡毛菜和卷心菜年平均批发价格与时间 t 的回归模型，采用时间序列 White 检验进行数据序列的异方差性检验。结果发现，青菜价格 F-Statistic 的结果为 0.199，大于临界值 0.825，说明上海青菜年均批发价不存在异方差性。鸡毛菜价格 F-Statistic 的结果为 4.060 1，小于临界值 0.077，说明上海鸡毛菜年均批发价存在异方差性。卷心菜价格 F-Statistic 的结果为 0.679，大于临界值 0.542，说明上海卷心菜年均批发价不存在异方差性。

二、上海绿叶蔬菜价格波动影响因素

为了满足上海市民喜食绿叶蔬菜的饮食习惯，加之绿叶蔬菜不宜长途运输和长期保存，上海市绿叶蔬菜生产自给率一直保持在 90%左右，因此绿叶蔬菜的均衡供应和价格稳定一直是上海市政府高度关注的民生工程。但从绿叶蔬菜的月平均批发价格和日平均批发价格不规则性分析结果来看，上海市场的绿叶蔬菜仍然存在较大的波动。归纳起来，影响上海绿叶蔬菜价格变化的原因有供应量、气候条件、生产成本、前期价格、调控政策、自然灾害等。

（一）影响价格波动的长期因素

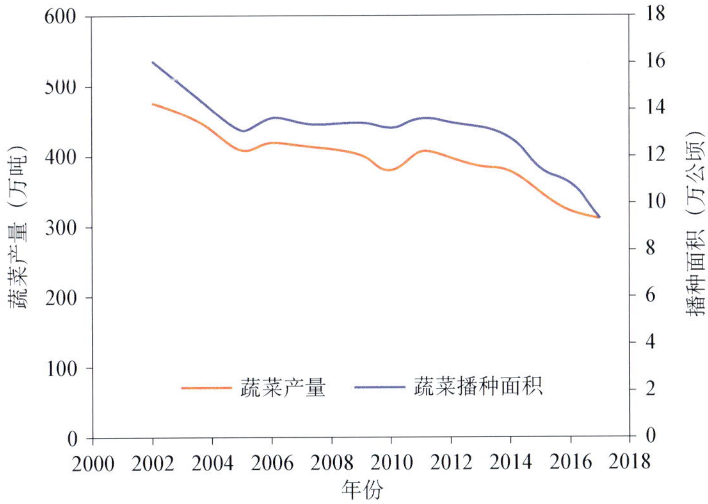

图 4-13 2002～2017 年上海蔬菜产量和播种面积变化

（数据来源：上海统计局网站）

由图 4-13 可见，上海蔬菜的播种面积和产量呈逐年下降趋势，与价格波动呈相反趋势（图 4-1）。2010～2017 年蔬菜生产成本与价格呈正相关变化规律（图 4-14）。由上海市人口及人均蔬菜消费量决定的蔬菜总需求量以及居民消费价格指数均呈上涨趋势(图4-15)。单从上海来看,考虑到运输到销售、销售到消费过程中的蔬菜损耗率,上海地产蔬菜产量是满足不了上海蔬菜消费需求量的,但是上海以外区域输入到上海的蔬菜量数据的缺乏,影响了整体的分析。从近年来蔬菜价格,尤其是绿叶蔬菜价格波动频繁和走低的现象来看,绿叶蔬菜应是供大于求,至少是季节性供大于求。

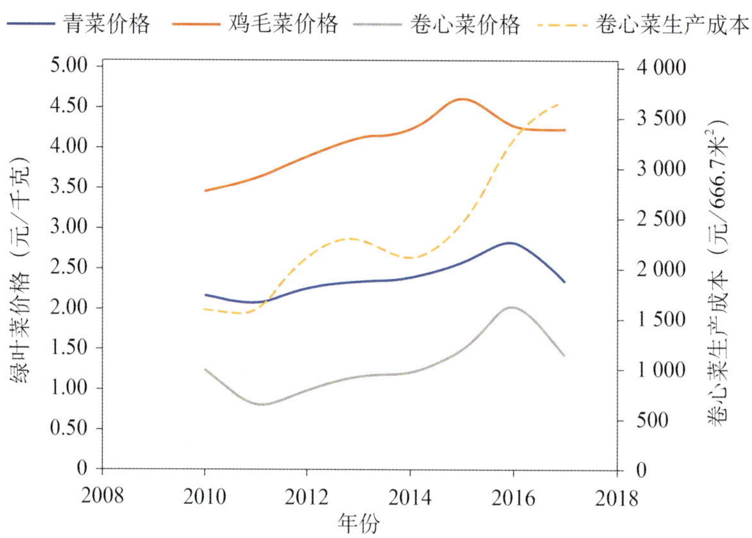

图 4-14　2010～2017 年全国卷心菜生产成本与上海绿叶蔬菜价格波动规律对比

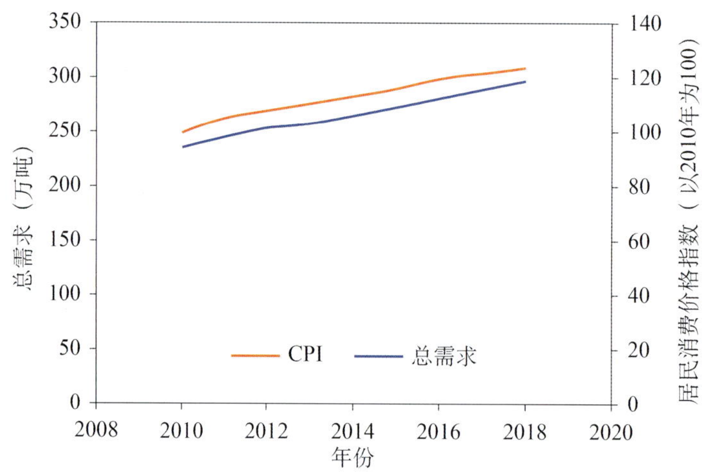

图 4-15　2010～2017 年上海市蔬菜总需求及居民消费价格指数(CPI)变化规律

(二) 影响价格波动的短期因素

1. 暴雨台风对价格和成交量的影响

2011～2016 年上海市共发生暴雨 14 次、台风影响 6 次。由暴雨引起的青菜价格上涨

10 次，影响概率为 71%；成交量下降 8 次，影响概率为 57%；暴雨对价格波动的影响明显大于对成交量的影响。与此同时，统计数据中成交量下降和价格上升同时出现的概率为 36%，受暴雨影响的成交量下降造成的价格上涨概率为 49%，即有近一半的涨价并非由暴雨造成成交量下降而引起。由台风引起的青菜价格上涨和成交量下降均为 4 次，影响概率为 67%，并且价格上涨与成交量下降均同时出现，概率为 100%。表 4－3 显示，暴雨和台风对价格的影响均在 1～2 天之内发生，台风对价格和成交量的影响持续时间明显大于暴雨的影响，价格剧升的概率也大于暴雨。暴雨对成交量的影响会在 1 天之内出现，而台风对成交量的影响多发生在台风过境的 2 天左右。成交量出现剧升的概率明显小于成交价。

鸡毛菜的成交量与价格相比，相对平稳，由暴雨和台风引起的价格波动明显大于成交量的异常波动。由暴雨引起的鸡毛菜价格上涨 7 次，影响概率为 50%，成交量下降 4 次，影响概率为 29%。成交量下降和价格上升同时出现的概率为 21%，受暴雨影响的成交量下降造成的价格上涨概率为 42%，即有 58%的涨价并非由暴雨造成成交量下降而引起。由台风引起的鸡毛菜价格上涨和成交量下降均为 5 次，并且价格上涨与成交量下降同时出现的概率为 100%。表 4－3 显示，暴雨和台风对鸡毛菜价格的影响效应在灾害当天即会发生，台风对价格和成交量的影响效应持续时间和作用强度明显大于暴雨。

由暴雨引起的卷心菜价格上涨 6 次，影响概率为 43%；成交量下降 10 次，影响概率为 71%，暴雨对卷心菜成交量的影响大于对价格的影响。成交量下降和价格上升同时出现的概率为 29%，受暴雨影响的成交量下降进而造成的价格上涨概率为 67%。由台风引起的卷心菜价格上涨 3 次，成交量下降 4 次，成交量下降和价格上升同时出现的概率为 33%。表 4－3 显示，暴雨和台风对价格的影响会在 1～2 天之内发生，台风对成交价的影响仅持续 0.5 天，出现≥50%波动的天数为 0。暴雨对成交价和成交量的影响较台风更加明显，但作用时间均较短，影响效应较小。

表 4－3 暴雨、台风对三种绿叶蔬菜成交价和成交量的影响效应

		成交价		成交量	
		延后(天)	持续(天)	延后(天)	持续(天)
暴雨	青菜	1.21±1.37	5.14±4.87	0.79±1.25	1.64±2.56
	鸡毛菜	0.64±1.21	4.00±4.74	0.43±0.76	1.71±3.45
	卷心菜	1.42±1.99	1.86±3.72	1.14±1.23	2.64±2.87
台风	青菜	1.67±2.73	9.83±8.75	2.17±2.40	4.67±4.92
	鸡毛菜	0.83±1.60	8.17±5.98	2.17±2.64	4.50±4.32
	卷心菜	1.67±2.25	0.5±0.55	0.67±0.82	2.33±2.25

2011～2016 年暴雨、台风影响时的上海绿叶蔬菜成交价及成交量波动曲线见图 4－16。

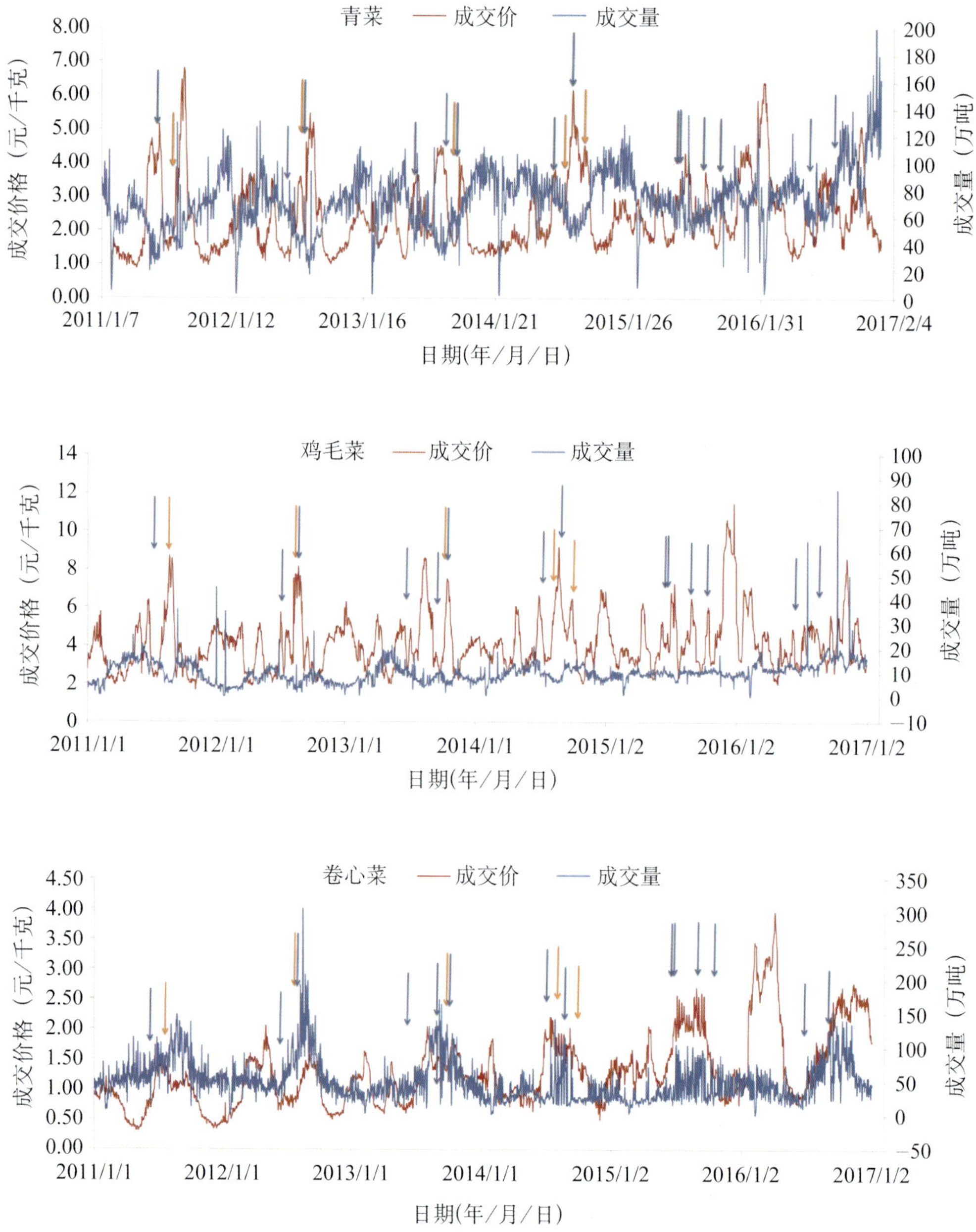

图 4-16　2011～2016 年青菜、鸡毛菜、卷心菜成交价及成交量波动曲线

（图中蓝色箭头和黄色箭头分别代表暴雨和台风的发生时间点）

2. 高温及寒潮对价格和交易量波动的影响

2011～2016 年上海地区共发生高温 4 次，寒潮 3 次。高温灾害均发生在 7 月，寒潮灾害发生在 1 月和 11 月。4 次高温灾害共造成青菜价格上涨 3 次，其中 2 次与成交量下降同时发生。灾害发生当天青菜成交价即发生波动，平均持续时间 5 天左右，价格剧升的发生概率为 26%。寒潮对价格的影响也会在灾害发生当天即引发价格波动，2016 年 1 月发生的寒潮受前期预警发布的影响，青菜价格在寒潮发生之前 4 天即已出现价格剧烈升高，而此时成交量未受实际影响。表 4－4 数据显示，寒潮对青菜成交量的影响效应小于高温，但对价格影响效应大于高温。

表 4－4 高温、寒潮对上海三种绿叶菜成交价和成交量的影响效应

		成交价		成交量	
		延后(天)	持续(天)	延后(天)	持续(天)
高温	青菜	0.50±1.00	5.75±6.90	1.50±3.00	3.00±4.76
	鸡毛菜	0.25±0.50	9.25±8.10	0.25±0.50	5.00±4.55
	卷心菜	0.75±1.50	2.00±2.45	1.00±2.00	1.00±1.41
寒潮	青菜	0	8.33±3.51	2.00±2.65	2.33±2.52
	鸡毛菜	0	7.33±4.04	0.33±5.77	1.00±1.73
	卷心菜	2.33±2.52	6.67±8.96	2.67±2.08	3.33±3.21

4 次高温灾害共造成鸡毛菜价格上涨 3 次，成交量下降 3 次，价格上涨与成交量下降同时出现 2 次，由高温造成的成交量减少造成的价格上涨概率为 67%。高温及寒潮对价格和成交量的影响效应在当天即会出现，对价格影响的持续时间超过 7 天以上，高温造成的成交量下降平均为 5 天，寒潮对成交量的影响平均为 1 天，高温对鸡毛菜价格的影响效应明显大于成交量。

由高温引起的卷心菜价格上涨 3 次，但持续时间和影响效应明显小于青菜和鸡毛菜。高温引起的成交量下降 2 次，且影响较小，成交量剧降的概率为 0。寒潮对卷心菜的影响明显大于高温，价格上涨和成交量下降发生在灾害发生的 2～3 天内出现。

2011～2016 年高温、寒潮对上海绿叶蔬菜成交价及成交量的影响见图 4－17。

三、上海绿叶蔬菜价格多元回归分析

综合绿叶蔬菜价格波动影响因素的分析，上海市绿叶蔬菜价格的波动受到供求关系中的供给量、需求量、生产成本、上海居民消费价格指数、人均可支配收入等因素影响。选择上一年的绿叶蔬菜年均价[Price, Pr(－1)]、蔬菜产量(Production, P)、蔬菜总需求量

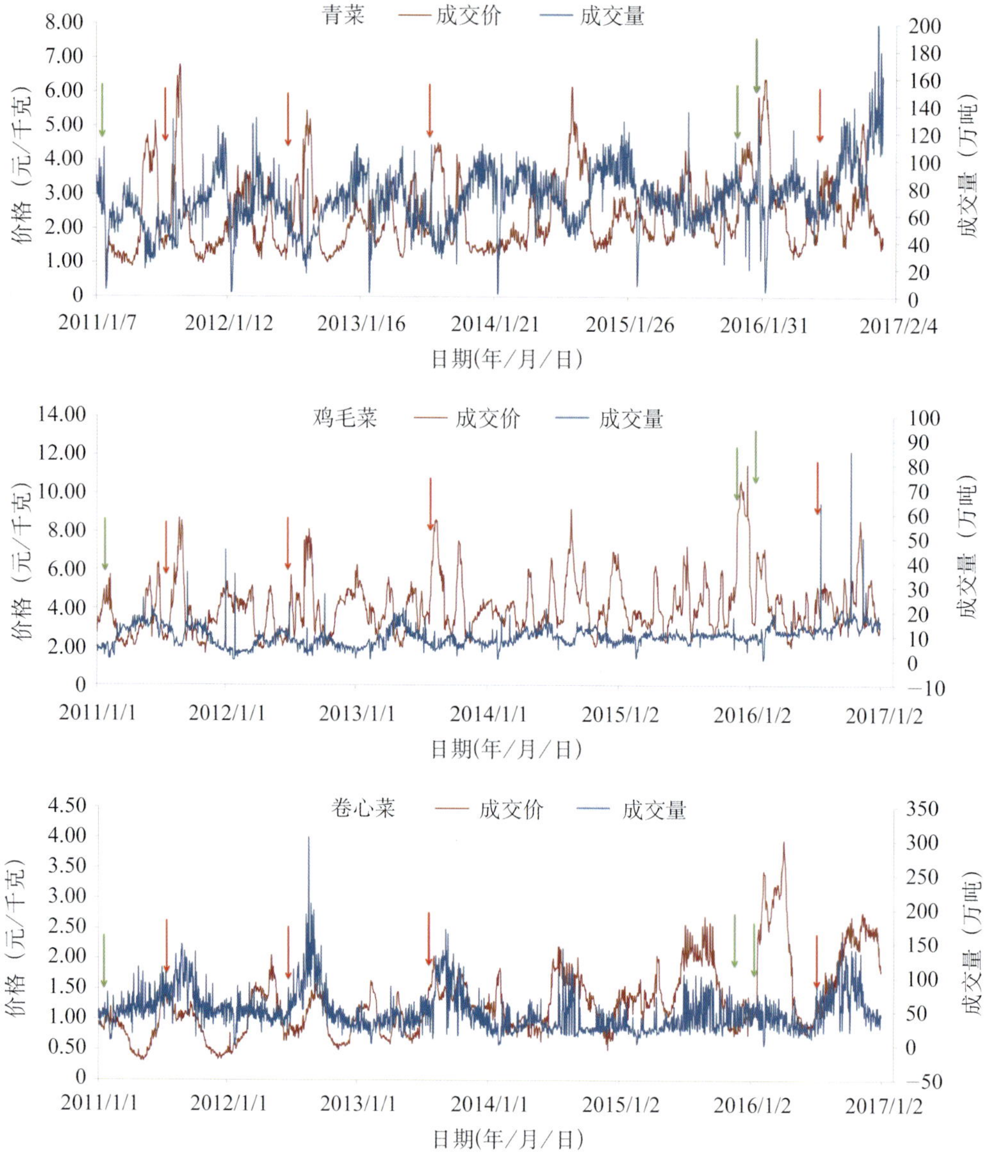

图 4-17　2011～2016 年青菜、鸡毛菜、卷心菜成交价及成交量波动曲线

（图中红色箭头和绿色箭头分别代表高温和寒潮的发生时间点）

(Total Consumption，TC)、蔬菜生产成本(PC)、上海居民消费价格指数(CPI)、人均可支配收入(PCDI)、上海城镇化率(Urbanization Rate，UR)9 项指标来开展上海绿叶蔬菜年均价的多元回归分析。

（一）影响因素的平稳性分析

利用时间序列模型的 ADF 检验法对上海 3 种绿叶蔬菜价格和各影响因素进行平稳

性检验，结果见表4－5。上海青菜价格(Pq)、鸡毛菜价格(Pjm)、卷心菜价格(Pjx)、蔬菜产量(P)均在一阶差分下平稳。上海居民消费价格指数(CPI)在10%水平一阶差分平稳。蔬菜总需求量(TC)、蔬菜生产成本(PC)、人均可支配收入(PCDI)和城镇化率(UR)为二阶差分平稳数列。

表4－5 上海绿叶蔬菜价格和各影响因素平稳性检验结果

指标	数据序列特征	t-Statistic值	显著性水平
青菜价格(Pq)	一阶差分数列为平稳序列	0.001	1%
鸡毛菜价格(Pjm)	一阶差分数列为平稳序列	0.034	5%
卷心菜价格(Pjx)	一阶差分数列为平稳序列	0.003	1%
蔬菜产量(P)	一阶差分数列为平稳序列	－4.383	5%
蔬菜总需求量(TC)	二阶差分数列为平稳序列	－6.402	5%
蔬菜生产成本(PC)	二阶差分数列为平稳序列	－6.819	5%
上海居民消费价格指数(CPI)	一阶差分数列为平稳序列	－3.487	10%
人均可支配收入(PCDI)	二阶差分数列为平稳序列	－3.492	1%
城镇化率(UR)	一阶差分数列为平稳序列	－2.849	5%

(二) 各因素间的相关关系分析

1. 相关系数分析法

分析各因素间的相关系数，可以看出：上海青菜价格(Pq)和上海居民消费价格指数(CPI)、蔬菜总需求量(TC)的相关关系最大(0.805～0.807)；上海鸡毛菜价格(Pjm)和前期价格[Pr(－1)]、蔬菜总需求量(TC)、上海居民消费价格指数(CPI)和人均可支配收入(PCDI)的相关关系都较大(>0.8)；上海卷心菜价格(Pjx)和蔬菜总需求量(TC)、蔬菜生产成本(PC)、上海居民消费价格指数(CPI)、人均可支配收入(PCDI)的相关关系都在0.6～0.7。除鸡毛菜价格(Pjm)和前期价格[Pr(－1)]相关性较大外，青菜价格(Pq)、卷心菜价格(Pjx)与前期价格[Pr(－1)]相关性都不大。

蔬菜产量(P)与蔬菜总需求量(TC)、蔬菜生产成本(PC)、上海居民消费价格指数(CPI)、人均可支配收入(PCDI)有较强的负相关关系；蔬菜总需求量(TC)与蔬菜生产成本(PC)、上海居民消费价格指数(CPI)、人均可支配收入(PCDI)有较强的正相关关系；蔬菜生产成本(PC)与上海居民消费价格指数(CPI)、人均可支配收入(PCDI)有较强的相关关系；上海居民消费价格指数(CPI)和人均可支配收入(PCDI)有较强的相关关系；城镇化率(UR)与青菜价格(Pq)、鸡毛菜价格(Pjm)、卷心菜价格(Pjx)呈强烈的负相关关系，与其他因素间的相关关系较弱。青菜、鸡毛菜、卷心菜各因素间的相互关系分别见表4－6、表4－7、表4－8。

表 4-6 上海青菜价格和各影响因素间的相互关系

	Pq	Pr(−1)	P	TC	PC	CPI	PCDI	UR
Pq	1.000	0.348	−0.784	0.807	0.766	0.805	0.798	−0.673
Pr(−1)	0.348	1.000	−0.751	0.783	0.624	0.752	0.694	−0.671
P	−0.784	−0.751	1.000	−0.916	−0.943	−0.887	−0.910	0.250
TC	0.807	0.783	−0.916	1.000	0.953	0.994	0.998	0.402
PC	0.766	0.624	−0.943	0.953	1.000	0.927	0.955	0.250
CPI	0.805	0.752	−0.887	0.994	0.927	1.000	0.991	0.462
PCDI	0.798	0.694	−0.910	0.998	0.955	0.991	1.000	0.427
UR	−0.673	−0.671	0.250	0.402	0.250	0.462	0.427	1.000

表 4-7 上海鸡毛菜价格和各影响因素间的相互关系

	Pjm	Pr(−1)	P	TC	PC	CPI	PCDI	UR
Pjm	1.000	0.820	−0.635	0.813	0.631	0.840	0.802	−0.671
Pr(−1)	0.820	1.000	−0.844	0.875	0.711	0.877	0.817	−0.724
P	−0.635	−0.844	1.000	−0.916	−0.943	−0.887	−0.910	0.250
TC	0.813	0.875	−0.916	1.000	0.953	0.994	0.998	0.402
PC	0.631	0.711	−0.943	0.953	1.000	0.927	0.955	0.250
CPI	0.840	0.877	−0.887	0.994	0.927	1.000	0.991	0.462
PCDI	0.802	0.817	−0.910	0.998	0.955	0.991	1.000	0.427
UR	−0.671	−0.724	0.250	0.402	0.250	0.462	0.427	1.000

表 4-8 上海卷心菜价格和各影响因素间的相互关系

	Pjx	Pr(−1)	P	TC	PC	CPI	PCDI	UR
Pjx	1.000	0.486	−0.816	0.691	0.679	0.697	0.673	−0.745
Pr(−1)	0.486	1.000	−0.751	0.742	0.673	0.720	0.696	−0.683
P	−0.816	−0.751	1.000	−0.916	−0.943	−0.887	−0.910	0.250
TC	0.691	0.742	−0.916	1.000	0.953	0.994	0.998	0.402
PC	0.679	0.673	−0.943	0.953	1.000	0.927	0.955	0.250
CPI	0.697	0.720	−0.887	0.994	0.927	1.000	0.991	0.462
PCDI	0.673	0.696	−0.910	0.998	0.955	0.991	1.000	0.427
UR	−0.745	−0.683	0.250	0.402	0.250	0.462	0.427	1.000

2. 格兰杰因果分析法

因素与因素之间的因果关系利用格兰杰检验来分析，分析结果如表 4-9、表 4-10、表 4-11 所示。

从表 4-9 可以看出，蔬菜产量(P)、人均可支配收入(PCDI)是引起上海青菜价格(Pq)变动的原因，上海青菜价格(Pq)变化是引起上海居民消费价格指数(CPI)变化的原因，上海青菜价格(Pq)与蔬菜总需求量(TC)、蔬菜生产成本(PC)、城镇化率(UR)均是双向因果关系。

表 4-9 格兰杰因果分析法分析上海青菜价格与各影响因素间的相互关系表

	Pq	P	TC	PC	CPI	PCDI	UR
Pq		↓	↔	↔	↑	↓	↔
P	↑		↔	↔	↓	↔	↔
TC	↔	↔		↑	↓	↑	/
PC	↔	↔	↓		↔	↑	↓
CPI	↓	↑	↑	↔		↓	↔
PCDI	↑	↔	↓	↓	↑		↔
UR	↔	↔	/	↑	↔	↔	

注：↑表示对应的列指标对对应的行指标有单向因果关系；↓表示对应的行指标对对应的列指标有单向因果关系；↔表示行指标与列指标是双向因果关系；/表示行指标与列指标之间无因果关系。

由表 4-10 可知，蔬菜产量(P)、蔬菜生产成本(PC)是引起上海鸡毛菜价格(Pjm)变动的原因，鸡毛菜价格(Pjm)对蔬菜总需求量(TC)、上海居民消费价格指数(CPI)、城镇化率(UR)呈单向因果关系，鸡毛菜价格(Pjm)和人均可支配收入(PCDI)呈双向因果关系。

表 4-10 格兰杰因果分析法分析上海鸡毛菜价格与各影响因素间的相互关系表

	Pjm	P	TC	PC	CPI	PCDI	UR
Pjm		↓	↑	↓	↑	↔	↑
P	↑		↔	↔	↓	↔	↔
TC	↓	↔		↑	↓	↑	/
PC	↑	↔	↓		↔	↑	↓
CPI	↓	↑	↑	↔		↓	↔
PCDI	↔	↔	↓	↓	↑		↔
UR	↓	↔	/	↑	↔	↔	

注：↑表示对应的列指标对对应的行指标有单向因果关系；↓表示对应的行指标对对应的列指标有单向因果关系；↔表示行指标与列指标是双向因果关系；/表示行指标与列指标之间无因果关系。

由表 4-11 可知，蔬菜产量(P)、上海居民消费价格指数(CPI)是引起上海卷心菜价格(Pjx)变动的原因，卷心菜价格(Pjx)对蔬菜总需求量(TC)、人均可支配收入(PCDI)呈单向因果关系，卷心菜价格(Pjx)和蔬菜生产成本(PC)、城镇化率(UR)呈双向因果关系。

表 4-11　格兰杰因果分析法分析上海卷心菜价格与各影响因素间的相互关系表

	Pjx	P	TC	PC	CPI	PCDI	UR
Pjx		↓	↑	↔	↓	↑	↔
P	↑		↔	↔	↓	↔	↔
TC	↓	↔		↑	↓	↑	/
PC	↔	↔	↓		↔	↑	↓
CPI	↑	↑	↑	↔		↓	↔
PCDI	↓	↔	↓	↓	↑		↔
UR	↔	↔	/	↑	↔	↔	

注：↑表示对应的列指标对对应的行指标有单向因果关系；↓表示对应的行指标对对应的列指标有单向因果关系；↔表示行指标与列指标是双向因果关系；/表示行指标与列指标之间无因果关系。

蔬菜产量(P)与蔬菜总需求量(TC)、蔬菜生产成本(PC)、人均可支配收入(PCDI)、城镇化率(UR)是双向因果关系；蔬菜总需求量(TC)对蔬菜生产成本(PC)、人均可支配收入(PCDI)呈单向因果关系，上海居民消费价格指数(CPI)是影响蔬菜总需求量(TC)的单向因果关系；蔬菜生产成本(PC)对人均可支配收入(PCDI)是单向因果关系，城镇化率(UR)对蔬菜生产成本(PC)是单向因果关系；人均可支配收入(PCDI)对上海居民消费价格指数(CPI)是单向因果关系；人均可支配收入(PCDI)和城镇化率(UR)、城镇化率(UR)和上海居民消费价格指数(CPI)是双向因果关系。

（三）上海绿叶蔬菜价格多元回归分析

1. 上海绿叶蔬菜价格与供求量的回归分析

商品价格是商品供给量和商品需求量在某一点达到平衡的体现，价格的高低变化密切反映了供求的平衡走势，是市场变化的风向标。用上海三种绿叶蔬菜的年均价(Px)、蔬菜产量(P)、蔬菜总需求量(TC)建立回归分析模型，上海青菜价格(Pq)、鸡毛菜价格(Pjm)、卷心菜价格(Pjx)分析模型分别如式 4-1、式 4-2、式 4-3 所示。

$$Pq = -0.0075 \cdot P - 0.0062 \cdot TC + 6.8127 \quad (式 4-1)$$

$$Pjm = 0.0144 \cdot P + 0.0486 \cdot TC - 14.1005 \quad (式 4-2)$$

$$Pjx = -0.0072 \cdot P + 0.0005 \cdot TC + 3.7502 \quad (式 4-3)$$

从式 4-1 可以看出，蔬菜产量(P)、蔬菜总需求量(TC)的系数均为负值，模型拟合度为 0.605，但是模型各参数的 t-Statistic 和 Prob. 值均没有通过检验，由于蔬菜产量和蔬菜总需求量这两个变量对价格来说属于内生性变量，三者存在互相影响的关系，为此该方程系数并不能反映蔬菜产量和蔬菜总需求量这两个变量与青菜价格之间的真实关系。

从式 4－2 可以看出，蔬菜产量(P)、蔬菜总需求量(TC)的系数均为正值，模型拟合度为 0.667，但是模型各参数的 t-Statistic 和 Prob. 值也均没有通过检验，因为蔬菜产量和蔬菜总需求量这两个变量对价格来说属于内生性变量，三者存在互相影响的关系，为此该方程系数并不能反映蔬菜产量和蔬菜总需求量这两个变量与鸡毛菜价格之间的真实关系。

从式 4－3 可以看出，随着蔬菜产量(P)的增加，即供给量增多，卷心菜年均价(Pr)降低，随着蔬菜总需求量(TC)的增加，即需求量增多，卷心菜年均价(Pr)升高，模型拟合度为 0.666，这一结果很好地反映了经济规律。但是因为蔬菜产量和蔬菜总需求量这两个变量对价格来说属于内生性变量，三者存在互相影响的关系，为此该方程系数并不能反映蔬菜产量和蔬菜总需求量这两个变量与卷心菜价格之间的真实关系。

2. 单因素回归分析

首先建立上海绿叶蔬菜年均价与各影响因素的单一因素回归模型。模型结构如式 4－4。

$$Px = aX + C \qquad (式 4-4)$$

式 4－4 中，a 为某一价格影响因素 X 如上一年的该类绿叶蔬菜年均价[Pr(－1)]或蔬菜生产成本(PC)、上海居民消费价格指数(CPI)、人均可支配收入(PCDI)、城镇化率(UR)的系数；C 为常数，系数取值和模型拟合度见表 4－12、表 4－13、表 4－14。

表 4－12 上海青菜年均价单影响因素回归模型系数和模型拟合度

自变量	系数 a 取值	常数 C 取值	模型拟合度
$Pr(-1)^*$	0.392 5	1.528 4	0.121
PC	0.000 2	1.881 7	0.525
CPI	0.031 3	−1.140 5	0.623
$PCDI$	2.20×10^{-5}	1.378 1	0.586
UR	−19.717 8	19.930 9	0.453

注：* 代表该模型没有通过显著性检验。

表 4－13 上海鸡毛菜年均价单影响因素回归模型系数和模型拟合度

自变量	系数 a 取值	常数 C 取值	模型拟合度
$Pr(-1)$	0.646 0	1.543 8	0.672
PC	0.000 2	3.695 0	0.288
CPI	0.032 2	0.462 7	0.554
$PCDI$	2.20×10^{-5}	3.076 8	0.495
UR	−21.416 4	23.137 1	0.450

表 4-14 上海卷心菜年均价单影响因素回归模型系数和模型拟合度

自变量	系数 *a* 取值	常数 *C* 取值	模型拟合度
Pr(−1)*	0.499 5	0.690 7	0.236
PC	0.000 3	0.559 6	0.494
CPI	0.044 9	−3.830 3	0.666
PCDI	2.98×10^{-5}	−0.132 8	0.561
UR	−30.319 0	28.202 1	0.556

注：* 代表该模型没有通过显著性检验。

从表 4-12 可以看出，上海青菜年均价与上一年价格[Pr(−1)]、蔬菜生产成本(PC)、上海居民消费价格指数(CPI)、人均可支配收入(PCDI)的走势一致，随着这些因素的增大(增多)而提高，随着这些因素的降低(减少)而降低，其中与上海居民消费价格指数(CPI)的关联度最大，这与市场调查中得到的结论一致，蔬菜消费者定价的主要依据是维持生活成本所需商品的价格走势和变化幅度。城镇化率(UR)的系数为负值。单因素回归分析模型各参数的 t-Statistic 和 Prob. 值除了与上一年价格[Pr(−1)]的回归模型没有通过检验，其他均通过了检验，说明是有效模型。

从表 4-13 可以看出，上海鸡毛菜年均价与上一年价格[Pr(−1)]、蔬菜生产成本(PC)、上海居民消费价格指数(CPI)、人均可支配收入(PCDI)的走势一致，随着这些因素的增大(增多)而提高，随着这些因素的降低(减少)而降低，其中与上一年价格[Pr(−1)]的关联度最大。城镇化率(UR)的系数为负值。单因素回归分析模型各参数的 t-Statistic 和 Prob. 值均通过了检验，说明是有效模型。

从表 4-14 可以看出，上海卷心菜年均价与上一年价格[Pr(−1)]、蔬菜生产成本(PC)、上海居民消费价格指数(CPI)、人均可支配收入(PCDI)的走势一致，随着这些因素的增大(增多)而提高，随着这些因素的降低(减少)而降低，其中与上海居民消费价格指数(CPI)的关联度最大，其次是人均可支配收入(PCDI)，这与市场调查中得到的结论一致，蔬菜消费者定价的主要依据是维持生活成本所需商品的价格走势和变化幅度。城镇化率(UR)的系数为负值。单因素回归分析模型各参数的 t-Statistic 和 Prob. 值除了与上一年价格[Pr(−1)]的回归模型没有通过检验，其他均通过了检验，说明是有效模型。

上海青菜、鸡毛菜、卷心菜单因素回归模型中各绿叶蔬菜与上一年价格[Pr(−1)]的回归模型存在差异，其中上海青菜、卷心菜与上一年价格[Pr(−1)]的回归模型没有通过检验，而鸡毛菜与上一年价格[Pr(−1)]的回归模型效果最好，这一结果与相关系数分析结果一致，上海青菜、卷心菜与上一年价格[Pr(−1)]相关性低，而鸡毛菜与上一年价格[Pr(−1)]相关性高。

3. 多元回归分析

选择了上一年的上海绿叶蔬菜年均价[Price，Pr(−1)]、蔬菜生产成本(PC)、上海居民消费价格指数(CPI)、人均可支配收入(PCDI)、城镇化率(UR)5 项指标来建立上海绿叶蔬菜年均价的多元回归模型。

采用 EViews 软件进行 OLS 回归分析获得上海青菜、鸡毛菜、卷心菜年均价的影响因素模型，见式 4-5。

$$Px = aPr(-1) + bPC + cCPI + dPCDI + eUR + C \qquad (式 4-5)$$

式 4-5 中，a、b、c、d、e 分别为上一年的绿叶蔬菜年均价[Pr(−1)]、蔬菜生产成本(PC)、上海居民消费价格指数(CPI)、人均可支配收入(PCDI)、城镇化率(UR)的系数；C 为常数。上海青菜模型系数取值见表 4-15，模型拟合度为 0.962。上海鸡毛菜模型系数取值见表 4-16，模型拟合度为 0.835。上海卷心菜模型系数取值见表 4-17，模型拟合度为 0.945。

表 4-15　上海青菜价格模型各变量的系数

自变量	系数	取值	自变量	系数/常数	取值
$Pr(-1)$	a	−1.225 0	$PCDI$	d	0.000 1
PC	b	0.000 0	UR	e	9.543 1
CPI	c	0.262 7		C	−26.354 4

表 4-16　上海鸡毛菜价格模型各变量的系数

自变量	系数	取值	自变量	系数/常数	取值
$Pr(-1)$	a	0.892 1	$PCDI$	d	0.000 1
PC	b	0.000 4	UR	e	−20.052 2
CPI	c	−0.178 0		C	32.788 8

表 4-17　上海卷心菜价格模型各变量的系数

自变量	系数	取值	自变量	系数/常数	取值
$Pr(-1)$	a	−0.351 2	$PCDI$	d	0.000 2
PC	b	0.000 2	UR	e	8.412 8
CPI	c	0.308 6		C	−31.982 0

从模型系数可以看出，上海青菜和卷心菜上一年的均价[Pr(−1)]对其当年价格是负效应，其他因素为正效应；上海居民消费价格指数(CPI)和城镇化率(UR)对鸡毛菜价格是

负效应，其他因素为正效应。

在 EViews 中用 ADF 检验三个模型的残差数列的平稳性，得到青菜模型残差数列的 t-Statistic 值为－4.530，小于 1%水平的 t-Statistic 临界值－3.321，说明残差项平稳，应变量青菜价格（Pq）与上一年的青菜年均价[Pr(－1)]、蔬菜生产成本（PC）、上海居民消费价格指数（CPI）、人均可支配收入（PCDI）和城镇化率（UR）存在长期均衡关系。鸡毛菜模型残差数列的 t-Statistic 值为－4.359，小于 1%水平的 t-Statistic 临界值－3.007，说明残差项平稳，应变量鸡毛菜价格（Pjm）与上一年的鸡毛菜年均价[Pr(－1)]、蔬菜生产成本（PC）、上海居民消费价格指数（CPI）、人均可支配收入（PCDI）和城镇化率（UR）存在长期均衡关系。卷心菜模型残差数列的 t-Statistic 值为－6.478，小于 1%水平的 t-Statistic 临界值－2.937，说明残差项平稳，应变量卷心菜价格（Pjx）与上一年的卷心菜年均价[Pr(－1)]、蔬菜生产成本（PC）、上海居民消费价格指数（CPI）、人均可支配收入（PCDI）和城镇化率（UR）存在长期均衡关系。

对上海青菜价格（Pq）、上海鸡毛菜价格（Pjm）、上海卷心菜价格（Pjx）、上一年的绿叶蔬菜年均价[Pr(－1)]、蔬菜生产成本（PC）、上海居民消费价格指数（CPI）、人均可支配收入（PCDI）、城镇化率（UR）10 个因素的时间序列取对数，得到新的数列 $P1 \sim P10$，从而消除异方差问题。对新数列进行 OLS 回归分析，得到上海青菜、鸡毛菜、卷心菜价格的误差修正模型，在 EViews 中获得新数列 group 的残差数列 resid，再次对 $P1 \sim P10$ 和 resid 的差分数列进行 OLS 回归分析，得到消除异方差后的青菜价格回归模型，见式 4－6。

$$\log(Pq) = -1.2564 \times \log[Pr(-1)] - 0.1413 \times \log(PC) + 17.3142 \times \log(CPI) - 3.8540 \times \log(PCDI) + 7.4405 \times \log(UR) - 36.5508 \quad (式\ 4-6)$$

模型的拟合度为 0.941，F-Statistic 值为 6.418，然后再得到残差数列 resid 的系数，即为误差修正系数，误差修正系数的 t-Statistic 值为－3.926，小于 1%水平的 t-Statistic 临界值－2.937，说明应变量上海青菜价格（Pq）对解释各自变量的短期波动有影响。

消除异方差后的上海鸡毛菜价格回归模型见式 4－7。

$$\log(Pjm) = 1.6286 \times \log[Pr(-1)] - 0.0127 \times \log(PC) - 15.4277 \times \log(CPI) + 3.9069 \times \log(PCDI) - 10.6040 \times \log(UR) - 28.9864 \quad (式\ 4-7)$$

模型的拟合度为 0.971，F-Statistic 值为 13.441，残差数列 resid 的误差修正系数的 t-Statistic 值为－6.286，小于 1%水平的 t-Statistic 临界值－2.937，说明应变量上海鸡毛菜价格（Pjm）对解释各自变量的短期波动有影响。

消除异方差后的上海卷心菜价格回归模型见式 4－8。

$$\log(Pjx) = -0.5124 \times \log[Pr(-1)] - 0.1724 \times \log(PC) + 35.9557 \times \log(CPI) - 8.4785 \times \log(PCDI) + 12.9858 \times \log(UR) - 75.7578 \quad (式\ 4-8)$$

模型的拟合度为 0.969，F-Statistic 值为 12.619，残差数列 resid 的误差修正系数的 t-Statistic 值为−5.544，小于 1%水平的 t-Statistic 临界值−3.007，说明应变量上海卷心菜价格(Pjx)对解释各自变量的短期波动有影响。

虽然多元回归模型是较为理想的分析农产品价格受影响因素影响程度的模型，但从上海绿叶蔬菜年均价多元回归分析的过程来看，单因素分析结果的 t-Statistic 值和系数 Prob. 值结果多数较好，而多元因素的回归结果 t-Statistic 值和系数 Prob. 值均不理想，这是因为各个影响因素之间存在高度的相关性，有共线性现象。因此在建立模型时，影响因素之间的高度共线性使得无法得到一个有效的多元回归模型。考虑到蔬菜产品的需求弹性低，其价格从经济学分析主要是由供给决定的，为此如果建立蔬菜价格与影响因素的回归分析模型，蔬菜生产成本是最合适的影响因素。研究结果表明，上海青菜、卷心菜年均价和蔬菜生产成本的回归分析模型较好，单因素回归分析模型参数取值见表 4 - 12、表 4 - 14；上海鸡毛菜年均价和上一年鸡毛菜价格的回归分析模型较好，单因素回归分析模型参数取值见表 4 - 13。

四、结语与讨论

本章对 2010 年以来上海绿叶蔬菜价格进行了分析，结果表明，2010～2018 年上海绿叶蔬菜价格整体呈上涨趋势，而 2016 年、2017 年上海青菜、鸡毛菜、卷心菜价格略有下跌后又上涨，绿叶蔬菜月均价和日均价呈现明显的季节性，日均价波动性较大。对上海绿叶蔬菜月均价所做的定量化季节性特征分析表明，上海青菜、鸡毛菜、卷心菜价格均表现出季节性、趋势性、不规则性和非平稳性，一阶差分后呈现平稳性，因此可以通过时间序列分析建立时间序列模型。

对影响价格的短期因素分析表明，台风、暴雨、高温、寒潮对上海绿叶蔬菜的价格和成交量均有明显的影响。台风对价格和成交量的影响持续时间明显大于暴雨的影响，价格剧升的概率也大于暴雨。高温和寒潮对价格的影响均大于对成交量的影响。

对上海经济特征中影响绿叶蔬菜价格的因素进行了分析，发现上海青菜价格和上海居民消费价格指数、蔬菜总需求量的相关关系最大；上海鸡毛菜价格与上一年鸡毛菜价格、蔬菜总需求量、上海居民消费价格指数和人均可支配收入的相关关系最大；上海卷心菜价格和蔬菜总需求量、蔬菜生产成本、上海居民消费价格指数、人均可支配收入都存在中等相关关系。除鸡毛菜价格和前期价格相关性较大外，青菜价格、卷心菜价格与前期价格相关性不大。其他各影响因素之间都存在较强的相关关系，特别是蔬菜生产成本与人均可支配收入、上海居民消费价格指数表现出极强的相关关系。格兰杰因果分析结果表明蔬菜产量是引起上海绿叶蔬菜价格变动的原因，人均可支配收入、蔬菜生产成本、上海居民消费价格指数分别是引起上海青菜、鸡毛菜、卷心菜价格变动的原因。

回归分析建模过程表明：①蔬菜产量和蔬菜总需求量这两个变量对价格来说属于内生性变量，三者存在互相影响的关系，无法建立回归分析模型。②上海绿叶蔬菜价格与上一年蔬菜价格、蔬菜生产成本、人均可支配收入、居民消费价格指数、城镇化率的单因素回归分析模型检验结果好，上海青菜、鸡毛菜、卷心菜三类绿叶蔬菜年均价与上一年的同类绿叶蔬菜年均价、蔬菜生产成本、上海居民消费价格指数、人均可支配收入的走势一致，随着这些因素的增大(增多)而提高，随着这些因素的降低(减少)而降低，其中上海青菜价格与居民消费价格指数的关联度最大，鸡毛菜价格与上一年鸡毛菜年均价的关联度最大，卷心菜价格与上海居民消费价格指数的关联度最大，其次是人均可支配收入。③上海青菜、鸡毛菜、卷心菜三类绿叶蔬菜价格与上一年同类绿叶蔬菜价格、蔬菜生产成本、人均可支配收入、居民消费价格指数、城镇化率的多元回归分析模型没有通过模型参数显著性检验，但也可看出上海青菜、鸡毛菜、卷心菜三类绿叶蔬菜价格与上一年蔬菜价格、蔬菜生产成本、人均可支配收入、居民消费价格指数、城镇化率存在长期均衡关系，上海青菜、鸡毛菜、卷心菜三类绿叶蔬菜价格可有效解释各影响因素的短期波动对价格的影响。模型各自变量之间存在多重共线性，模型系数不能代表各变量对上海青菜、鸡毛菜、卷心菜三类绿叶蔬菜年均价的真实影响关系。

蔬菜价格与各影响因素的综合模型有助于农业管理措施、市场调控措施的制定，然而从本章的多元回归分析过程来看，无法建立上海青菜、鸡毛菜、卷心菜三类绿叶蔬菜年均价与影响因素的多元回归分析模型，因此在下一步的研究中将考虑建立局部均衡模型。

第五章

农产品市场价格大数据技术研究进展

科学分析农产品市场变化、准确预测农产品市场中各要素波动的幅度和方向，对协助指导生产者更好地安排生产计划、科学指导农业政策制定从而保障农产品的稳定供给和市场价格持续稳定具有重要的意义。农产品市场由于始终受到生产周期长、生产者众多、影响市场因素多等现实条件的影响，市场波动大，因此一直是研究界的热点和难点。农产品市场的研究经历了从定性分析为主转向定量分析为主的过程。

在定性分析为主要分析方法的阶段，德尔菲法、主观概率法、相互影响法、市场调研法等是农产品市场研究的主要方法，而随着计量经济学方法在农产品市场价格预测领域的应用，定量研究方法逐渐居于主导地位。1917 年 Moore 选择降雨量、温度两个影响因素，利用相关关系、线性回归模型方法对美国棉花产量进行回归分析，产量预测结果比当时美国农业部的定性预测结果更为准确，这是最早将计量经济学方法运用于农产品市场预测研究的案例报道，之后相关研究纷纷出现，如生猪价格的预测、棉花价格与面积的研究等。而计量经济模型在研究农产品市场中不足之处的逐渐显现，又使科学家们发展了更多其他的方法。至此，农产品市场的定量研究方法根据其理论原理和复杂程度大体可分为回归分析法、蛛网模型法、时间序列分析法、均衡模型法、智能分析法等。每类方法内部又可根据算法特征、被处理数据的类型以及分析应用的原理进一步细分，本章将详细一一介绍。

一、回归分析法

计量经济学方法是较早应用于农产品市场研究中的方法，由于其使用简便，因此被广泛应用，其中最常用的方法是回归分析法中的条件平均数回归模型（conditional mean regression model），又叫均值回归模型，模型参数的估计方法一般采用最小二乘法（OLS），采用均值回归模型可进行一元回归分析或多元回归分析，而根据数据的特点不同，又可分为线性回归和非线性回归。利用计量经济方法开展农产品市场研究的成果较多，利用多元回归可分析农产品价格波动的影响因素，如 Cox 等（1956）运用多元回归分析方法对美国生猪价格月度数据进行分析，找出了影响价格波动的因素，并根据影响因素的变化规律预测了生猪的未来价格。苏博等（2006）运用回归分析模型分析了影响中国粮价运行的影响因子，运用逐步回归方法构造出了粮价预测模型；马孝斌等（2007）建立了生猪市场价格预测的向量自回归模型；李哲敏等（2010）构建禽蛋市场价格短期预测多因素回归模型；Zhang 等（2010）构造了由 3 个子模型组合而成的猪肉价格多元线性回归模型，并可提前对剧烈的价格波动做出预警。

二、蛛网模型法

蛛网理论于1930年由美国的Schultz、荷兰的Tinbergen和意大利的Ricci各自独立提出，是关于商品的价格和产量变动相互影响引起规律性循环变动的理论，由于价格和产量的连续变动用图形表示犹如蛛网，1934年英国的卡尔多将这一理论命名为蛛网理论(Cobweb Theory)。

蛛网理论认为，在完全竞争条件下每个生产者都认为当前的市场价格会继续下去，单个生产者改变计划不会影响整体的市场供应量，商品当期价格由供给量决定，供给量由上期的市场价格决定，当期价格又会影响下期产量，如此循环往复。由此可以看出，蛛网模型是一种动态均衡分析方法，一般考虑分析的是生产周期较长的商品。其基本假设条件是商品的本期产量 Q_t^s 决定于前一期的价格 P_{t-1}，即供给函数为 $Q_t^s=f(P_{t-1})$；商品本期的需求量 Q_t^d 决定于本期的价格 P_t，即需求函数为 $Q_t^d=g(P_t)$。

蛛网模型的结构见式5-1至式5-3。

$$Q_t^d=\alpha-\beta P_t \quad \text{（式 5-1）}$$

$$Q_t^s=-\delta+\gamma P_{t-1} \quad \text{（式 5-2）}$$

$$Q_t^d=Q_t^s \quad \text{（式 5-3）}$$

式5-1至式5-3中，α，β，δ，γ，均为大于零的常数。

蛛网模型描述了商品数量与价格的变化规律，能反映商品数量与价格的振荡如何趋向稳定，当市场供大于求时，价格下降，商品生产者减少生产，导致供不应求，进而价格上涨，商品生产者于是增加产量，导致供大于求，这样一个周而复始的过程，蛛网模型可以在市场不稳定时作为政府管理措施制定的科学依据。

根据商品产量与价格波动的走势不同，蛛网模型分为以下三种情况。

（一）收敛型蛛网

当供给弹性小于需求弹性，供给曲线斜率的绝对值大于需求曲线斜率的绝对值时，当市场受到干扰偏离原有的均衡状态以后，实际价格和实际产量会围绕均衡水平上下波动，但波动幅度越来越小，最后回复到原来的均衡点，这种蛛网模型为收敛型蛛网(图5-1)。

（二）扩散型蛛网

当供给弹性大于需求弹性，供给曲线斜率的绝对值小于需求曲线斜率的绝对值时，当市场受到干扰偏离原有的均衡状态以后，实际价格和实际产量上下波动的幅度会越来越

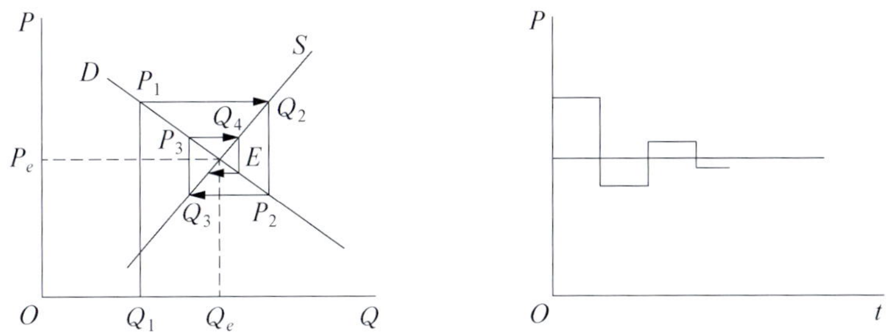

图 5-1　收敛型蛛网

大，偏离均衡点越来越远，意味着产量可以无限供给，价格可以无限提高，这种蛛网模型为扩散型蛛网（图 5-2）。

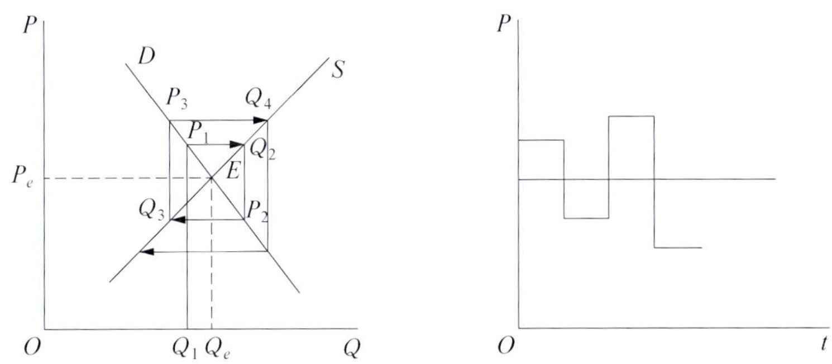

图 5-2　扩散型蛛网

（三）封闭型蛛网

当供给弹性等于需求弹性，供给曲线斜率的绝对值等于需求曲线斜率的绝对值时，当市场受到干扰偏离原有的均衡状态以后，实际价格和实际产量始终按同一幅度围绕均衡点上下波动，既不进一步偏离均衡点，也不逐步趋向均衡点，这种蛛网模型为封闭型蛛网（图 5-3）。

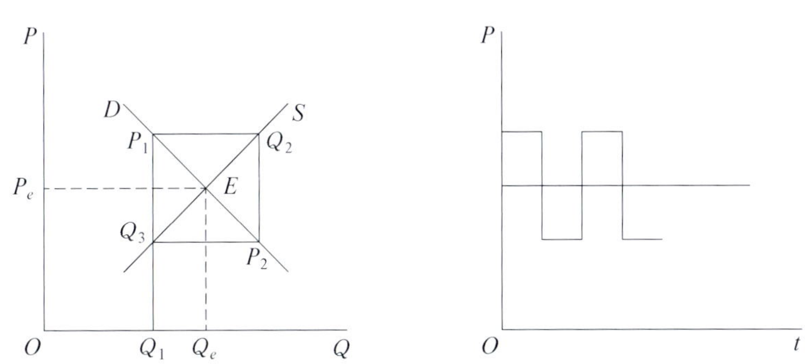

图 5-3　封闭型蛛网

蛛网模型自提出以来，激起了各国农产品价格和农业供给反应的研究热潮。研究发现，通常情况下农产品的供给变化对价格变化较为敏感(Russo et al, 2008)，农产品的价格波动会引起下一期产量的大幅变动(Andrade & Petri, 2008)。Yang(2010)在分析英国蓝莓产业兴衰交替的原因时发现，短期内的价格变动不影响农民蓝莓种植面积，但长期的价格波动使蓝莓的种植面积出现较大变化。Anokye等(2013)运用线性蛛网模型分析加纳西红柿市场价格波动现象时指出，价格需求函数的斜率小于供给曲线的斜率，说明鲜西红柿价格和供给量会越来越偏离均衡点。鲁晓旭等(2010)运用传统蛛网模型研究我国柑橘产量与市场价格的自发波动趋势，得出了由市场来调节柑橙类产量必然导致价格与产量都远离均衡点的结论。Mitra等(2012)开发了一个有关区域内和年际间存储风险规避代理和适应性预期的非线性蛛网模型，并再现部分农产品价格(第一级自相关、低峰度、偏度)的典型事实。董永刚(2019)研究发现，平菇的供应量和价格呈现扩散型蛛网，产量陡升，供应过剩，价格下跌，最终导致平菇市场的失衡。程瑞芳(2007)指出，我国粮食价格波动轨迹符合蛛网模型现象，并且农产品供求弹性较小，无论源于供给还是需求方的变化，都会引起农产品价格较大幅度的变化。本书第二、第三、第四章的研究结果也表明，蔬菜生产中同样存在这种现象，品种的选择、种植面积的大小往往会受到上期收益的影响，价格围绕在一个趋势周围频繁波动。

借鉴蛛网模型理论，研究供求关系对蔬菜价格波动影响的也较多。龚旋等(2013)基于蛛网模型和市场因素以湖北省蕲春县瓜果蔬菜类农产品为例，研究了蕲春县瓜果蔬菜类农产品产量及其市场价格的自发变动趋势，并通过例证法和相关数据，得出农产品价格和产量变动偏离均衡指标的原因，从而为稳定农产品市场价格，走出蛛网困境，提出相关的可行性对策和建议。王方舟(2013)运用蛛网理论，结合具有典型的季节性和周期性特点的蔬菜生产，对河北省蔬菜生产与价格变动反应进行实证分析，结果表明，河北省蔬菜生产对价格的敏感程度低，存在滞后性，从而给蔬菜市场供求平衡带来影响。

以上研究表明，农产品蛛网模型既有收敛型蛛网，也有扩散型蛛网，类型不唯一。尽管蛛网模型在农产品供给和价格关系的研究中发挥了重要作用，但蛛网模型总体来说还是一个简单、有缺陷的模型，根据蛛网模型，造成产量和价格波动的主要原因是预期价格与实际价格偏差导致的生产波动，事实上影响商品供给量的因素多种多样，价格只是其中之一，生产者预期下一期价格时也并不仅限于考虑上期价格。尽管如此，蛛网模型仍然是一个有意义的动态分析模型，还在处于不断改善应用中，如Naimzada等(2019)将蛛网模型与展望理论(Prospect Theory)相结合，并考虑各市场主体的行为参数，提出新的蛛网模型。也不断有学者从不同角度对蛛网理论进行评价与发展，其中Nerlove供给反应模型影响力最大，基于供给反应模型的农产品市场研究也较多。

蛛网模型很好地印证了农产品市场的怪圈，价格上涨，农户收益提升，盲目扩大种植面积，继而供大于求导致价格下跌，农户利益受损，这一现象被称为“蛛网困境”。为走出“蛛网困境”，近年来，蛛网模型被用来分析最优种植规模，如O'Rourke A D(1994)指出美国苹果产量增加，导致了苹果价格及利润下降，认为苹果种植规模应该适度集中，以保证市场规模，建立新市场组织是苹果产业发展的唯一出路。王海军等(2017)基于蛛网模型理论得出，赣南脐橙机会成本下小农户最优种植规模为1.66公顷。

我国农业当前现状下，农户始终面临着小生产与大市场的矛盾，因此稳定农产品的供给量显得尤为重要。利用蛛网模型，可以通过测算最优规模的方式来达到建立新市场组织的政策效果。生产者可以借此正确分析市场的价格走向，理性地做出生产规模的决策，同时有助于政府部门加强对农户生产适度规模的引导，从而走出“蛛网困境”。

三、时间序列分析法

农产品价格波动除了受供求关系影响外，还受到季节和天气的影响，因而在时间序列上表现出明显的波动特征。随着计量经济建模理论的发展与完善，时间序列分析与预测得到了广泛应用。时间序列模型法兴起于20世纪70年代，它是针对整个观测序列呈现的某种随机过程的特性去建立和估计产生实际序列的随机过程的模型，然后用这些模型进行预测。常用的时间序列方法有时间趋势拟合法、季节分解法、指数平滑法和Box-Jenkins法等。

(一) 趋势拟合法

当时间序列具有某种上升或下降的趋势，并且无明显的季节波动时，可用趋势拟合法进行模拟，根据时间序列的走势特点，一般可以采用线性模型、多项式曲线模型、指数模型、Logistic生长曲线模型等几种模型进行拟合，只有时间序列的走势特点显著符合这几类走势特点才可采用趋势拟合法。

(二) 季节分解法

自然和经济学中的许多现象都呈现明显的季节性特征。为此，某一因素随时间而变化的时间序列可以分解为长期趋势部分(T)、季节规律部分(S)和不规则变化部分(I)。农产品价格的季节性波动时间序列既具有明显的长期趋势性，又具有明显的季节波动性。长期趋势是由于受到某些因素持续影响，其可能表现为线性或非线性。季节性规律则是受气候、社会、风俗习惯等的影响而表现出以年或季度为周期的波动。不规则变化是在包括地震、水灾、恶劣天气、罢工和意外事故等偶然因素所引起的序列变化。季节分解法常有乘法模型和加法模型两种，乘法模型中序列 $Y=T\times S\times I$，主要用于趋势和季节变化随时间有增大或减小趋势的时间序列；加法模型中序列 $Y=T+S+I$，主要用于趋势和季节变化随时间不变的时间序列。李凡(2013)用季节分解法对2002～2011年甜椒生产价格和消费价格的时间序列进行季节调整后做趋势分析和建模分析，并揭示甜椒价格波动的内在机制。

（三）指数平滑法

指数平滑法是一种考虑了时间远近对 t 时期趋势估计值影响的移动平均法。无趋势、无季节变化的观察值序列一般采用简单指数平滑法，有趋势而无季节变化的观察值序列一般采用 Holt 线性指数平滑法。现实中多数时间序列都是包含季节变动的时间序列，对于含有季节变动的时间序列，进行平滑的常用方法为 Holt-Winters 指数平滑法，该方法在 Holt 线性指数平滑法的基础上考虑季节变动的影响，可采用加法形式或乘法形式。

指数平滑法用于农产品价格的研究始于 20 世纪 70 年代，Jarrett（1965）采用指数平滑法对澳大利亚羊毛价格进行短期预测，结果表明指数平滑法对转折点的预测具有优势。Schmitz 等（1970）利用指数平滑法对生猪日价格进行预测，结果表明时间序列法与因果关系模型相比并不逊色。苗开超（2009）采用指数平滑模型对西红柿价格进行预测研究，证明该方法能够有效地对农产品价格曲线进行拟合、预测。刘海清等（2010）建立了海南芒果价格的指数平滑模型。吴敬婷（2013）比较了单指数平滑、双指数平滑、自回归单整移动平均法、季节自回归单整移动平均法等四种方法在生猪价格预测中的效果，发现由于指数平滑法遵循“重近轻远”，在短期预测上能得到较好的预测结果，使时间序列所包含的历史规律性能显著地体现出来。

（四）Box-Jenkins 法

博克斯-詹金斯法（Box-Jenkins Method）是由博克斯（Box）和詹金斯（Jenkins）于 20 世纪 70 年代初提出的时间序列模型建立方法，是一种针对剧烈震荡的平稳随机时间序列建立模型并进行短期预测的有效方法。该方法假定时间序列的变化与自身过去的历史数据有关，从而建立自相关的回归模型以及它的变形。

由于真实的时间序列不一定是平稳的，可能是有线性增加趋势或是循环变化，因此可以对原始的时间序列进行差分来解决趋势与循环变化问题对建模的干扰。如果时间序列是非平稳的，通过差分将序列变成平稳序列，变化后的新序列仍保持原时间序列的随机性。博克斯-詹金斯法所包含的模型有自回归模型（AR）、移动平均模型（MA）、自回归移动平均模型（ARMA）或差分自回归移动平均模型（ARIMA），以及季节性差分自回归移动平均模型（SARIMA）。

LaVia 等（2003）建立了意大利西西里 6 种蔬菜产品价格的 ARIMA 模型；Ramirez 等（2003）分析了 GARCH 模型在农产品价格预测中的应用；Michal 等（2017）采用 GARCH 模型分析预测了小麦价格的波动性。在我国，张小栓（2003）利用 ARMA(p, q)方法建立了水产品价格预测的时序组合模型；马孝斌等（2007）利用向量自回归模型（VAR）建立了生猪价格预测模型；姚霞等（2007）建立了时鲜农产品价格预测的 ARIMA 模型；傅如南等（2008）建立了肉鸡价格 ARIMA 模型；董晓霞等（2010）选择双指数平滑、Holt-Winters 无季节性模型和 ARCH 模型共 3 种方法建立了中国鲜奶零售价格短期预测，并比较了几种模型的模拟精度；罗永恒（2013）利用 ARMA 模型对我国农产品价格进行了分析，并对

2011～2013 年的我国农产品生产价格指数进行了短期预测；卢素丽等(2012)针对上海市常见的 4 种绿叶菜价格序列趋势变动和季节变动用时间序列的 B-J 建模方法进行建模与预测，通过模拟值与实测值的比较，结果显示该方法对生产季节的绿叶菜价格预测效果较好，对于探究上海绿叶蔬菜价格起伏背后隐藏的趋势或规律具有非常重要的意义；宋长鸣等(2013)基于向量自回归模型(VAR)和多变量向量误差条件异方差模型(VECH)分析了我国蔬菜季度价格的波动和纵向传导机制，并用 X-12-ARIMA 季节调整模型进行实证分析。

(五) 组合模型法

时间序列分析方法中多种方法都能对农产品价格进行分析预测，但究竟哪种模型更好呢？为此有组合预测模型，即对不同时间序列方法的结果赋以不同的权重，组合起来形成最终的预测结果。多项研究结果表明，组合预测模型一般优于单一模型。如平平等(2010)设计了将神经网络、灰色系统和时间序列预测模型任两种模型组合的预测方法，在对吉林省生猪价格进行预测时发现，组合模型方法比单个模型预测效果更好。李干琼等(2011)综合利用季节虚拟变量法、Census X12 法、移动平均比率法、Holt-Winters 季节指数平滑法、SARIMA 法等建立短期预测模型，利用组合预测方法对西红柿价格进行了预测。徐雅卿等(2017)对 2011～2015 年西安胡萝卜月度价格数据的研究表明，指数平滑模型、ARIMA 模型及基于二者的组合预测模型的预测结果中，组合模型比单个预测模型的预测精度更高。王美凤等(2017)对上海青菜月平均批发价格的多模型研究发现，SARIMA 模型、X-12-ARIMA 模型、Holt-winters 乘法模型、双指数平滑模型与四种模型的组合模型相比，组合模型并不优于单模型。

不仅单因素可以建立时间序列模型，多因素也可应用时间序列模型。Foster 等(1995)选取美国 6 个地理位置不同的市场，对 208 周观测数据构造了多元时间序列模型，用于预测随后几周的活牛价格。滕素珍等(1995)构造了价格相关因素如销售量、人均消费、成本和人口等因素组成的多元 ARMA 模型。

四、均衡模型法

(一) 一般均衡模型(CGE 模型)

早在 1874 年，法国经济学家、洛桑学派的带头人里昂·瓦尔拉斯在其《纯粹经济学要义》一书中就提出一般均衡论，认为可以用几个代数方程组描述生产、需求、交换、分配和资本形式，在供求平衡、完全竞争、自由交换的条件下，确定均衡价格，达到充分就业、市场结清、生产者获得最大利润、消费者得到最大效用。而一般均衡模型也是瓦尔拉斯提出的，后经萨缪尔森、阿罗、希克斯、列昂剔夫、德布鲁以及斯通等经济学家的改进和发展，形成现代一般均衡模型。

一般均衡模型的应用有两大方向，一个是投入产出表和投入产出模型，投入产出分析是研究经济系统各个部分间表现为投入与产出的相互依存关系的经济数量方法，瓦西里·列昂剔夫是投入产出方法的创始人，自1936年提出这一方法以来，苏联、美国、英国、挪威、丹麦、荷兰、意大利、加拿大、日本等都定期建立投入产出表，我国于1973年开始建立编制第一个国民经济投入产出表，投入产出表可用于经济分析、政策模拟、计划论证和经济预测，至今我国不仅定期编制投入产出表，而且省、部门甚至企业也会编制投入产出表。

一般均衡模型应用的另一个重要方向就是可计算一般均衡（Computable General Equilibrium，CGE）模型，简称CGE模型。CGE模型是政策分析的有力工具，常用于分析税收、公共消费变动、关税、技术变动、环境政策、工资调整以及资源开采能力等对国家或地区产业结构、劳动市场、环境状况、社会福利和收入分配等的影响。投入产出模型强调的是产业的投入产出联系或关联效应，而CGE模型则通过一定的约束条件，如资本量、贸易逆差等的约束，将各经济部门联系起来建立数量关系，从而可以分析来自经济某一部门的扰动对另一部门的影响。

作为政策分析的有力工具，经过30多年的发展，一般均衡模型的研究逐渐成为应用经济学的一个分支，并广泛应用于政策对价格波动的影响分析中。在农产品价格市场中，政策的引导对于价格的波动有重要的作用，政府对土地、农资、粮食等补助政策均会对价格产生直接影响。Trostle（2010）研究分析了农业补贴增长条件下的粮食安全问题，模拟结果显示，继续加大农业补贴政策的实施力度、提高农业补贴的实际效用，对国家粮食安全有重要意义。曹帅（2012）利用一般均衡模型及其全球贸易和投入产出数据库，通过设计黄箱政策补贴和绿箱政策支持总量增减的变化，设定不同政策方案，模拟中国农业补贴政策可能的变化，讨论在黄箱政策补贴受限情形下，绿箱政策支持对黄箱政策补贴的替代作用和可行性，分析补贴增减给中国和世界主要农业生产区域农业生产和农产品贸易造成的影响。黄德林等（2010）通过构建农业一般均衡模型，分析了农业补贴增长条件下的粮食安全问题，模拟结果显示，农业补贴增长将降低居民消费价格指数、出口价格指数、投资价格指数，从而带动资本、投资、真实国内生产总值、土地租金增长，促进社会就业，带动家庭可支配收入增加，促进家庭消费和政府消费增加，整个宏观经济发展呈现良好态势，同时还分析了耕地面积减少对粮食安全的影响，模拟结果显示，粮食耕地面积减少将导致国家宏观经济形势变坏的趋势。

（二）局部均衡模型（PE模型）

1920年马歇尔在一般均衡理论的基础上创立了局部均衡理论，局部均衡理论把单一商品的市场看作总体经济的一个部分，指在一个整体经济系统中的一部分经济单位在其余经济单位保持不变的条件下达到的均衡状态。用数学模型表示的局部均衡即为局部均衡（Partial Equilibrium，PE）模型，简称PE模型。局部均衡模型作为一种常用的数学分析工具，被广泛应用于经济政策在市场中作用的分析。

局部均衡是相对于一般均衡而言的，一般均衡是假定各种商品的价格、供给、需求是相互作用、相互影响的，一种商品的价格不仅取决于本身的供给和需求，也受其他商品价格和需求的影响，因而一种商品的价格和供求的平衡，只有在所有商品的价格和供求达到均衡时才能决定。局部均衡是研究一部分或一种商品的供求均衡，这部分商品的供求只受自身价格的影响，不受其余商品价格和供求的影响。因此局部均衡模型又可分为单一商品市场局部均衡模型和多商品市场局部均衡模型。

单一商品市场局部均衡模型由供给量 S、需求量 D 和价格 P 三个基本变量构成：

供给方程 $$S_i = a_0 + a_1 P_i + a_2 \omega_i + \varepsilon_i \quad (式 5-4)$$

需求方程 $$D_i = b_0 + b_1 P_i + b_2 Y_i + \mu_i \quad (式 5-5)$$

均衡条件 $$S_i = D_i = Q_i \quad (式 5-6)$$

式中，S、D 和 P 为 3 个内生变量，由模型所描述的这种商品市场内决定的变量；生产要素的价格 ω 和消费者的可支配收入 Y 是外生变量，是该商品市场外决定的变量；a_i、b_i 为模型参数，ε 和 μ 为残差。模型可根据需要引入不同的外生变量，如政策变量等。

多商品市场局部均衡模型与单一商品市场局部均衡模型相比无本质区别，只是在一种商品市场与其他商品市场之间有较为紧密的关系时，通过建立多个需求和供给函数来建立联系，其中一种商品的供给或需求不仅是其本身价格的函数，也是模型中其他商品价格的函数。

局部均衡模型的原理同一般均衡模型一样，均为动态、可计算应用模型。局部均衡模型涉及因素相对较少，因此更具应用性，被广泛应用于农产品市场的研究中。基于局部均衡模型方法，仅大米市场的模型研究，就有美国农业部农业基本预测（USDA Baseline Projection）大米模型、美国食物和农业政策研究中心（The Food and Agricultural Policy Research Institute，FAPRI）大米模型、阿肯色全球大米模型（Arkansa Global Rice Model，AGRM）和中国农业科学院中国农业政策中心开发的模型（CAPSiM）等。CAPSiM 是一个综合性的农产品局部均衡模型，涉及多种农产品，Dong 等（2015）曾利用 CAPSiM 模型预测分析了我国到 2030 年畜产品和饲料作物的发展变化，认为未来我国人均畜产品会逐渐增加到平缓状态，而与此同时饲料的供应将呈紧张趋势。章涛等（2012）以粮食的市场供求模型为基本理论，对在自由贸易条件下、关税条件下和配额管制条件下的国际与国内粮食市场的相互影响进行局部均衡分析，明确了各参与主体的利益得失以及整体的经济福利变动情况，为国际粮食市场和国内粮食市场互动关系的实证研究做了理论铺垫。Maly（2013）认为定量化的 PE 模型可定义和解释捷克共和国牛肉供应与需求的主要决定因素，模拟结果表明其是有效的市场分析和模拟计算方法。朱海燕等（2015）构建了小麦局部均衡模型进行结构分析和情景模拟，检验传统供求因素对小麦价格波动的影响程度，发现生产成本（物质与服务费用）和人均国内生产总值的增长是小麦价格波动的主要影响因素，且物质与服务费用的影响更大，而补贴和最低收购价政策保证了小麦生产的稳定。陈永福等（2008）运用局部均衡的计量经济方法和计算机仿真模拟的方法，构建了杂粮供求模型进行结构分析，并运用该模型对未来中国杂粮供求进行了 4 个方案的模拟分析，发现杂粮产量对农业投入品的价格相对敏感，杂粮需求对人均收入的变动相对敏感，杂粮出口对汇率变动相对敏感，而杂粮进口对国内前期产量相对敏感；伴随着国内杂粮产量的不断下降和需求的“刚性”，中国杂粮净进口的局面很难出现重大改观，对不同的人民币年升值率和人口增长比率下杂粮年进口量进行预测，具有较好的应用指导性。Yu Sheng 等（2019）建立了多国和多地区的农产品局部均衡模型，模型引入了人口和收入变化作为外生变量，预测了我国未来食品的供求量变化及其对贸易的影响。Szulczyk 等（2018）建立了一个动态的局部均衡模型来分析马来西亚棕榈油产业与生物能源及石油能源之间的关联性，发现尽管棕榈油能源与石油能源相比不具价格优势，但可通过价格补贴的形式达到平衡，而棕榈油能源生产过程中的劳动力解决能力、温室气体减排等优势都可使支持棕榈油能源替代石油能源值得政府支持。Dick 等（2018）建立了尼日利亚能源食品模型 NEFM，运用该局部均衡模型分析了尼日利亚农作物生产在兼顾食品安全和生物乙醇供应上的平衡效应，提出了农业在生物乙醇项目设计上应有适当的规模目标，才能既不影响食品消费供应也不对土地使用结构造成大的影响。Longworth 等（2019）建立了一个荷兰蛋鸡局部均衡模型，并将该模型与流行病学模拟和农场尺度的成本计算相关联，分析了供给端和需求端的库存量变化、贸易限制等对全产业链的影响，发现鸡流行病发病期间，蛋鸡数量的减少对价格的影响将需要 3 年才能恢复。

从局部均衡模型在农产品市场的应用情况来看，该方法被广泛和持续应用于农产品市场研究中，目前多个国家建立的持续性的农业预测展望工作中所用到的模型，都是基于局部均衡理论而建立的，这些农产品市场监测系统及其应用情况在本书第十章有详细阐述。

五、智能分析法

随着智能分析技术的发展和在各领域的广泛应用，农产品市场分析尤其是价格预测中也引入了智能分析方法，如人工神经网络预测法、灰色预测法、专家系统预测法等（许世卫，2011）。

（一）人工神经网络预测法

人工神经网络（Artificial Neural Networks，ANNs）起源于 20 世纪 40 年代，一种模拟人脑神经网络行为特征的机器学习方法，通过构建分布式并行信息处理的算法数学模型以期能够实现类人工智能。人工神经网络大规模并行处理能力、学习能力、容错能力和自适应能力强，同一个网络因学习方法和内容不同可以具有不同的功能。由于农产品市场价格受到气候、供求等众多因素的影响，各个因素之间的作用效应复杂，且相互关系多变，利用神经网络方法可以避开复杂的关系研究，利用神经网络强大的模糊学习能力，达到价格预测的目的。常用于农产品价格预测的人工神经网络有 RBF 神经网络、BP 神经网络、Elman 神经网络、小波神经网络等。

刘书琪等(2004)比较了 BP 网络模型和等维信息预测模型在黑龙江省大豆价格预测中的效果。Hu 等(2005)提出一种结合遗传算法的小波神经网络对我国水产品价格进行预测。郭超(2009)采用神经网络模型预测了我国棉花的价格走势。孙素芬等(2011)针对蔬菜市场价格预报的复杂性,利用 RBF 神经网络的特性,应用 2003～2007 年的香菇市场价格数据建立蔬菜价格预报模型,结果表明,RBF 神经网络模型具有更高的预报准确度。罗长寿(2012)分别建立了 BP 神经网络模型、基于遗传算法的神经网络模型、RBF 神经网络模型,并在这 3 种模型基础上,建立了一种集成预测模型,通过对模型训练及验证,结果表明,独立模型对农产品市场价格的预报可为生产决策提供一定的依据,集成预测模型效果优于单一的预测模型,能够提高蔬菜市场价格的预测精度。而王晓东(2008)认为模糊神经网络 FNN 模型更适合应用于商品价格预测。

此外,还有许多人工神经网络方法与其他方法的比较或组合研究,如 Leal 等(2007)运用时间序列、神经网络、模块化神经网络和并行计算等方法对墨西哥番茄进行价格预测,结果表明模块化神经网络比较好;Li 等(2010)采用 ANN、ARIMA 两种方法对我国西红柿日、周、月度价格进行短期预测,结果显示 ANN 法的准确度要高于 ARIMA 模型;Just 等(1981)构建了 ARIMA 和艾尔曼神经网络(Elman neural network, ENN)的混合模型,以德国生猪价格月度数据为案例进行研究时发现混合模型不一定比单个模型有效;Luo 等(2011)分别用 BP 神经网络模型、基于遗传算法的神经网络模型、RBF 神经网络模型和以上三种方法的组合模型法来预测北京新发地批发市场的香菇月度价格,结果发现集成预测模型效果最佳;屠星月等(2014)构建了基于农产品价格时间序列组合预测方法与 RBF 神经网络的集成预测模型,发现基于农产品价格时间序列组合预测方法与 RBF 神经网络的集成预测模型精度高于时间序列组合预测方法或 RBF 神经网络模型,是一种有效的农产品价格预测模型;Ribeiro 等(2011)基于人工神经网络(ANNS)和随机模型方法,提出一种可预测农产品价格的混合模型,并用来预测食糖的价格;Yu 等(2009)创建了 BP 神经网络与时间序列预测的组合模型来预测农产品批发市场价格,发现组合模型能更好地预测农产品批发市场价格的走势和波动。

(二) 灰色预测法

灰色预测法是一种对含有不确定因素的系统,即灰色系统进行预测的方法。所谓灰色系统就是部分信息已知而部分信息未知的系统。社会系统、经济系统和生态系统都是灰色系统。农产品价格系统是典型灰色系统,因为导致价格涨跌的因素很多,而确切的因素及其影响程度却不明确,因此对农产品价格研究可以用灰色预测法。灰色预测法通过鉴别系统因素之间发展趋势的相异程度,即关联分析,并寻找原始数据系统变动的规律,进而生成有较强规律性的数据序列,建立相应的微分方程模型,进而预测事物未来发展趋势状况。

灰色预测法分为四种类型：畸变预测、系统预测、拓扑预测和灰色时间序列预测。畸变预测是通过灰色模型预测异常值出现的时刻，来预测异常值出现的规律。系统预测是通过系统行为特征指标建立一组相互关联的灰色预测模型，来预测系统中众多变量间的相互协调关系的变化。拓扑预测是将原始数据做曲线，在曲线上按定值寻找该定值发生的所有时点，并以该定值构成时点数列，建立模型预测该定点所发生的时点。灰色时间序列预测与时间序列分析法有类似之处，常用的有GM(1, 1)模型，通过对数列做累加或累减的方式生成新的数列，建立微分方程，求解得到内生控制灰数和发展灰数，进行残差检验、关联度检验和后验差检验。灰色预测法的特点是可以处理样本数据量小、不呈规律分布的数据情况，而且运算方便、易于检验。

TzongRu等(2000)运用灰色理论使用连续4个月的数据来预测下一个月的红豆价格，王舒鸿(2008)运用灰色预测模型对江苏海安地区的鸡蛋月度价格进行预测，结果均表明，灰色预测模型能够取得较为满意的效果。马雄威等(2008)建立了一种灰色神经网络模型(CGNN)，这种模型是对同一时间序列采用不同的灰色GM(1, 1)改进模型，并用神经网络将各灰色预测模型联接起来，发挥各模型的优点以得到更为精确的预测值，应用该模型对猪肉价格进行预测，结果表明，CGNN模型有更高的精度。

（三）专家系统预测法

专家系统预测法是一种专家知识与定量预测模型相结合的预测方法，其特点是可以做到定性、定量分析的统一，降低误差量。该方法适用于样本数据量缺乏、信息量不足、序列为非平稳随机过程的数据，这里数据的特点如果用一般统计预测模型将会出现较大误差。苗开超(2009)通过C++语言开发了一个以西红柿价格为实验对象的预测系统，通过web技术进行数据挖掘作为预测系统的数据来源导入数据库，然后建立基于二次指数平滑法的预测模型并通过数据抽取、模糊匹配、合并与数据处理和价格预测等功能模块完成西红柿的市场价格预测，结果表明这个系统的预测效果与实际拟合较好。袁红春等(2008)提出了一种基于案例推理CBR(case-based reasoning)的水产品价格预测方法，并以上海铜川水产品市场龙虾价格数据做实证研究，结果表明该方法能够进行有效的分析和预测，但该方法不具有自学习能力，且对突发性事件和不断变化的条件适应性差，且较大程度受到数据库里存放知识总量的限制。

此外，王勇等(2008)还尝试建立过小麦期货价格预测的马尔科夫模型。罗超平等建立了蔬菜价格的向量自回归(VAR)模型。这些是对农产品价格分析预测新的方法的尝试。

六、结语与讨论

从本章分类汇总的各类可用于农产品市场价格大数据技术研究的技术方法及其应用

来看，农产品价格分析预测经历了从定性研究为主到定量研究为主的发展阶段，自 20 世纪初开始采用定量方法研究以来，在不断的实践中发现，可以运用多种方法和模型来分析预测农产品价格。但这些方法各有其优势和不足，计量经济方法、时间序列分析法、智能分析法涉及指标少，缺点是不能解释价格变化的原因。蛛网模型可加入的影响因素也不多，回归分析和局部均衡模型在一定程度上可以解释影响因素与价格变化的关系，但也受制于所获取影响因素的情况，并不能完全解释一些价格波动异常频繁剧烈情况的农产品。

从本章所述各种方法在实践中的应用效果来看，结论不一，没有绝对适用的方法。从方法比较研究的结论来看，一般混合模型、组合模型精度高于单一模型，但也有研究表明，组合模型精度并不比单一模型高。即使针对同一种农产品，也是出现有的时段这种方法较好，有的时段那种方法较好，或者多种方法都适用的情况。

农产品价格波动影响因素过多，主导因素多变，没有普适性的模型可用，因此针对绿叶蔬菜生产和销售的特点，通过多种模型的比较选择合适的模型、综合各种模型的优点提高模拟的精度，仍然是值得研究的重要课题。农产品种类繁多，各地栽培环境差异较大，消费水平和消费习惯等也存在差异，应针对不同区域、不同农产品种类选择不同的分析和模拟方法，由此决定了农产品市场价格大数据分析预测体系的建立是一项长期的、综合性极强的工作。

第六章

全国蔬菜价格时间序列模型的建立

一、时间序列模型建模过程

二、时间序列模型的类型

三、时间序列的检验和预测

四、全国蔬菜价格ARIMA模型构建与预测

五、全国蔬菜价格SARIMA模型构建与预测

六、全国蔬菜价格Holt-Winters指数平滑模型构建与预测

七、结论与分析

按照时间的顺序把随机事件变化发展的过程记录下来就构成了一个时间序列，对时间序列进行观察、研究，找寻它变化发展的规律，预测它将来的走势就是时间序列分析。许多经济现象的发展都具有随时间演变的特征，利用时间序列分析方法，揭示这些时间序列所隐含的经济规律，预测未来经济行为，具有十分重要的意义。时间序列可分为一元时间序列和多元时间序列，一个时间点同时观察多个变量的时间序列称为多元时间序列。时间序列也可分为连续时间序列和离散时间序列，还可分为平稳时间序列和非平稳时间序列。

时间序列模型是一种较为成熟的分析预测农产品价格的方法。本章将在详细介绍时间序列模型建模过程、时间序列模型的类型以及预测分析的作用的基础上，以全国蔬菜价格为例建立全国蔬菜价格时间序列模型，分析不同类型时间序列模型在蔬菜价格分析预测上的适用性。

一、时间序列模型建模过程

时间序列的建模一般包括四个步骤，分别是模式识别、模型估计、模型检验和模型应用。通常四个步骤要多次反复才能达到满意的效果。

（一）模式识别

模式识别就是根据时间序列的统计特征选择适当的拟合模型。首先是通过时间序列相关图来判别时间序列的趋势性和周期型特征，这些特征不但隐含着序列的平稳性特点，还可以从相关图上发现跳点和拐点，作为模式识别的重要参考因素；然后判别时间序列的平稳性和随机性，通过平稳性判别，序列被分为平稳序列和非平稳序列两类，对于非平稳序列，通常要进一步检验、变换或处理，才能够确定适当的拟合模型，而平稳序列则需要检验其是否是纯随机的，因为只有序列值之间存在密切相关关系的序列才值得去挖掘历史数据中蕴含的有效信息，用来预测未来的发展，如果序列值之间没有任何相关性，那该序列是一个纯随机序列，该序列中过去的行为对将来的发展没有丝毫影响，纯随机序列没有任何分析的价值。

（二）模型估计

模型估计是对已确定的模型类型和模型结构进行模型参数的确定。当模型参数确定了，变量的动态关系也就确定了。估计时间序列模型参数的常用方法有矩估计、极大似然估计和最小二乘估计。一般进行时间序列分析时，先用矩估计方法进行初步估计，然后使用极大似然估计方法或者非线性最小二乘方法进行精确估计。

（三）模型检验

模型检验是对模型的模拟分析效果做一检验验证，因为在模型识别阶段，为了简化问题有一定的假设，而这些假设是否影响模型结构的选择需要通过模型检验来确定，此外参数估计方法也各有优缺点，因此对所估计出的参数值也需要进行检验。为此时间序列模型的检验包括模型的显著性检验和模型参数的显著性检验。

模型的显著性检验主要看模型提取的相关信息是否充分，一个好的拟合模型应该是提取了观察值序列中几乎所有的样本相关信息，拟合残差项将不再蕴含任何相关信息，残差序列为白噪声序列。如果残差序列为非白噪声序列，那么残差序列中还残留有相关信息未被提取，拟合模型则不够有效，需要重新选择模型进行拟合。

模型参数的显著性检验主要是检验模型中的每一个参数是否显著异于零，通过检验将贡献不大的参数剔除，使模型更加精简准确。

如果模型通过了检验，说明模型在一定的置信水平下能够有效地拟合观察值序列的波动。如果模型没有通过诊断检验，则需要对模型进行重新识别、估计和检验，直到获得满意的拟合模型。

（四）模型应用

时间序列模型的应用主要有变量动态结构分析、预测和控制。模型的动态结构分析功能是用模型对变量的动态变化情况进行考察，如自回归模型可以考察变量的记忆特征

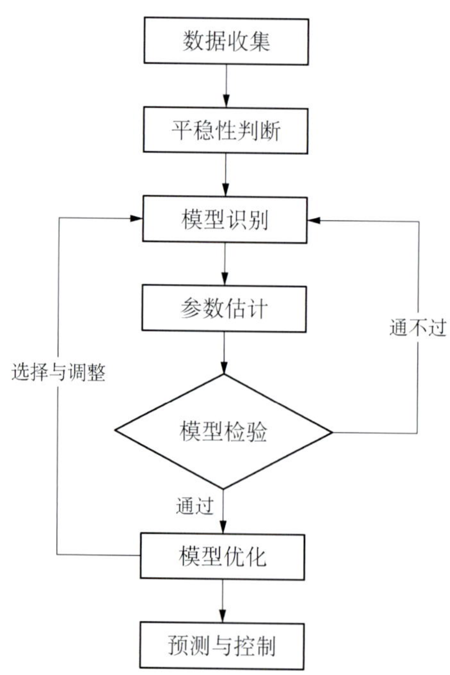

图 6－1　时间序列模型建模过程

和记忆衰减情况，对滑动平均模型可以考察外部冲击对变量的影响和变量对外部冲击的记忆期限。模型的预测功能是时间序列建模的最重要的目的，通过用已经估计出参数的模型可以对变量的未来变化进行预报。模型的控制功能是指调整时间序列模型的输入变量，使得系统发展过程保持在目标值上。这样当运用时间序列模型进行预测时，一旦发现预测值偏离目标值，就可进行必要的控制，调整当前值使之朝预定目标靠近。

二、时间序列模型的类型

（一）平稳时间序列模型

平稳时间序列是指时间序列的均值、方差和协方差等一、二阶矩存在但不随时间改变，表现为时间的常数。要判断一个时间序列是否平稳，需要判断下列三个条件是否同时成立：

$$E(Y_t)=\mu \qquad (式 6-1)$$

$$Var(Y_t)=\sigma^2 \qquad (式 6-2)$$

$$Cov(Y_t, Y_s)=\gamma(t-s) \qquad (式 6-3)$$

如果上述三个条件同时成立，则该时间序列是平稳序列；三个条件中只要有一个不成立，那么这个序列就是非平稳时间序列。平稳时间序列需要进行随机性检验，以分析是否是纯随机序列，不是随机序列的时间序列就蕴含着一定的相关信息，可以进一步建立模型。

最常见的平稳序列拟合模型有自回归(autoregressive, AR)模型、移动平均(moving average, MA)模型和自回归移动平均(autoregressive moving average, ARMA)模型。

1. 自回归模型(AR模型)

自回归模型的结构见式6-4。

$$x_t=\phi_0+\phi_1 x_{t-1}+\phi_2 x_{t-2}+\cdots\cdots+\phi_p x_{t-p}+\varepsilon_t \qquad (式 6-4)$$

式6-4称为p阶自回归模型(lag-p autoregressive model)，简记为AR(p)。式中，$\{x_t, t\in T\}$为一个时间序列，ϕ_0，ϕ_1，ϕ_2，……，ϕ_p为$p+1$个固定常数，$\phi_p\neq 0$，ε_t为均值为0的白噪声序列，ε_t与x_{t-j}($j=1, 2, \cdots\cdots$)无关。AR模型是最常见的拟合平稳序列的模型之一。对于中心化AR(p)模型，其期望为0，AR(p)模型的方差恒为常数；平稳AR(p)模型的特征是自相关函数(autocorrelation function, ACF)具有拖尾性和指数衰减性，偏自相关函数(Partial ACF)具有p步截尾性特征。

2. 移动平均模型(MA模型)

移动平均模型的结构见式6-5。

$$x_t=\mu+\varepsilon_t-\theta_1\varepsilon_{t-1}-\theta_2\varepsilon_{t-2}-\cdots\cdots-\theta_q\varepsilon_{t-q} \qquad (式 6-5)$$

式 6-5 称为 q 阶移动平均模型(qth-order moving average model)，简记为 MA(q)。式中，$\{x_t, t \in T\}$ 为一个时间序列，$\theta_q \neq 0$，ε_t 为均值为 0 的白噪声序列。对于中心有限阶 MA(q)模型，其期望为 0，MA(q)模型的方差恒为常数；MA(q)模型的特征是自协方差函数(autocovariance function)具有 q 阶截尾性，偏自相关函数具有拖尾性。

3. 自回归移动平均模型(ARMA 模型)

自回归移动平均模型的结构见式 6-6。

$$x_t = \phi_0 + \phi_1 x_{t-1} + \cdots\cdots + \phi_p x_{t-p} + \varepsilon_t - \theta_1 \varepsilon_{t-1} - \theta_2 \varepsilon_{t-2} - \cdots\cdots - \theta_q \varepsilon_{t-q}$$

(式 6-6)

式 6-6 简记为 ARMA(p, q)模型。式中，$\{x_t, t \in T\}$ 为一个时间序列，$\phi_p \neq 0$，$\theta_q \neq 0$，ε_t 为均值为 0 的白噪声序列，ε_t 与 $x_{t-j}(j=1, 2, \cdots\cdots)$ 无关，即 $\forall_s < tE(x_s \varepsilon_t) = 0$。当 $q=0$ 时，ARMA(p, q)模型就退化为了 AR(p)模型，当 $p=0$ 时，ARMA(p, q)模型就退化为 MA(q)模型，因此 AR(p)模型和 MA(q)模型是 ARMA(p, q)模型的特例，都统称为 ARMA 模型。ARMA(p, q)模型的统计性质由 AR(p)模型和 MA(q)模型的统计性质共同决定，其平稳性完全由其自回归部分的平稳性所决定，其可逆性完全由其移动平均部分决定。对于平稳可逆的 ARMA(p, q)模型，其自相关函数和偏自相关函数都具有拖尾性。

(二) 非平稳时间序列模型

非平稳时间序列分为确定性趋势时间序列和随机性趋势时间序列。确定性趋势时间序列是指序列的期望随着时间而变化，而协方差是平稳的非平稳时间序列。随机性趋势时间序列是指不具有确定性趋势的非平稳时间序列。

自然科学和经济现象中绝大部分时间序列都是非平稳的，非平稳序列的分析方法是先将其转化为平稳序列后再进一步分析。

非平稳时间序列的典型特征是含有确定性趋势和随机性趋势，所以，一般来说，一个非平稳序列减去确定性趋势部分就得到一个平稳序列。序列的确定性趋势部分所表现的规律性比较明显，如长期上升或下降趋势、季节变化和循环变化等。非平稳序列转化为平稳序列的过程是将序列表现出的规律性分解成不同的组成部分，序列变化一般分解为长期趋势 T_t、季节变化 S_t 和随机波动 I_t。

长期趋势是时间序列在较长时间内所表现出的总的变化趋势，如不断递增、递减或水平变动等基本趋势。季节变化是时间序列在长期内所表现出的有规律的周期性的重复变动的态势。随机波动是指受众多偶然的、难以预知和难以控制的因素影响而出现的随机变动。

在进行时间序列分析时，假定序列受到长期趋势 T_t、季节变化 S_t 和随机波动 I_t 的影响，将序列表现为这几部分的函数，有加法模式和乘法模式，若季节变动随时间的推移保持相对不变，使用加法模型，见式 6-7。

$$x_t = T_t + S_t + I_t \qquad \text{(式 6-7)}$$

若季节变动随时间的推移递增或递减，则使用乘法模型，见式 6-8。

$$x_t = T_t \times S_t \times I_t \qquad (式 6-8)$$

非平稳时间序列模型的建模方法是对确定性部分 T_t 和 S_t 建模，然后就可得到平稳的噪声成分，也就是随机波动部分。

提取确定性趋势的建模方法有趋势拟合法、移动平均法、指数平滑法以及通过构造季节指数处理具有季节效应的序列。

1. 趋势拟合法

趋势拟合法是把时间作为自变量，序列观察值作为因变量，建立序列值随时间变化的回归模型的方法。

(1) 线性拟合。如果长期趋势呈现线性特征，可以用线性模型来拟合其长期趋势，见式 6-9。

$$x_t = a + b\mathrm{t} + I_t \qquad (式 6-9)$$

式 6-9 中，$\{I_t\}$ 为随机波动，满足 $\mathrm{E}(I_t)=0$，$\mathrm{Var}(I_t)=\sigma^2$；$x_t = a + bt$ 为该序列的长期趋势。

(2) 曲线拟合。如果长期趋势呈现非线性特征，可以用曲线模型来拟合其长期趋势，根据序列的特征选择不同的曲线模型，如指数模型、Logistic 模型、二次型模型等，模型参数的拟合可以采用线性最小二乘法或迭代法。

2. 移动平均法

移动平均法是通过取该时间序列特定时间点周围一定数量的观测值的平均来平滑时间序列不规则的波动部分，从而显示其特定的变化规律。移动平均法还可以平滑含有季节变化的部分，来显示序列本身的长期趋势。移动平均法可分为中心化移动平均法、简单移动平均法和二次移动平均法。

(1) 中心化移动平均法。该法通过以时间序列特定时间点为中心，取其前后观测值的平均值作为该时间点的趋势估计值。移动项数的选择会对移动平均法产生影响，若采用奇数项移动平均，第一个移动平均值可作为中间项时期的趋势估计值，以此类推；若采用偶数项移动平均，第一个移动平均值位于两个时期之间，因此需要再进行一次移动平均，方可使移动平均值作为某一时期的趋势估计值。

(2) 简单移动平均法。是用一定时间间隔内的平均值作为下一期的估计值，该方法适用于不含明显趋势的时间序列数据的平滑。

(3) 二次移动平均法。该法是在简单移动平均法得到序列的基础上再进行一次移动平均。

3. 指数平滑法

指数平滑法是一种考虑了时间远近对 t 时期趋势估计值影响的移动平均法。无趋势、无季节变化的观察值序列一般采用简单指数平滑法，有趋势而无季节变化的观察值序列一般采用 Holt 线性指数平滑法。但现实中多数时间序列都是包含季节变动的时间序列，对于含有季节变动的时间序列，进行平滑的常用方法为 Holt-Winters 指数平滑法，该方法在 Holt 线性指数平滑法的基础上考虑季节变动的影响，可采用加法形式或乘法形式。

季节趋势性随时间变化不大的，一般采用加法形式，对于趋势和季节的加法模型，Holt-Winters 指数平滑模型的结构见式 6－10。

$$\begin{cases} a_t = \alpha(x_t - s_{t-\pi}) + (1-\alpha)(a_{t-1} + b_{t-1}) \\ b_t = \beta(a_t - a_{t-\pi}) + (1-\beta)b_{t-1} \\ s_t = \gamma(x_t - a_t) + (1-\gamma)s_{t-\pi} \end{cases} \quad \text{（式 6－10）}$$

式 6－10 中，a_t 为序列的水平部分；b_t 为序列的趋势部分；s_t 为序列的季节因子；π 为一个季节的周期长度；α，β，γ 为平滑系数，介于 0 和 1 之间；$\{x_t\}$为时间序列。

季节趋势性随时间变化有放大或缩小效应的，一般采用乘法形式，对于趋势和季节的乘法模型，Holt-Winters 指数平滑模型的结构见式 6－11。

$$\begin{cases} a_t = \dfrac{\alpha x_t}{s_{t-\pi}} + (1-\alpha)(a_{t-1} + b_{t-1}) \\ b_t = \beta(a_t - a_{t-\pi}) + (1-\beta)b_{t-1} \\ s_t = \dfrac{\gamma x_t}{a_t} + (1-\gamma)s_{t-\pi} \end{cases} \quad \text{（式 6－11）}$$

一般而言，序列变化比较平缓，平滑系数值较小，接近 0；如果序列变化比较剧烈，平滑系数值略大，可以在 0.3～0.5；若平滑系数值大于 0.5，则说明序列有较强的趋势。

4. 求和自回归移动平均模型（ARIMA 模型）

一般来讲，具有随机性趋势的非平稳时间序列在经过适当差分之后会变成一个平稳时间序列，这种非平稳序列称为差分平稳序列，可以用求和自回归移动平均（Autoregressive integrated moving average，ARIMA）模型进行拟合，简记为 ARIMA(p，d，q)，其实质是$\{x_t\}$的 d 阶差分是一个平稳可逆的 ARMA(p，q)模型。

ARIMA(p，d，q)模型中，d 表示d 阶差分后差分序列具有平稳性，p 为自回归阶数，q 为移动平均阶数，p、q 的取值通过差分序列的自相关函数图和偏自相关函数图的拖尾性、截尾性阶数来初步判定。

根据初步判定的 p、q 值和d 值构建模型后，再通过模型检验和模型优化确定最优的 p、q 值。模型优化有 AIC 准则或 BIC 准则等，AIC（Akaike information criterion）准则是使 AIC 值达到最小的模型是最优模型，AIC 值是模型拟合精度和参数个数的加权函数。BIC（Schwarts criterion）是 Schwarts 基于贝叶斯理论得到的，被称为判断模型精度的 BIC 准则，BIC 值也是模型拟合精度和参数个数的加权函数，与 AIC 准则的不同之处在于处于参数个数的方法不同。

5. 季节求和自回归移动平均模型（SARIMA 模型）

对于表现出每隔一段时间出现重复、循环的季节现象的序列，可以采用确定性趋势提取方法如移动平均法、指数平滑法等进行建模，但为了更充分解释此类序列的行为，可以采用季节自回归移动平均模型。

一个非平稳时间序列$\{x_t\}$经过 d 阶差分和 D 阶季节差分后，可以变成一个平稳的时间序列$\{y_t\}$，若$\{y_t\}$满足季节周期为 s 的 ARMA$(p, q)\times(P, Q)_s$ 模型，那么$\{x_t\}$为季节周期为 s，非季节阶数为 p、d、q，季节阶数为 P、D、Q 的乘积的季节求和自回归移动平均模型，记作 SARIMA$(p, d, q)\times(P, D, Q)_s$。

（三）异方差时间序列模型

非平稳时间序列模型方法并不能保证提取的趋势信息的充分性，也就是提取后的序列不能保证平稳。

如果一个模型的残差序列的方差满足方差齐性条件，那么残差的方差始终为一常数，残差平方时序图应该在某一个常数值附近随机波动。如果残差序列的方差不满足方差齐性条件，那么残差的方差会随着时间的变化而变化，这种情况称为异方差性，异方差的存在会导致模型参数显著性检验犯纳伪错误，影响模型的拟合精度。判断残差序列是否具有异方差性，可通过查看残差平方时序图有无明显的集群效应来判断，或者对残差进行 ARCH 检验来判断。对于具有异方差性的序列，需建立异方差时间序列模型。当模型建立后的残差序列呈现强烈的趋势时，为了避免浪费残差信息，尤其是当残差含有自相关关系时，可以继续对残差序列建立自回归模型。无论对模型残差序列建立异方差时间模型还是建立残差自回归模型，序列的模型就由趋势模型和异方差时间模型或残差自回归模型共同组成。

1. 自回归条件异方差模型（ARCH 模型）

为了研究残差序列的波动群集效应，需要对具有异方差的残差序列进行建模。1982 年，Engle 在分析英国通货膨胀率序列时提出了自回归条件异方差（Autoregressive conditional heteroskedastic，ARCH）模型，简称 ARCH 模型。模型的结构见式 6-12。

$$u_t^2=\beta_0+\beta_1 u_{t-1}^2+\cdots\cdots+\beta_q u_{t-q}^2+\varepsilon_t \qquad \text{（式 6-12）}$$

式 6-12 中，$\{u_t\}$ 为一个残差序列；系数 $\beta_0>0$，$\beta_k\geqslant 0$，$k=1, 2, \cdots, q$；ε_t 为白噪声序列。

ARCH 模型的建模过程是通过绘制差分平方时序图来判断序列的残差是否具有群集效应，如果具有群集效应，则进一步进行 LM 检验和 Q 检验，确定模型的 q 值，q 值确定后模型结构也确定了，然后拟合得到模型系数 β_k 的取值。

2. 广义自回归条件异方差模型（GARCH 模型）

广义自回归条件异方差（generalized autoregressive conditional heteroskedastic，GARCH）模型由 Bollerslev 于 1986 年提出，它弥补了多数残差序列的异方差函数具有长期自相关性，用 ARCH 模型拟合会产生很高的移动平均阶数，参数估计效率降低的缺陷。

GARCH 模型简记为 GARCH(p, q)，它是在 ARCH 模型的基础上增加了异方差函

数的 p 阶自相关性而形成的，可以有效拟合具有长期记忆性的异方差函数。

GARCH 模型的结构见式 6-13。

$$\left\{\begin{aligned} & x_t = f(t,\ x_{t-1},\ x_{t-2},\ \cdots\cdots) + u_t \\ & u_t = \sqrt{h_t}\varepsilon_t \\ & h_t = \alpha_0 + \sum_{i=1}^{q}\alpha_i u_{t-i}^2 + \sum_{j=1}^{p}\beta_i h_{t-j} \end{aligned}\right\} \quad (式 6-13)$$

式 6-13 中，$\{x_t\}$ 为时间序列；$\{u_t\}$、$\{\varepsilon_t\}$ 为残差序列；$\varepsilon_t \sim N(0,\ 1)$；$\alpha_0$、$\alpha_i$、$\beta_i$ 是大于 0 的系数。GARCH 模型的建模过程是通过绘制差分平方时序图来判断序列的残差是否具有群集效应，如果具有群集效应，就做差分序列的自相关图和偏自相关图，通过差分序列的自相关函数图和偏自相关函数图的拖尾性、截尾性阶数来初步判定 ARIMA(p, d, q)模型中 p、q 的取值，拟合差分序列后，对残差做白噪声检验，对残差平方做异方差性检验，根据残差的群集效应，建立 GARCH 模型，根据 LM 检验和 Q 检验，确定残差序列模型的 p、q 值和模型系数取值。

3. 残差自回归模型

当序列的长期趋势十分显著时，可以将序列分解为趋势项、季节变化项和残差项，对序列的趋势项和季节变化项进行拟合建模后，当残差自相关检验不显著时，建模结束，不需要建立残差自回归模型；而当残差检验发现残差序列显著自相关时，对残差建模，建模路径与 ARIMA 建模步骤一致。

残差自回归模型的结构见式 6-14。

$$\left\{\begin{aligned} & x_t = T_t + S_t + \varepsilon_t \\ & \varepsilon_t = \phi_1\varepsilon_{t-1} + \cdots\cdots + \phi_p\varepsilon_{t-p} + \omega_t,\ \omega_t \sim N(0,\ \sigma^2) \end{aligned}\right\} \quad (式 6-14)$$

式 6-14 中，T_t 为趋势项；S_t 为季节变化项；$\{\varepsilon_t,\ t \in T\}$ 为残差序列；$\phi_p \neq 0$；ω_t 为均值为 0 的白噪声序列。

三、时间序列的检验和预测

（一）时间序列的检验

模型的检验就是检测已知观测数据用既定模型拟合时的合理性。一个好的拟合模型应具备两个基本特征，一是拟合模型应该提取了观察值序列的几乎全部相关信息，拟合残差项中不再蕴含相关信息，残差序列为白噪声序列；二是拟合模型是最精简的模型，不含有冗余参数。因此，模型的检验主要是对残差序列进行白噪声检验。残差序列如果表现出独立、同分布、零均值和相同标准差的性质，则该残差序列具有白噪声的性质，否则为非白噪声序列，残差序列中还残留着相关信息未被提取，则拟合模型不够有效，需要重新选择其他模型进行拟合。最简单的残差检验就是观察残差模型的时序图，如果时序图围绕横轴波动，且波动范围有限，既无趋势性也无周期性，而是表现出较明显的随机性，那么残差序列为白噪声序列。

$$E(\varepsilon_t)=0 \tag{式 6-15}$$

$$Var(\varepsilon_t)=\sigma^2 \tag{式 6-16}$$

$$Cov(\varepsilon_t, \varepsilon_s)=0 \tag{式 6-17}$$

$$Q_{LB}=n(n+2)\sum_{k=1}^{m}\frac{\hat{\rho}^2(k)}{n-k} \tag{式 6-18}$$

式 6-15 至式 6-18 中，Q_{LB} 为检验统计量，n 为序列观察数，m 为指定延迟期数，ρ_i、$\hat{\rho}(i)$分别是残差序列的自相关函数和样本自相关函数。一般白噪声序列的期望均值为 0，方差为固定值，但较为可靠的检验是白噪声检验，也就是当检验统计量的 p 值显著小于显著性水平 0.05 时，则该序列为白噪声序列。

时间序列由于样本的随机性和定阶过程很大程度上依赖于主观判断，模型识别时可能有多个备选模型符合条件，究竟哪个模型最优，一般采用信息准则法和残差平方和(sum squared resid)来判定。

信息准则法有 AIC 准则和 BIC 准则两类。AIC(Akaike information criterion)准则由日本统计学家 Akaike 在 1973 年提出，计算方法见式 6-19。

$$AIC=n\ln(\hat{\sigma}_\varepsilon^2)+2(p+q+2) \tag{式 6-19}$$

BIC 准则由 Schwarts 在 1978 年基于贝叶斯理论提出，计算方法见式 6-20。

$$BIC=n\ln(\hat{\sigma}_\varepsilon^2)+\ln(n)(p+q+2) \tag{式 6-20}$$

模型定阶的过程就是从通过模型参数检验的模型中选择 AIC、BIC 函数和残差平方和达到最小的模型作为相对最优模型。

(二) 时间序列的预测

预测时间序列未来的发展变化是建立时间序列模型的最终目的之一。建立时间序列模型后，预测的实质就是求一个函数 f，使得序列 x_t，x_{t-1}，…，x_{t-n}(简记为 Θ_t)将来某时刻 $t+l(l>0)$的预测值 $\hat{x}_{t+l}$ 是历史信息 Θ_t 的函数，见式 6-21。

$$\hat{x}_{t+l}=f(\Theta_t) \tag{式 6-21}$$

预测的准确程度由预测误差 $e_t(l)$ 决定。$e_t(l)=x_{t+l}-\hat{x}_{t+l}$，预测误差值 $e_t(l)$ 应尽可能小。因此需要确定一种准则，使得依据这种准则能够衡量采用某种预测函数所得的预测误差比采用其他预测函数所得预测误差小。一般用均方根误差(Root Mean Squared Error，RMSE)来衡量估计量的好坏，见式 6-22。

$$RMSE=\sqrt{\frac{\sum(x_{t+l}-\hat{x}_{t+l})^2}{n-1}} \quad \text{(式 6-22)}$$

此外，平均绝对误差(mean absolute error)、偏倚比率(bias proportion)、方差比率(variance proportion)、协方差比率(covariance proportion)等也都是判断预测效果的评判标准。

四、全国蔬菜价格 ARIMA 模型构建与预测

通过第二章全国蔬菜价格数据的平稳性分析可知，全国蔬菜价格序列为非平稳序列，月平均价格呈现先下降后上升的趋势，且具有季节性波动特征，而其一阶差分序列为平稳序列，进一步分析其月平均批发价格序列也为一阶差分平稳序列，因此可以建立 ARIMA 模型、SARIMA 模型和指数模型来分析和预测全国蔬菜价格序列。

以下将对 1995 年 1 月至 2018 年 12 月全国蔬菜月平均批发价格进行时间序列分析，建立时间序列模型，并预测分析至 2019 年 8 月全国数据月平均批发价格。

(一) 模型估计

ARIMA 模型实质是对序列的 n 阶差分序列建立 ARMA 模型。根据第二章对全国蔬菜价格序列 Pr 的平稳性分析可知，全国蔬菜价格序列 Pr 为一阶平稳序列，本模型建立过程中，为消除异方差性，首先对全国蔬菜月平均价格序列 Pr 对数化处理，然后做一阶差分，新序列为 dlogpr。

由图 6-2 可以看出，全国蔬菜价格序列的对数一阶差分数列为平稳序列，对其进行

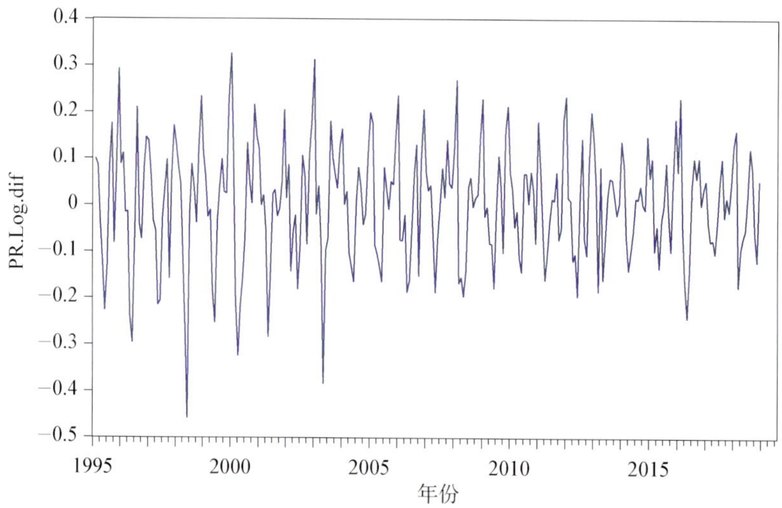

图 6-2　全国蔬菜价格序列的对数一阶差分数列

(软件结果图中所示 PR 即正文中 Pr，下同)

ADF 检验可以看出，在显著性水平 0.05 下（-2.87），t-statistic 值为 -5.61，拒绝存在单位根的原假设，因此是平稳序列。

因为自相关函数图和偏自相关函数图反映出自相关系数和偏相关系数均具有截尾性，但截尾阶数难以判断，本研究采用模型 AIC 准则比较不同模型变量对应参数的显著性来确定模型阶数。

选择多种不同的 p、q 组合模型进行拟合，如 ARMA(1，3)、ARMA(1，4)、ARMA(1，5)、ARMA(2，1)、ARMA(2，2)等，发现 ARMA(1，3)、ARMA(0，4)、ARMA(0，5)、ARMA(0，6)、ARMA(2，4)、ARMA(3，4)的参数显著性 t 检验结果表明参数均显著，最后通过残差平方和(sum squared resid)最小和 AIC(Akaike information criterion)、SC(schwarz criterion)最小的原则，确定模型结构为 ARIMA(3，1，4)，见图 6－3。

Dependent Variable: DLOG(PR)
Method: Least Squares
Date: 09/17/19 Time: 12:04
Sample (adjusted): 1995M05 2018M12
Included observations: 284 after adjustments
Convergence achieved after 45 iterations
MA Backcast: 1995M01 1995M04

Variable	Coefficient	Std. Error	t-Statistic	Prob.
C	0.003238	0.001672	1.936231	0.0539
AR(1)	1.990043	0.118444	16.80155	0.0000
AR(2)	-1.449069	0.204483	-7.086482	0.0000
AR(3)	0.262821	0.117718	2.232639	0.0264
MA(1)	-2.050013	0.109688	-18.68946	0.0000
MA(2)	1.103974	0.235407	4.689636	0.0000
MA(3)	0.413381	0.195148	2.118296	0.0350
MA(4)	-0.401670	0.061081	-6.576025	0.0000

R-squared	0.566381	Mean dependent var	0.002545
Adjusted R-squared	0.555383	S.D. dependent var	0.124606
S.E. of regression	0.083087	Akaike info criterion	-2.110099
Sum squared resid	1.905339	Schwarz criterion	-2.007311
Log likelihood	307.6341	Hannan-Quinn criter.	-2.068889
F-statistic	51.50047	Durbin-Watson stat	1.951244
Prob(F-statistic)	0.000000		

Inverted AR Roots	.86-.50i	.86+.50i	.26	
Inverted MA Roots	.87+.47i	.87-.47i	.82	-.50

图 6－3 全国蔬菜价格 ARIMA(3，1，4)模型参数取值及检验结果

模型结构见式 6－23。

$$\widehat{d\log p_t} = 0.0032 + 1.9900 d\log p_{t-1} - 1.4491 d\log p_{t-2} + 0.2628 d\log p_{t-3} + \varepsilon_t + 2.0500 \varepsilon_{t-1} - 1.1040 \varepsilon_{t-2} - 0.4134 \varepsilon_{t-3} + 0.4017 \varepsilon_{t-4} \quad (式 6-23)$$

误差项的方差估计值为 0.083。

模型的残差序列经检验为平稳的白噪声序列，其 t-Statistic 值为－16.392，小于 0.05 显著性水平下的－2.871，残差均值为 0 的概率为 0.943。

全国蔬菜价格 ARIMA 模型参数取值及检验结果见图 6－3，模型特征根图和拟合曲线及残差曲线图分别如图 6－4 和图 6－5 所示。

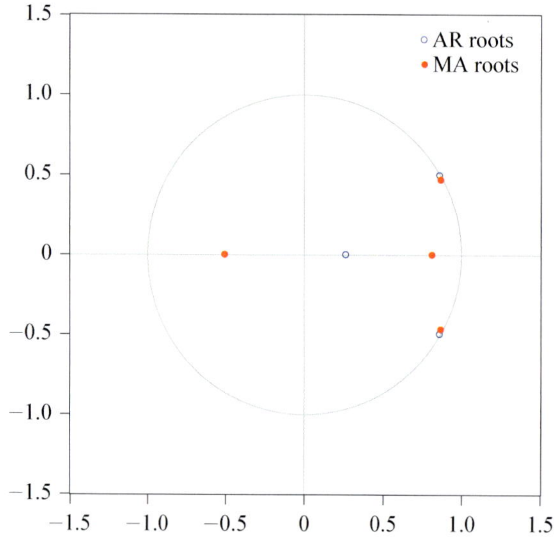

图 6－4　全国蔬菜价格 ARIMA(3，1，4)模型特征根
[Inverse Roots of AR/MA Polynomial(s)]

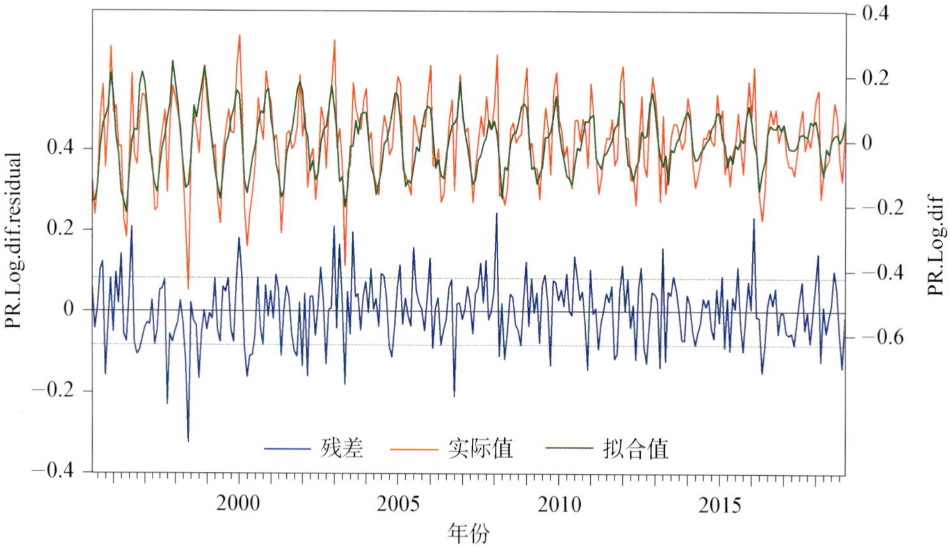

图 6－5　全国蔬菜价格 ARIMA(3，1，4)模型拟合曲线及残差曲线

（二）模型预测

对 1995 年 1 月至 2019 年 8 月间的样本期进行静态预测，得到预测图（图 6－6），预测值与实际值之间的均方根误差 RMSE 为 0.248，偏倚比率 0.001，方差比率 0.003，协方差比率 0.995，接近于 1，可以看出 ARIMA（3，1，4）模型具有较好的预测效果。

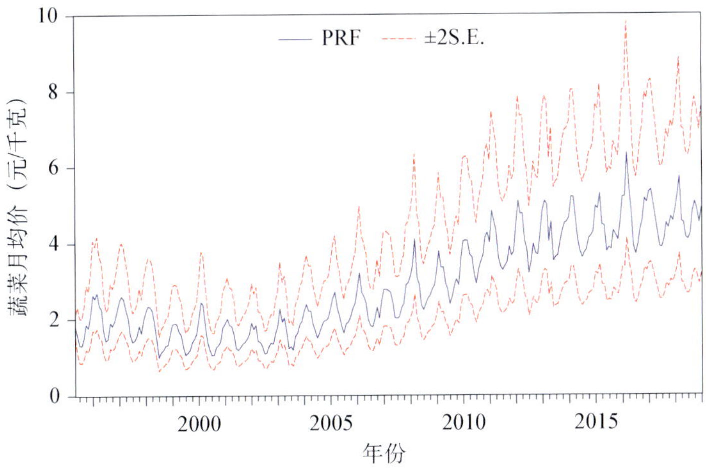

Forecast:PRF	
Actual:PR	
Forecast sample:1995M01 2019M08	
Adjusted sample:1995M05 2019M01	
Included observations:284	
Root Mean Squared Error	0.248 363
Mean Absolute Error	0.180 944
Mean Abs. Percent Error	6.492 323
Theil Inequality Coefficient	0.039 262
Bias Proportion	0.000 997
Variance Proportion	0.003 030
Covariance Proportion	0.995 973

图 6－6　全国蔬菜价格 ARIMA（3，1，4）模型预测范围及精度检验

对比全国蔬菜价格序列 Pr 和预测序列 PrF（图 6－7）可以看出，ARIMA（3，1，4）可以较好地模拟预测全国蔬菜价格。

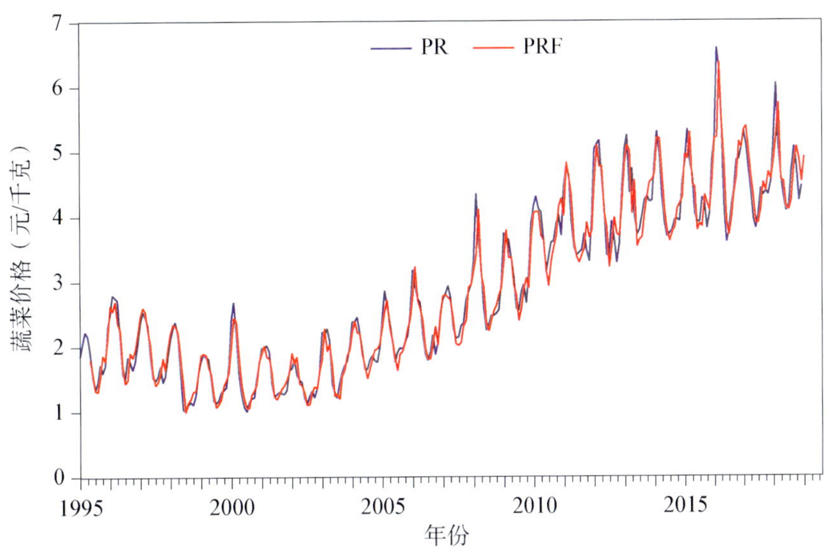

图 6－7　全国蔬菜价格 ARIMA（3，1，4）模型预测的全国蔬菜价格（PrF）和实际的全国蔬菜价格（Pr）对比

五、全国蔬菜价格 SARIMA 模型构建与预测

（一）模型估计

具有季节性的求和自回归移动平均模型结构为 SARIMA(p, d, q)×(P, D, Q)s，从全国蔬菜价格序列的走势图可以看出，Pr 是典型的季节性波动序列，但因为 Pr 的自相关函数图和偏自相关函数图反映出自相关系数和偏相关系数均具有截尾性，但截尾阶数难以判断，本研究采用模型 AIC 准则比较不同模型变量对应参数的显著性来确定模型阶数。

选择多种不同的 p、q，P、Q 取值组合模型进行拟合，如 SARIMA$(2, 1, 3)\times(2, 1, 3)_{12}$、SARIMA$(2, 1, 3)\times(1, 1, 3)_{12}$、SARIMA$(2, 1, 2)\times(3, 1, 2)_{12}$、SARIMA$(2, 1, 2)\times(3, 1, 1)_{12}$、SARIMA$(3, 1, 3)\times(0, 1, 3)_{12}$ 等 p、q 和 P、Q 为 3 以内的各种取值组合，发现 SARIMA$(2, 1, 1)\times(3, 1, 3)_{12}$ 和 SARIMA$(1, 1, 1)\times(3, 1, 3)_{12}$ 参数显著性 t 检验结果参数显著性检验结果最好，最后通过残差平方和(sum squared resid)最小和 AIC(Akaike information criterion)、SC(schwarz criterion)最小的原则，确定模型结构为 SARIMA$(1, 1, 1)\times(3, 1, 3)_{12}$，见图 6－8。

Dependent Variable: DLOG(PR,1,12)
Method: Least Squares
Date: 09/15/19 Time: 23:12
Sample (adjusted): 1999M03 2018M12
Included observations: 238 after adjustments
Convergence achieved after 19 iterations
MA Backcast: 1996M02 1999M02

Variable	Coefficient	Std. Error	t-Statistic	Prob.
C	-0.000798	0.000370	-2.157872	0.0320
AR(1)	0.631760	0.056995	11.08444	0.0000
SAR(12)	-0.373029	0.061314	-6.083877	0.0000
SAR(24)	0.415465	0.053581	7.753986	0.0000
SAR(36)	0.194848	0.056983	3.419401	0.0007
MA(1)	-0.905921	0.030235	-29.96256	0.0000
SMA(12)	-0.798714	0.015997	-49.92988	0.0000
SMA(24)	-0.798217	0.015270	-52.27321	0.0000
SMA(36)	0.869705	0.014605	59.54882	0.0000

R-squared	0.751333	Mean dependent var	0.000741
Adjusted R-squared	0.742646	S.D. dependent var	0.113619
S.E. of regression	0.057639	Akaike info criterion	-2.832154
Sum squared resid	0.760796	Schwarz criterion	-2.700849
Log likelihood	346.0263	Hannan-Quinn criter.	-2.779236
F-statistic	86.48869	Durbin-Watson stat	1.898734
Prob(F-statistic)	0.000000		

图 6－8 全国蔬菜价格 SARIMA 模型参数取值及检验结果

模型结构见式 6-24。

$$(1-\phi_1 B)(1-\Phi_1 B^{12}-\Phi_2 B^{24}-\Phi_3 B^{36})\Delta^1\Delta^1_{12}\log Pr=(1-\theta_1 B)(1-\Theta_1 B^{12}-\Theta_2 B^{24}-\Theta_3 B^{36})\varepsilon_t$$
$$\varepsilon_t \sim N(0,\ 0.058) \qquad (式 6-24)$$

误差项的方差估计值为 0.058，式中各参数的取值见图 6-8。全国蔬菜价格 SARIMA 模型特征根和拟合曲线及残差曲线分别如图 6-9 和图 6-10 所示。

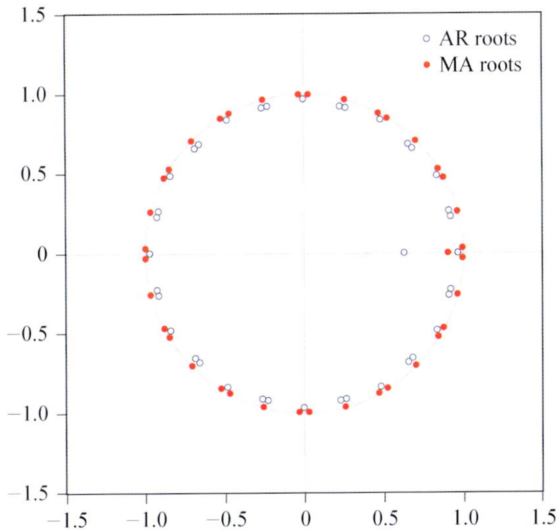

图 6-9 全国蔬菜价格 SARIMA 模型特征根[Inverse Roots of AR/MA Polynomial(s)]

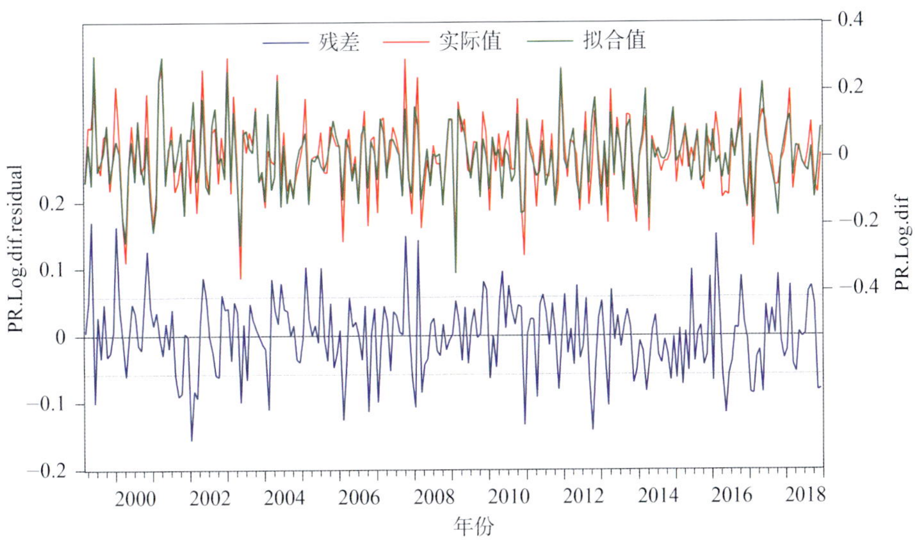

图 6-10 全国蔬菜价格 SARIMA 模型拟合曲线及残差曲线

模型的残差序列经检验为平稳的白噪声序列，其 t-Statistic 值为−14.566，小于 0.05 显著性水平下的−2.873，残差均值为 0 的概率为 0.939。

（二）模型预测

对1995年1月至2019年8月间的样本期进行静态预测，得到预测图（图6-11），预测值与实际值之间的均方根误差RMSE为0.195，偏倚比率0.001，方差比率0.003，协方差比率0.995（接近1），可以看出SARIMA(1, 1, 1)×(3, 1, 3)$_{12}$模型具有较好的预测效果。

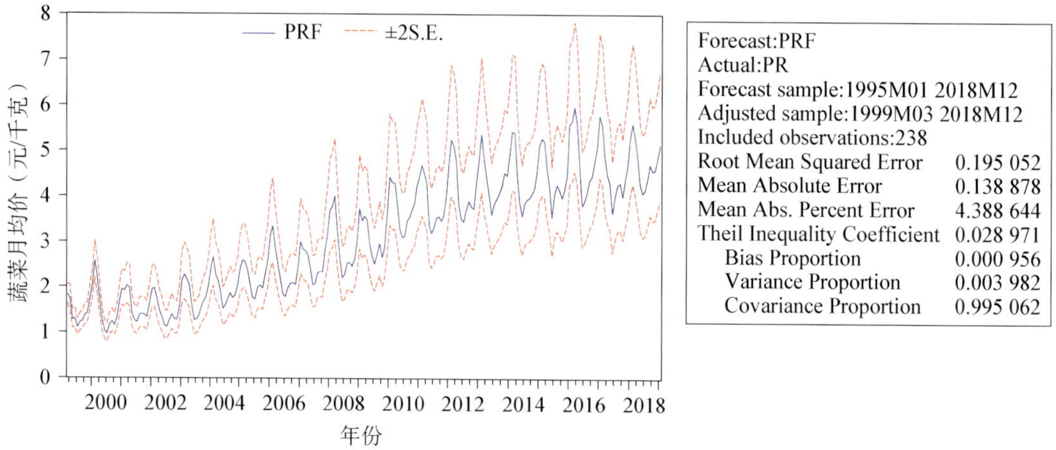

图6-11 全国蔬菜价格SARIMA(1, 1, 1)×(3, 1, 3)$_{12}$模型预测范围及精度检验

对比全国蔬菜价格序列Pr和预测序列PrF（图6-12）可以看出，SARIMA(1, 1, 1)×(3, 1, 3)$_{12}$可以较好地模拟预测全国蔬菜价格。

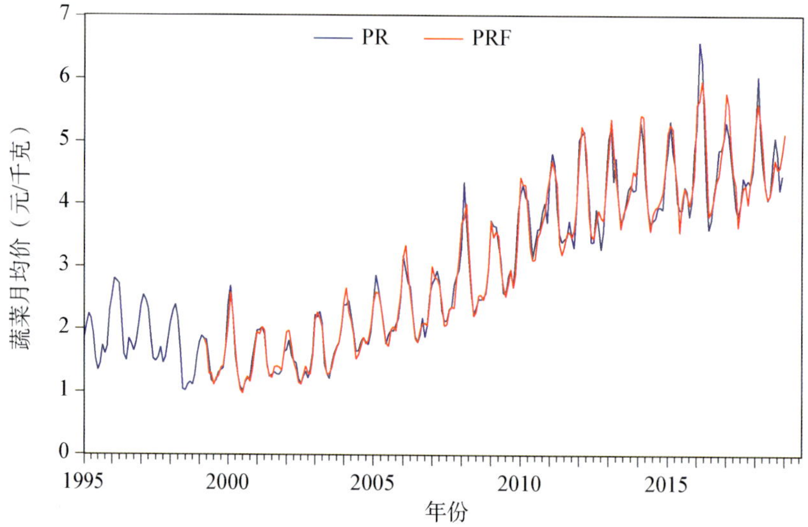

图6-12 全国蔬菜价格SARIMA(1, 1, 1)×(3, 1, 3)$_{12}$模型预测的全国蔬菜价格（PrF）和实际的全国蔬菜价格（Pr）对比

六、全国蔬菜价格 Holt-Winters 指数平滑模型构建与预测

（一）模型估计

在 EViews 软件中建立全国蔬菜价格序列的 Holt-Winters 指数平滑模型，1995 年 1 月至 2018 年 12 月的数据为建模数据，因为全国蔬菜价格序列的季节波动呈现随时间的放大效应，因此采用乘法形式，得到模型的 α、β 和 γ 的取值和全国蔬菜价格的季节因子取值，具体见图 6－13，从 α 取值接近于 1 可以看出，全国蔬菜价格具有很强的趋势，模型精度验证残差平方和为 15.841，均方根误差 RMSE 值 0.234，接着对 Holt-Winters 指数平滑后的序列 Prsa 进行趋势分析，采用指数模型进行趋势拟合，拟合后的模型系数取值见图 6－14。

Date: 09/14/19 Time: 13:40
Sample: 1995M01 2018M12
Included observations: 288
Method: Holt-Winters Multiplicative Seasonal
Original Series: PR
Forecast Series: PRSM

Parameters:	Alpha		0.9800
	Beta		0.0000
	Gamma		0.0000
Sum of Squared Residuals			15.84096
Root Mean Squared Error			0.234528

End of Period Levels:	Mean		4.296798
	Trend		0.010495
	Seasonals:	M01	1.212968
		M02	1.296921
		M03	1.226523
		M04	1.123844
		M05	0.945457
		M06	0.806956
		M07	0.798912
		M08	0.866008
		M09	0.897291
		M10	0.874658
		M11	0.908925
		M12	1.041538

图 6－13 全国蔬菜价格序列 Holt-Winters 指数平滑模型参数及季节因子

根据图 6－14 结果，全国蔬菜价格序列的趋势模型如式 6－25。

$$\log(Prsa)=0.2773+0.0047\times T \qquad (式 6-25)$$

式 6－25 中，$Prsa$ 为去除了季节因子的全国蔬菜月平均批发价格序列，T 为时间趋

Dependent Variable: LPRSA
Method: Least Squares
Date: 09/14/19 Time: 13:38
Sample: 1995M01 2018M12
Included observations: 288

Variable	Coefficient	Std. Error	t-Statistic	Prob.
C	0.277311	0.029421	9.425495	0.0000
T	0.004707	0.000176	26.66852	0.0000

R-squared	0.713200	Mean dependent var	0.957405
Adjusted R-squared	0.712197	S.D. dependent var	0.464141
S.E. of regression	0.248999	Akaike info criterion	0.064185
Sum squared resid	17.73215	Schwarz criterion	0.089622
Log likelihood	-7.242635	Hannan-Quinn criter.	0.074379
F-statistic	711.2098	Durbin-Watson stat	0.247711
Prob(F-statistic)	0.000000		

图 6-14 全国蔬菜价格序列季节趋势拟合模型参数取值及显著性检验结果

势，1995 年 1 月取值 1，1995 年 2 月取值为 2，以此类推。从模型的检验值可以看出，通过参数显著性检验和模型检验，参数的 Prob. 均为 0，极显著，模型的决定系数为 0.713，残差平方和为 17.732，AIC 和 SC 值分别为 0.064 和 0.089。

（二）模型预测

采用趋势模型预测 2019 年 1～8 月的全国蔬菜价格趋势值，再用趋势值乘以相应月份的季节因子，得到 2019 年 1～8 月的全国蔬菜价格预测值，见图 6-15，采用均方根误差

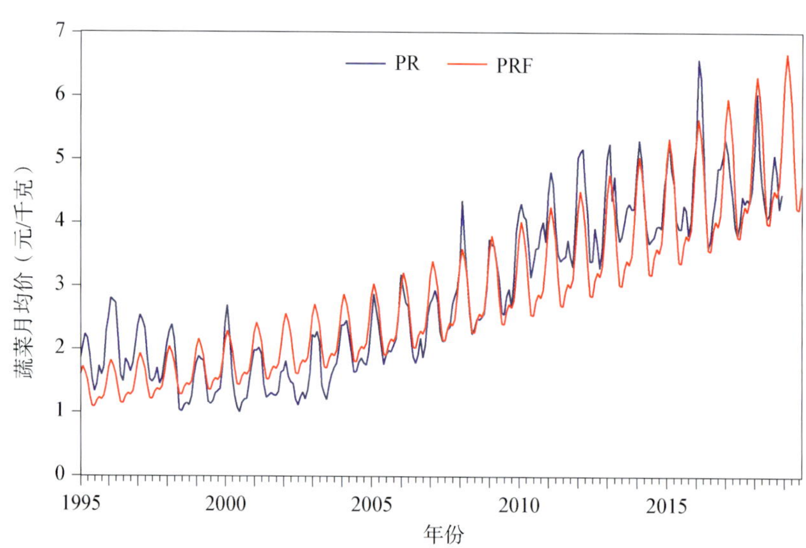

图 6-15 Holt-Winters 指数平滑模型预测的全国蔬菜价格(PrF)和实际的全国蔬菜价格(Pr)对比

RMSE 来分析指数平滑模型预测的全国蔬菜 2019 年 1～8 月的月均价格与实际的 2019 年 1～8 月的月均价格，RMSE 值为 0.627，与实际 8 个月均价 5.05 的偏差仅为 12.4%，预测准确率达到 87.6%。

七、结论与分析

从以上全国蔬菜价格时间序列模型——ARIMA 模型、SARIMA 模型和 Holt-Winters 指数平滑模型的结果可以看出，模型参数检验的 Prob. 结果都小于 0.05，模型检验中残差平方和、*AIC* 和 *SC* 值均较小，说明三种模型均能较好地表达全国蔬菜价格时间序列的变化。对比来看，SARIMA 模型优于 ARIMA 模型，其残差平方和、*AIC* 和 *SC* 值均小于 ARIMA 模型。由于三种模型无法同时用残差平方和、*AIC* 和 *SC* 值进行比较，从图 6-16 三种模型的预测结果和实际结果的对比来看，预测期前 3 个月 SARIMA 模型预测结果更接近实际值，后 4 个月 Holt-Winters 指数平滑模型预测结果更接近实际值。为此采用 *RMSE* 值进行分析比较，ARIMA 模型、SARIMA 模型和 Holt-Winters 指数平滑模型与实际值的 *RMSE* 值分别为 1.058、0.442 和 0.627，可见 SARIMA 模型效果最好，是最适合分析预测全国蔬菜月均价格的模型。

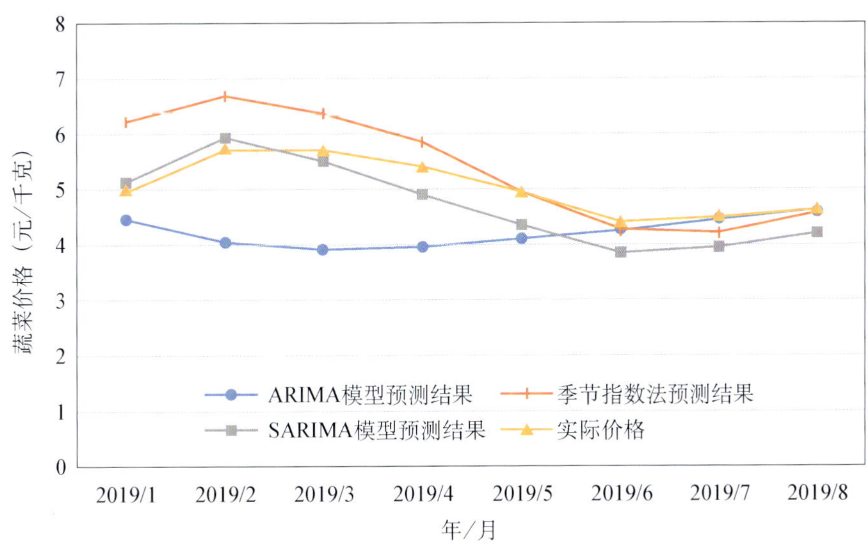

图 6-16　全国蔬菜价格时间序列模型预测价格和实际价格对比

第七章

上海蔬菜价格时间序列模型的建立

一、上海蔬菜价格ARIMA模型构建与预测

二、上海蔬菜价格SARIMA模型构建与预测

三、上海蔬菜价格Holt-Winters指数平滑模型构建与预测

四、结论与分析

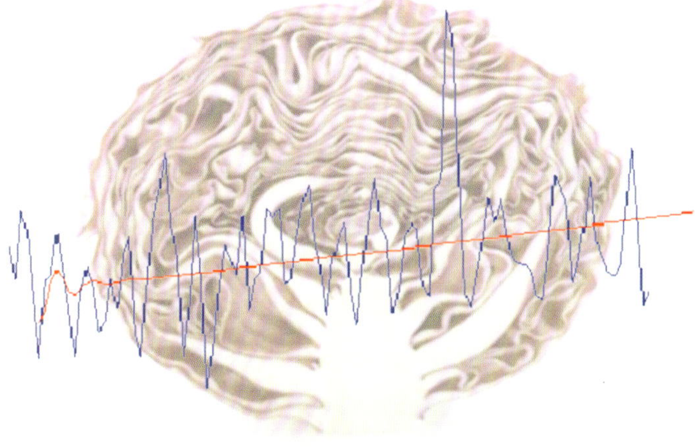

通过第三章上海蔬菜价格数据的平稳性分析可知，上海蔬菜价格序列为非平稳序列，月平均价格呈现先下降后上升的趋势，且具有季节性波动特征，而其一阶差分序列为平稳序列，进一步分析其月平均批发价格序列也为一阶差分平稳序列，因此可以建立 ARIMA 模型、SARIMA 模型、指数模型等。

以下将对 2010 年 1 月至 2018 年 12 月上海蔬菜月平均批发价格序列进行时间序列分析，建立时间序列模型，并预测分析至 2019 年 8 月的上海蔬菜月平均批发价格。

一、上海蔬菜价格 ARIMA 模型构建与预测

（一）模型估计

ARIMA 模型实质是对序列的 n 阶差分序列建立 ARMA 模型。根据第三章对上海蔬菜价格序列 Pr 的平稳性分析可知，上海蔬菜价格序列 Pr 为一阶平稳序列，本模型建立过程中，为消除异方差性，首先对上海蔬菜月平均价格序列 Pr 对数化处理，然后做一阶差分。

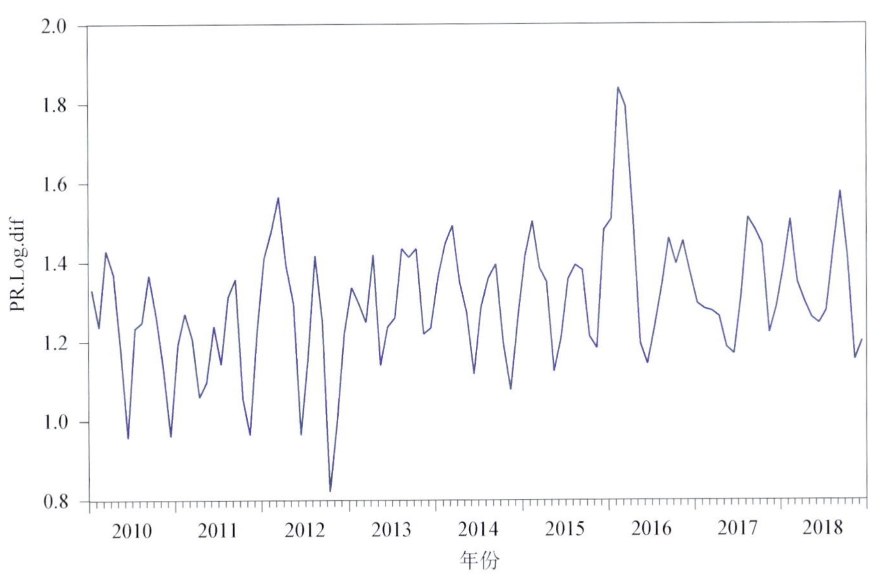

图 7-1　上海蔬菜价格序列的对数一阶差分数列

由图 7-1 可以看出，上海蔬菜价格序列的对数一阶差分数列为平稳序列，对其进行 ADF 检验可以看出，在显著性水平 0.05 下（−2.01），t-statistic 值为 −3.33，拒绝存在单位根的原假设，因此是平稳序列。

因为自相关函数图和偏自相关函数图反映出自相关系数和偏相关系数均具有截尾

性，但截尾阶数难以判断，因此本研究采用模型 AIC 准则进行估计比较不同模型变量对应参数的显著性来确定模型阶数。

选择多种不同的 p、q 组合模型进行拟合，发现 ARMA(0，2)、ARMA(0，3)、ARMA(0，4)、ARMA(3，1)、ARMA(4，1)的参数显著性 t 检验结果表明参数均显著，最后通过残差平方和(sum squared resid)最小和 AIC(Akaike information criterion)、SC(schwarz criterion)最小原则，确定模型结构为 ARIMA(4，1，1)，见图 7-2。

Dependent Variable: DLOG(PR)
Method: Least Squares
Date: 09/14/19 Time: 13:36
Sample (adjusted): 2010M06 2018M12
Included observations: 103 after adjustments
Convergence achieved after 13 iterations
MA Backcast: 2010M05

Variable	Coefficient	Std. Error	t-Statistic	Prob.
C	0.002008	0.000632	3.175143	0.0020
AR(1)	0.672675	0.085682	7.850866	0.0000
AR(2)	-0.327269	0.120628	-2.713053	0.0079
AR(3)	-0.205335	0.118367	-1.734735	0.0860
AR(4)	0.148125	0.097572	1.518113	0.1322
MA(1)	-0.999960	0.040538	-24.66745	0.0000

R-squared	0.431962	Mean dependent var	0.000237
Adjusted R-squared	0.402682	S.D. dependent var	0.154595
S.E. of regression	0.119481	Akaike info criterion	-1.354830
Sum squared resid	1.384747	Schwarz criterion	-1.201350
Log likelihood	75.77373	Hannan-Quinn criter.	-1.292665
F-statistic	14.75267	Durbin-Watson stat	1.969360
Prob(F-statistic)	0.000000		

Inverted AR Roots	.47	.36-.69i	.36+.69i	-.52
Inverted MA Roots	1.00			

图 7-2 上海蔬菜价格 ARIMA 模型参数取值及检验结果

模型结构如式 7-1。

$$\widehat{d\log p_t} = 0.0020 + 0.6726 d\log p_{t-1} - 0.3272 d\log p_{t-2} - 0.2053 d\log p_{t-3} + 0.1481 d\log p_{t-4} + \varepsilon_t + 0.9999 \varepsilon_{t-1} \quad (式 7-1)$$

误差项的方差估计值为 0.119。

模型的残差序列经检验为平稳的白噪声序列，其 t-Statistic 值为－16.392，小于 0.05 显著性水平下的－2.871。

上海蔬菜价格 ARIMA 模型参数取值及检验结果见图 7－2，上海蔬菜价格 ARIMA 模型特征根图和拟合及残差分别如图 7－3、图 7－4 所示。

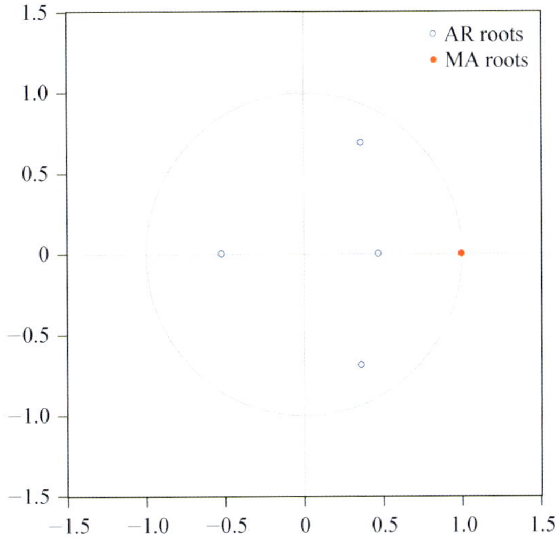

图 7－3　上海蔬菜价格 ARIMA(4，1，1)模型特征根
[Inverse Roots of AR/MA Polynomial(s)]

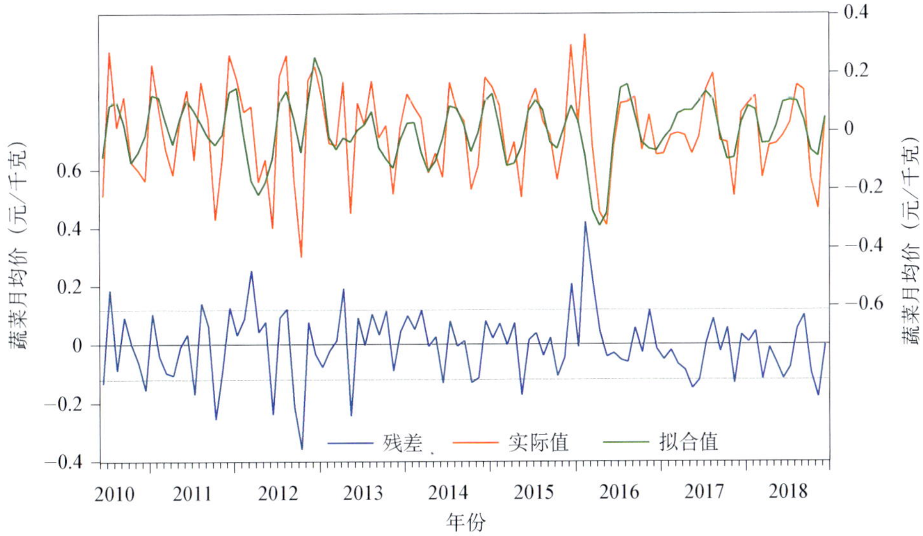

图 7－4　上海蔬菜价格 ARIMA 模型拟合及残差

（二）模型预测

对 2010 年 1 月至 2019 年 8 月间的样本期进行静态预测，得到下列预测图(图 7－5)，预测值与实际值之间的均方根误差 RMSE 为 0.462，偏倚比率 0.004，方差比率 0.236，协

方差比率 0.760,可以看出 ARIMA(4, 1, 1)模型的预测效果一般。

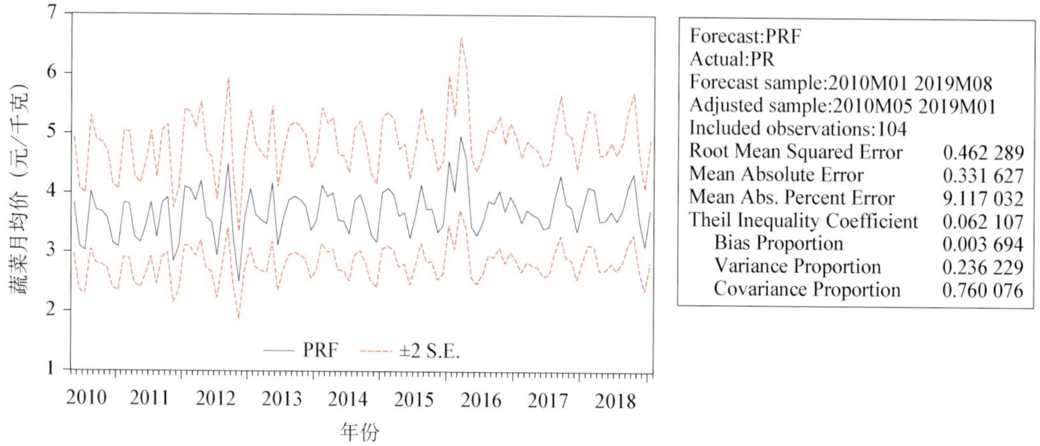

图 7－5　上海蔬菜价格 ARIMA(4, 1, 1)模型预测范围及精度检验

对比上海蔬菜价格序列 PR 和预测序列 PRF(图 7－6)可以看出,ARIMA(4, 1, 1)模型可以用于模拟上海蔬菜月平均批发价格。

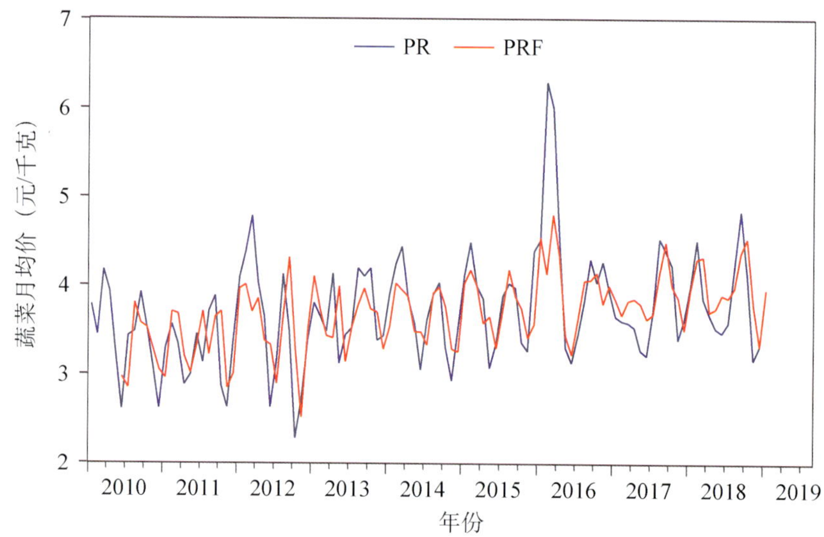

图 7－6　ARIMA(4, 1, 1)模型预测的上海蔬菜价格(PrF)和实际的上海蔬菜价格(Pr)对比

二、上海蔬菜价格 SARIMA 模型构建与预测

(一) 模型估计

本研究选择多种不同的 p、q,P、Q 取值组合模型进行拟合,如 SARIMA(1, 1, 1)×

$(1, 1, 1)_{12}$、SARIMA$(2, 1, 1)\times(1, 1, 1)_{12}$、SARIMA$(2, 1, 1)\times(1, 1, 2)_{12}$、SARIMA$(2, 1, 2)\times(2, 1, 1)_{12}$、SARIMA$(2, 1, 2)\times(2, 1, 2)_{12}$ 等 p、q 和 P、Q 为 3 以内的各种取值组合，发现 SARIMA$(3, 1, 3)\times(2, 1, 0)_{12}$ 参数显著性 t 检验结果参数显著性检验结果最好，确定上海蔬菜模型结构为$(3, 1, 3)\times(2, 1, 0)_{12}$。

模型结构如式 7－2。

$$(1-\phi_1 B-\phi_2 B-\phi_3 B)(1-\Phi_1 B^{12}-\Phi_1 B^{24})\Delta^1\Delta^1_{12}\log Pr=(1-\theta_1 B-\theta_2 B-\theta_3 B)\varepsilon_t$$

$$\varepsilon_t \sim N(0,\ 0.100) \qquad \text{（式 7－2）}$$

误差项的方差估计值为 0.100，式中各参数的取值见图 7－7。模型的残差序列经检验为平稳的白噪声序列。

Dependent Variable: DLOG(PR,1,12)
Method: Least Squares
Date: 09/22/19 Time: 10:42
Sample (adjusted): 2013M05 2018M12
Included observations: 68 after adjustments
Convergence achieved after 95 iterations
MA Backcast: 2013M02 2013M04

Variable	Coefficient	Std. Error	t-Statistic	Prob.
C	-0.001203	0.000286	-4.204372	0.0001
AR(1)	0.710956	0.120971	5.877085	0.0000
AR(2)	0.514645	0.097045	5.303135	0.0000
AR(3)	-0.488925	0.102365	-4.776311	0.0000
SAR(12)	-0.766038	0.097651	-7.844640	0.0000
SAR(24)	-0.246455	0.088122	-2.796762	0.0070
MA(1)	-0.976925	0.060154	-16.24046	0.0000
MA(2)	-0.956259	0.016826	-56.83379	0.0000
MA(3)	0.936850	0.060450	15.49794	0.0000

R-squared	0.712627	Mean dependent var	-0.001669
Adjusted R-squared	0.673661	S.D. dependent var	0.175371
S.E. of regression	0.100183	Akaike info criterion	-1.640907
Sum squared resid	0.592158	Schwarz criterion	-1.347149
Log likelihood	64.79085	Hannan-Quinn criter.	-1.524511
F-statistic	18.28852	Durbin-Watson stat	2.039333
Prob(F-statistic)	0.000000		

Inverted AR Roots	.92-.19i	.92+.19i	.90-.30i	.90+.30i
	.74+.29i	.74-.29i	.70-.63i	.70+.63i
	.63-.70i	.63+.70i	.30+.90i	.30-.90i
	.19-.92i	.19+.92i	-.19+.92i	-.19-.92i
	-.30+.90i	-.30-.90i	-.63+.70i	-.63-.70i
	-.70+.63i	-.70-.63i	-.77	-.90+.30i
	-.90-.30i	-.92-.19i	-.92+.19i	
Inverted MA Roots	.98+.04i	.98-.04i	-.98	

图 7－7　上海蔬菜价格 SARIMA 模型参数取值及检验结果

上海蔬菜价格 SARIMA 模型特征根图、拟合及残差分别如图 7-8、图 7-9 所示。

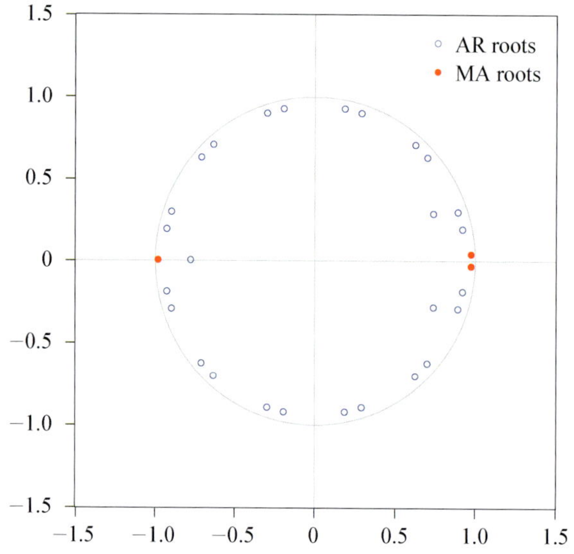

图 7-8　上海蔬菜价格 SARIMA 模型特征根
[Inverse Roots of AR/MA Polynomial(s)]

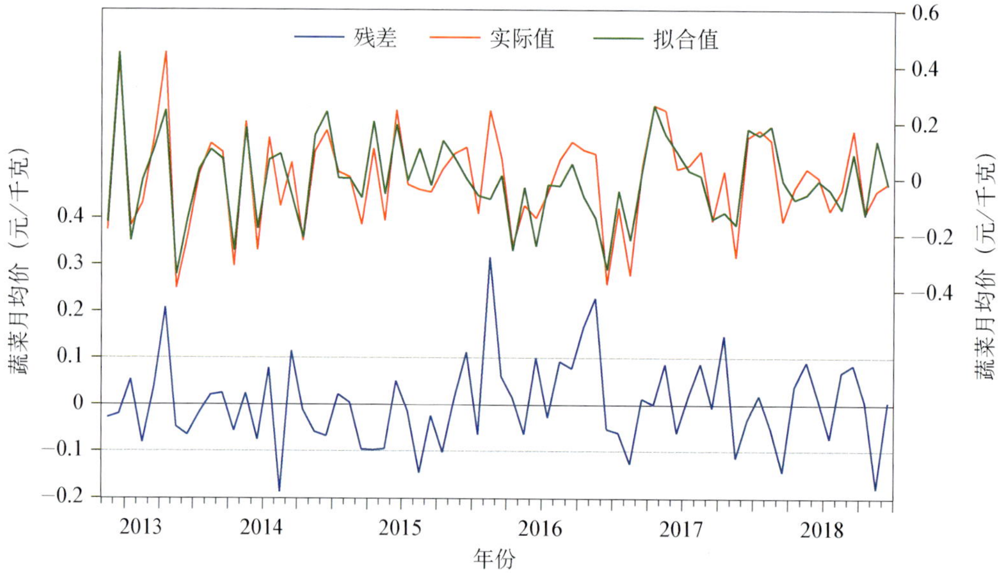

图 7-9　上海蔬菜价格 SARIMA 模型拟合曲线及残差曲线

（二）模型预测

对 2010 年 1 月至 2019 年 8 月间的样本期进行静态预测，得到预测图（图 7-10），图为上海蔬菜价格 SARIMA 模型的模拟结果，预测值与实际值之间的均方根误差 RMSE 为 0.551，偏倚比率 0.001，方差比率 0.020，协方差比率 0.978。

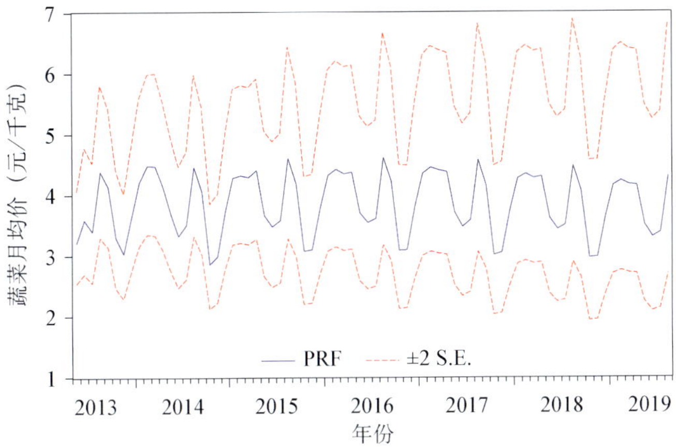

Forecast:PRF
Actual:PR
Forecast sample:2010M01 2019M08
Adjusted sample:2013M05 2019M08
Included observations:68

Root Mean Squared Error	0.551 581
Mean Absolute Error	0.399 009
Mean Abs. Percent Error	9.998 447
Theil Inequality Coefficient	0.070 985
Bias Proportion	0.000 791
Variance Proportion	0.020 760
Covariance Proportion	0.978 449

图 7-10　上海蔬菜价格 SARIMA(3, 1, 3)×(2, 1, 0)$_{12}$ 模型预测范围及精度检验

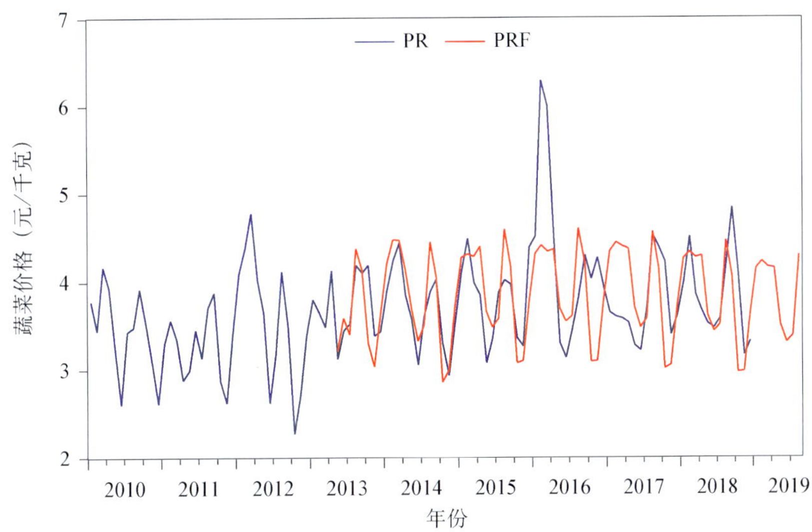

图 7-11　SARIMA(3, 1, 3)×(2, 1, 0)$_{12}$ 模型预测的上海蔬菜价格(PrF)与实际价格(Pr)对比

从图 7-11 可以看出，上海蔬菜价格采用 SARIMA(3, 1, 3)×(2, 1, 0)$_{12}$ 模拟预测的价格与实际值较为一致。

三、上海蔬菜价格 Holt-Winters 指数平滑模型构建与预测

（一）模型估计

在 EViews 软件中建立上海蔬菜价格序列的 Holt-Winters 指数平滑模型，采用 2010 年 1 月至 2018 年 12 月的数据为建模数据，因为上海蔬菜价格的波动随时间变化不大，因

此采用加法形式，得到模型的 α、β 和 γ 的取值和季节因子取值，具体见图 7-12。接着对 Holt-Winters 指数平滑后的序列 Prsa 进行趋势分析，采用指数模型进行趋势拟合，拟合后的模型系数取值见图 7-13。可以看出，上海蔬菜价格序列的趋势模型如式 7-3。

$$\log(Prsa) = 1.2088 + 0.0016 \times T \quad (式 7-3)$$

式 7-3 中，*Prsa* 为去除了季节因子的上海蔬菜月平均批发价格序列，*T* 为时间趋势，2010 年 1 月取值为 1，2010 年 2 月取值为 2，以此类推。从模型的检验值可以看出，通过参数显著性检验和模型检验，参数的 *Prob.* 接近 0，极显著，模型的决定系数为 0.108，残差平方和为 2.326，*AIC* 和 *SC* 值分别为 −0.963 和 −0.913。

Date: 09/30/19 Time: 10:18
Sample: 2010M01 2018M12
Included observations: 108
Method: Holt-Winters Additive Seasonal
Original Series: PR
Forecast Series: PRSM

Parameters:	Alpha		0.7500
	Beta		0.0000
	Gamma		0.0000
Sum of Squared Residuals			19.17493
Root Mean Squared Error			0.421362
End of Period Levels:	Mean		3.610357
	Trend		0.004349
	Seasonals:	M01	0.221697
		M02	0.555126
		M03	0.491888
		M04	0.129761
		M05	-0.394588
		M06	-0.555603
		M07	-0.208841
		M08	0.284588
		M09	0.386905
		M10	-0.175221
		M11	-0.522904
		M12	-0.212808

图 7-12 上海蔬菜价格序列 Holt-Winters 指数平滑模型参数及季节因子

（二）模型预测

采用趋势模型预测 2019 年 1～8 月的上海蔬菜价格趋势值，再用趋势值乘以相应月份的季节因子，得到上海蔬菜价格预测值，见图 7-14。对比预测和实际价格，上海蔬菜价格变化规律的预测值和实际值较为一致，可用该方法模拟上海蔬菜价格序列变化趋势。

Dependent Variable: LOG(PRSA)
Method: Least Squares
Date: 09/30/19 Time: 10:29
Sample (adjusted): 2010M01 2018M12
Included observations: 108 after adjustments

Variable	Coefficient	Std. Error	t-Statistic	Prob.
C	1.208839	0.028707	42.10922	0.0000
T	0.001644	0.000457	3.596432	0.0005

R-squared	0.108752	Mean dependent var	1.298456
Adjusted R-squared	0.100344	S.D. dependent var	0.156175
S.E. of regression	0.148132	Akaike info criterion	-0.963075
Sum squared resid	2.325981	Schwarz criterion	-0.913406
Log likelihood	54.00605	Hannan-Quinn criter.	-0.942936
F-statistic	12.93432	Durbin-Watson stat	0.852611
Prob(F-statistic)	0.000492		

图 7-13 上海蔬菜价格序列季节趋势拟合模型参数取值及显著性检验结果

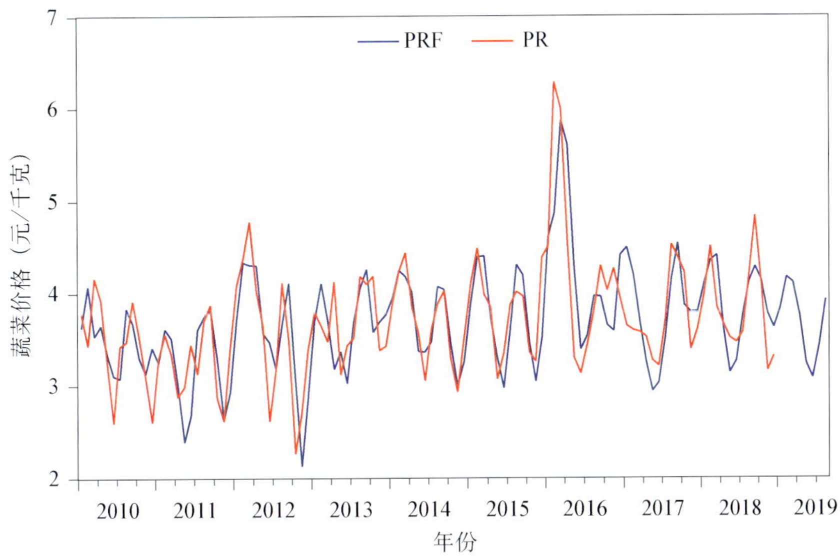

图 7-14 Holt-Winters 指数平滑模型预测上海蔬菜价格(PrF)和实际上海蔬菜价格(Pr)对比

四、结论与分析

从以上上海蔬菜价格时间序列模型——ARIMA 模型、SARIMA 模型和 Holt-

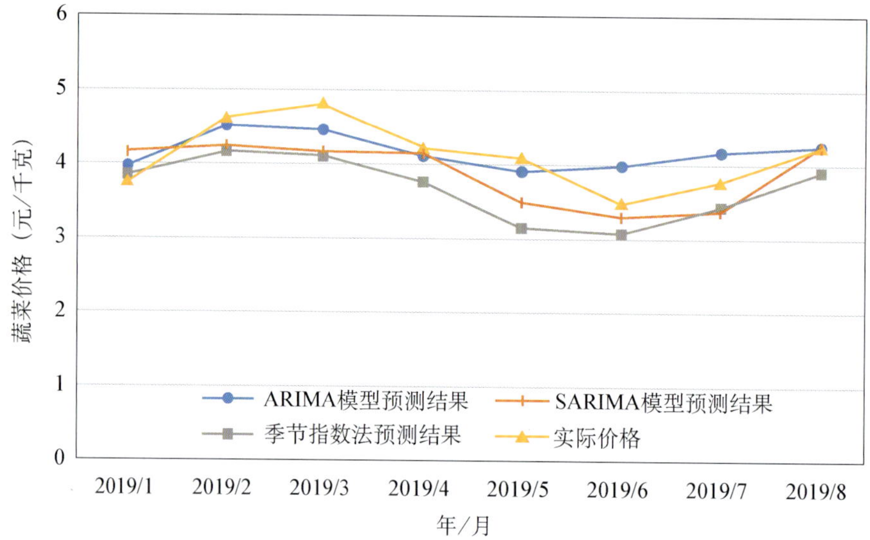

图 7－15　上海蔬菜价格时间序列模型预测价格和实际价格对比

Winters 指数平滑模型的结果可以看出，ARIMA 模型参数检验的 Prob. 结果都小于 0.15，表达上海蔬菜价格时间序列的变化效果一般。SARIMA 模型和 Holt-Winters 指数平滑模型模型参数检验的 Prob. 结果都小于 0.01，模型检验中残差平方和、*AIC* 和 *SC* 值均较小，说明这两种模型均能够表达上海蔬菜价格时间序列的变化，SARIMA 模型较好。而对比残差平方和、*AIC* 和 *SC* 值，也是 SARIMA 模型优于 ARIMA 模型。由于三种模型无法同时用残差平方和、*AIC* 和 *SC* 值进行比较，从图 7－15 三种模型的预测结果和实际结果的对比来看，SARIMA 模型预测结果更接近实际值，Holt-Winters 指数平滑模型预测结果更接近价格变化趋势。为此采用 RMSE 值进行分析比较，SARIMA 模型和 Holt-Winters 指数平滑模型与实际值的 RMSE 值分别为 0.551 和 0.421，可见 Holt-Winters 模型效果更好，是最适合分析预测上海蔬菜月平均价格趋势的模型。

第八章

上海绿叶蔬菜价格时间序列模型的建立

一、上海绿叶蔬菜价格ARIMA模型构建与预测

二、上海绿叶蔬菜价格SARIMA模型构建与预测

三、上海绿叶蔬菜价格Holt-Winters指数平滑模型构建与预测

四、结论与分析

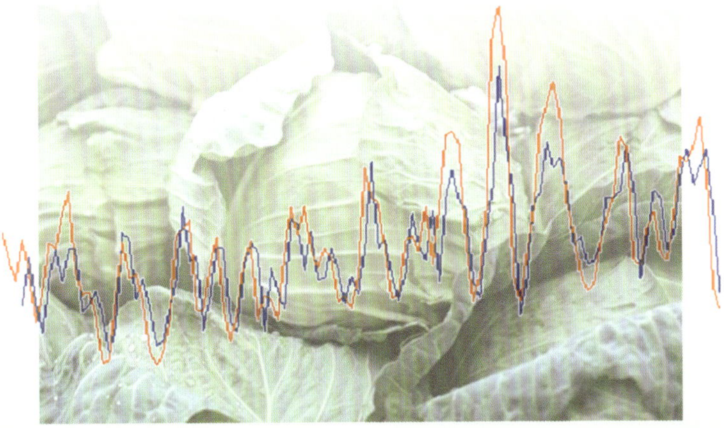

通过第四章对上海绿叶蔬菜青菜、鸡毛菜、卷心菜的价格数据的平稳性分析可知，上海 3 种绿叶蔬菜青菜、鸡毛菜和卷心菜的价格序列为非平稳序列，而它们的一阶差分序列为平稳序列，进一步分析其月平均批发价格序列也为一阶差分平稳序列，因此可以建立 ARIMA 模型、SARIMA 模型、指数模型等。

以下将对 2012 年 1 月至 2018 年 12 月上海绿叶蔬菜青菜、鸡毛菜、卷心菜的月平均批发价格进行时间序列分析，建立时间序列模型，并预测分析至 2019 年 6 月的上海三种绿叶蔬菜的月平均批发价格。

一、上海绿叶蔬菜价格 ARIMA 模型构建与预测

（一）模型估计

根据对上海青菜、鸡毛菜、卷心菜价格序列的平稳性分析可知，月平均批发价格序列为一阶平稳序列，本模型建立过程中，为消除异方差性，首先对三种上海绿叶菜月平均批发价格序列对数化处理，然后做一阶差分。

从图 8－1、图 8－2、图 8－3 可以看出，上海青菜、鸡毛菜、卷心菜的价格序列的对数一阶差分数列为平稳序列，对其进行 ADF 检验可以看出，三者的 t-Statistic 值均小于 0.01 水平下的参考值，即三个价格序列均为 0.01 水平下的平稳序列。

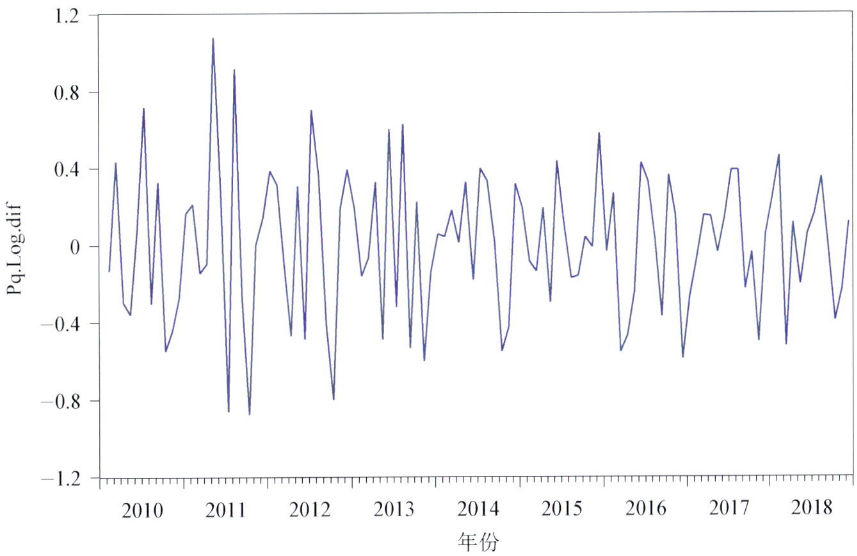

图 8－1　上海青菜价格序列的对数一阶差分数列

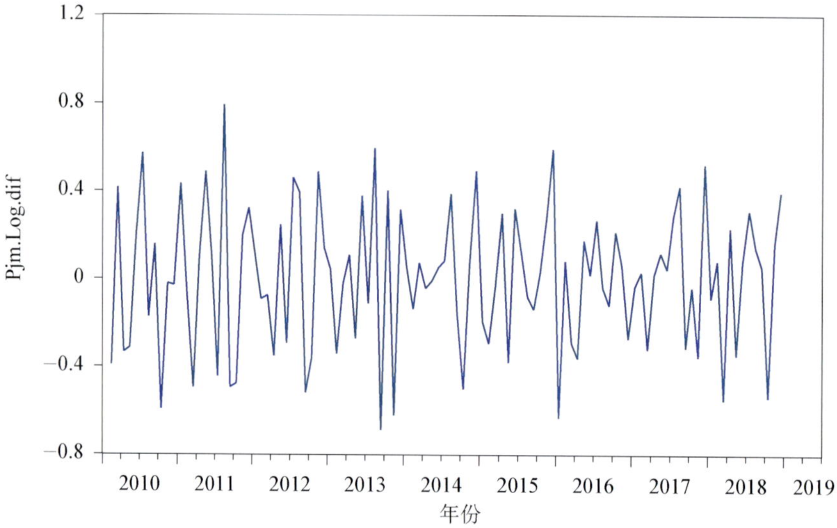

图 8－2　上海鸡毛菜价格序列的对数一阶差分数列

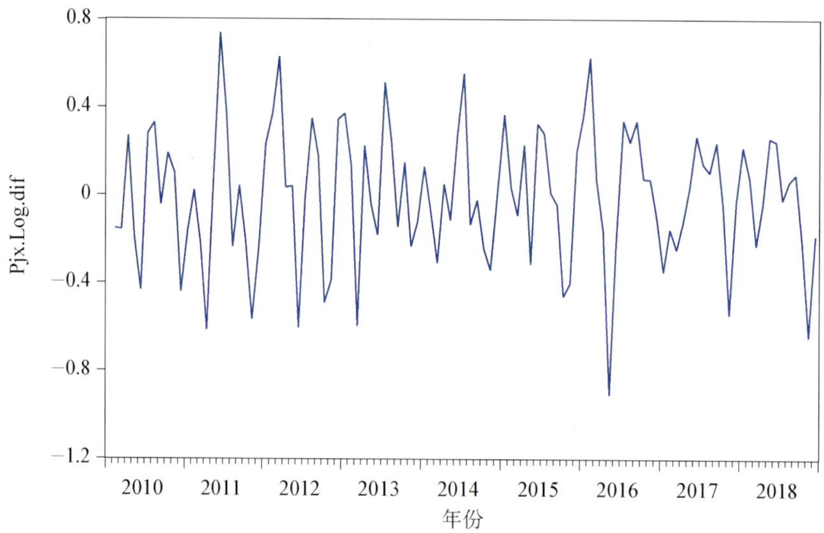

图 8－3　上海卷心菜价格序列的对数一阶差分数列

因为自相关函数图和偏自相关函数图反映出自相关系数和偏相关系数均具有截尾性，但截尾阶数难以判断，本研究采用模型 AIC 准则进行估计比较不同模型变量对应参数的显著性来确定模型阶数。

选择多种不同的 p、q 取值组合模型进行拟合分析上海青菜 ARIMA 模型的 p、q 取值，如 ARMA(1, 0)、ARMA(0, 1)、ARMA(1, 2)、ARMA(2, 1)、ARMA(2, 2)等，发现 ARMA(2, 1)的参数显著性 t 检验结果最好，最后确定模型结构为 ARIMA(2, 1, 1)。利用同样方法对鸡毛菜和卷心菜价格数据 ARMA 模型参数选取。青菜、鸡毛菜和卷心菜模型参数如图 8－4、图 8－5、图 8－6 所示。鸡毛菜模型参数显著性检验结果最好的是

Dependent Variable: DLOG(Pq)
Method: Least Squares
Date: 09/14/19 Time: 12:34
Sample (adjusted): 2010M04 2018M12
Included observations: 105 after adjustments
Convergence achieved after 15 iterations
MA Backcast: 2010M03

Variable	Coefficient	Std. Error	t-Statistic	Prob.
C	0.003089	0.001153	2.679436	0.0086
AR(1)	0.531979	0.099293	5.357668	0.0000
AR(2)	-0.185833	0.096695	-1.921838	0.0574
MA(1)	-0.999956	0.018140	-55.12507	0.0000

R-squared	0.313010	Mean dependent var	-0.002502
Adjusted R-squared	0.292604	S.D. dependent var	0.377696
S.E. of regression	0.317668	Akaike info criterion	0.581729
Sum squared resid	10.19219	Schwarz criterion	0.682832
Log likelihood	-26.54076	Hannan-Quinn criter.	0.622698
F-statistic	15.33939	Durbin-Watson stat	2.072305
Prob(F-statistic)	0.000000		

Inverted AR Roots	.27-.34i	.27+.34i
Inverted MA Roots	1.00	

图 8-4 上海青菜 ARIMA 模型参数取值及检验结果

Dependent Variable: DLOG (Pjm)
Method: Least Squares
Date: 09/17/19 Time: 09:17
Sample (adjusted): 2010M03 2018M12
Included observations: 106 after adjustments
Convergence achieved after 13 iterations
MA Backcast: 2010M02

Variable	Coefficient	Std. Error	t-Statistic	Prob.
C	0.002561	0.001161	2.206439	0.0296
AR(1)	0.188030	0.096934	1.939769	0.0551
MA(1)	-0.981570	0.010377	-94.58827	0.0000

R-squared	0.392511	Mean dependent var	0.006101
Adjusted R-squared	0.380715	S.D. dependent var	0.323154
S.E. of regression	0.254305	Akaike info criterion	0.127327
Sum squared resid	6.661106	Schwarz criterion	0.202708
Log likelihood	-3.748345	Hannan-Quinn criter.	0.157879
F-statistic	33.27522	Durbin-Watson stat	1.895006
Prob(F-statistic)	0.000000		

Inverted AR Roots	.19
Inverted MA Roots	.98

图 8-5 上海鸡毛菜 ARIMA 模型参数取值及检验结果

Dependent Variable: DLOG (Pjx)
Method: Least Squares
Date: 09/17/19 Time: 09:25
Sample (adjusted): 2010M04 2018M12
Included observations: 105 after adjustments
Convergence achieved after 15 iterations
MA Backcast: 2010M03

Variable	Coefficient	Std. Error	t-Statistic	Prob.
C	0.006046	0.001629	3.710560	0.0003
AR(1)	0.960306	0.087039	11.03304	0.0000
AR(2)	-0.526135	0.086768	-6.063709	0.0000
MA(1)	-0.982154	0.013067	-75.16147	0.0000

R-squared	0.376503	Mean dependent var	-0.002554
Adjusted R-squared	0.357983	S.D. dependent var	0.306827
S.E. of regression	0.245848	Akaike info criterion	0.069148
Sum squared resid	6.104589	Schwarz criterion	0.170251
Log likelihood	0.369730	Hannan-Quinn criter.	0.110117
F-statistic	20.32981	Durbin-Watson stat	1.950988
Prob(F-statistic)	0.000000		

Inverted AR Roots	.48-.54i	.48+.54i
Inverted MA Roots	.98	

图 8-6 上海卷心菜 ARIMA 模型参数取值及检验结果

ARIMA(1，1，1)，卷心菜模型参数显著性检验结果最好的是 ARIMA(2，1，1)。

由检验结果可知，上海青菜 ARIMA 模型的结构如式 8-1。误差项的方差估计值为 0.317。

$$\widehat{d\log p_q}=0.0030+0.5319d\log p_{t-1}-0.1858d\log p_{t-2}+\varepsilon_t-0.9999\varepsilon_{t-1} \quad \text{(式 8-1)}$$

上海鸡毛菜 ARIMA 模型的结构如式 8-2。误差项的方差估计值为 0.254。

$$\widehat{d\log p_{Jm}}=0.0025+0.1880d\log p_{t-1}+\varepsilon_t-0.9815\varepsilon_{t-1} \quad \text{(式 8-2)}$$

上海卷心菜 ARIMA 模型的结构如式 8-3。误差项的方差估计值为 0.246。

$$\widehat{d\log p_{Jx}}=0.0060+0.9603d\log p_{t-1}-0.5261d\log p_{t-2}+\varepsilon_t-0.9821\varepsilon_{t-1} \quad \text{(式 8-3)}$$

上海青菜、鸡毛菜、卷心菜 ARIMA 模型的特征根如图 8-7、图 8-8、图 8-9 所示，3 种蔬菜的拟合曲线及残差曲线分别见图 8-10、图 8-11、图 8-12。

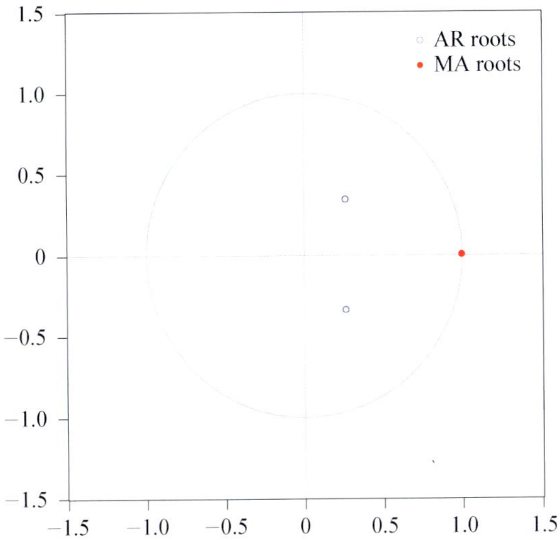

图 8－7 上海青菜 ARIMA 模型特征根
[Inverse Roots of AR/MA Polynomial(s)]

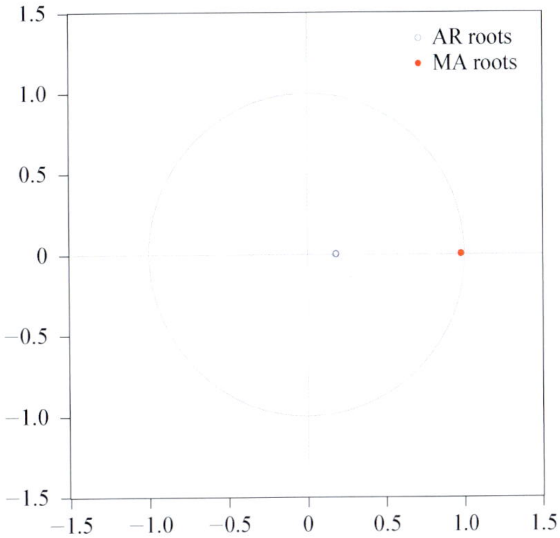

图 8－8 上海鸡毛菜 ARIMA 模型特征根
[Inverse Roots of AR/MA Polynomial(s)]

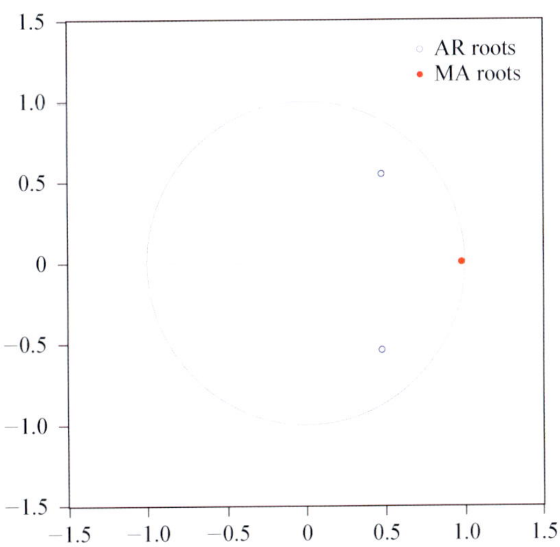

图 8－9 上海卷心菜 ARIMA 模型特征根
[Inverse Roots of AR/MA Polynomial(s)]

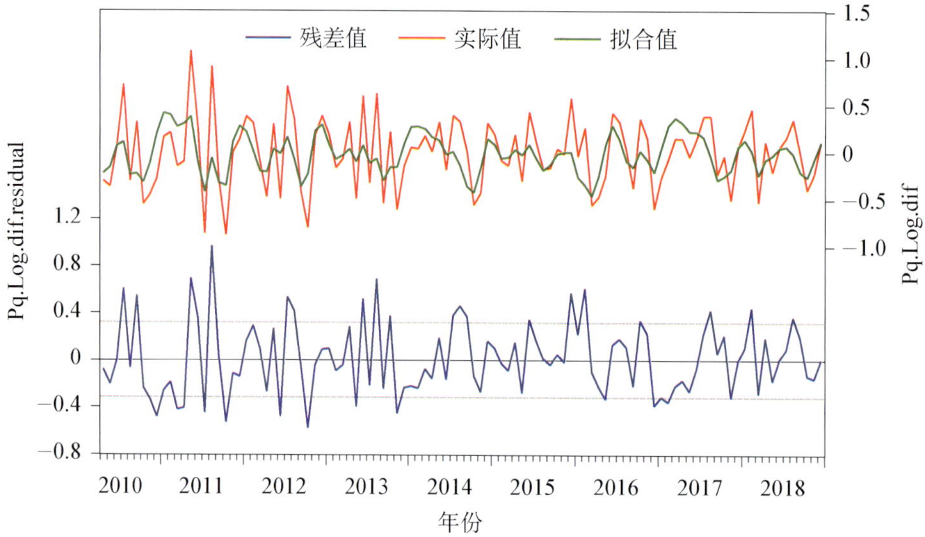

图 8-10　上海青菜模型拟合曲线及残差曲线

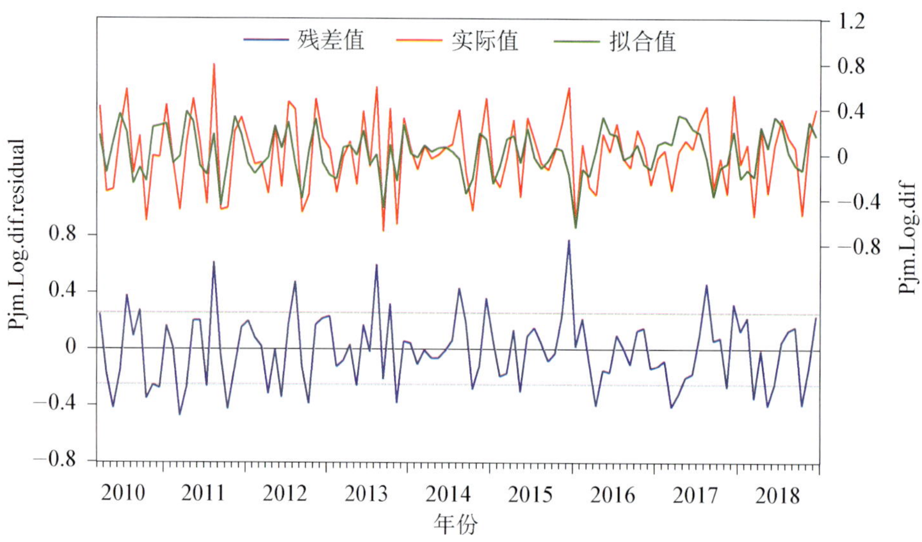

图 8-11　上海鸡毛菜模型拟合曲线及残差曲线

（二）模型预测

对 2010 年 1 月至 2019 年 6 月间的样本期进行静态预测，得到上海青菜、鸡毛菜、卷心菜月平均批发价格预测图（图 8-13、图 8-14、图 8-15），上海青菜 ARIMA 模型预测值与

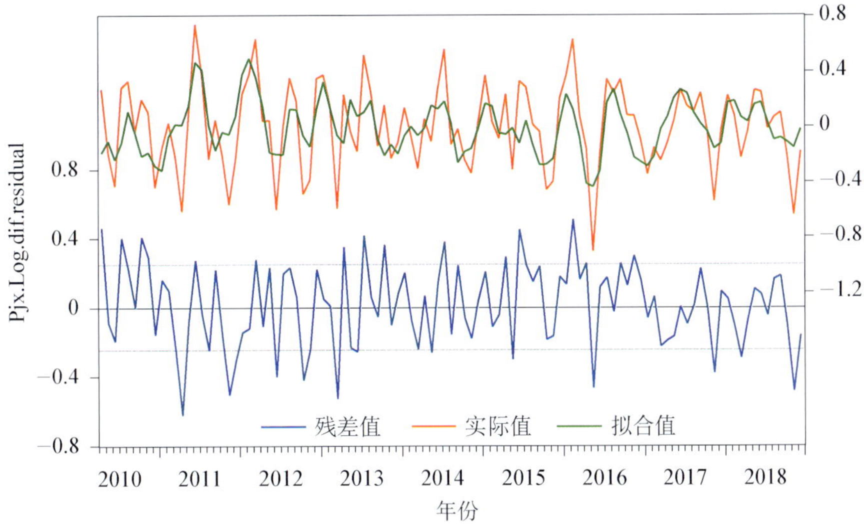

图 8-12 上海卷心菜模型拟合曲线及残差曲线

实际值之间的均方根误差 RMSE 为 0.783，偏倚比率 0.033，方差比率 0.327，协方差比率 0.639，不够接近于 1，可以看出 ARIMA(2, 1, 1)模型预测效果不够理想。

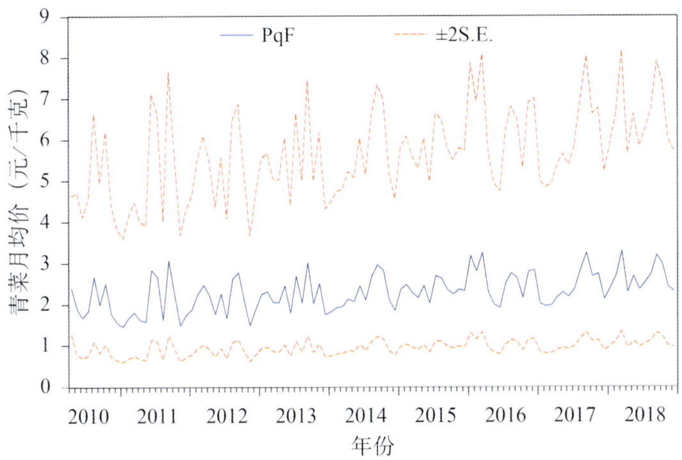

Forecast:PqF	
Actual:Pq	
Forecast sample:2010M01 2018M12	
Adjusted sample:2010M04 2018M12	
Included observations:105	
Root Mean Squared Error	0.783 695
Mean Absolute Error	0.602 648
Mean Abs. Percent Error	25.066 65
Theil Inequality Coefficient	0.159 566
Bias Proportion	0.033 676
Variance Proportion	0.327 084
Covariance Proportion	0.639 240

图 8-13 上海青菜 ARIMA(2, 1, 1)模型预测范围及精度检验

对 2010 年 1 月至 2019 年 6 月间的样本期进行静态预测，上海鸡毛菜 ARIMA 模型预测值与实际值之间的均方根误差 RMSE 为 1.098，偏倚比率 0.005，方差比率 0.493，协方差比率 0.500，不够接近于 1，可以看出 ARIMA(1, 1, 1)模型实际值与预测值之间有较大误差。

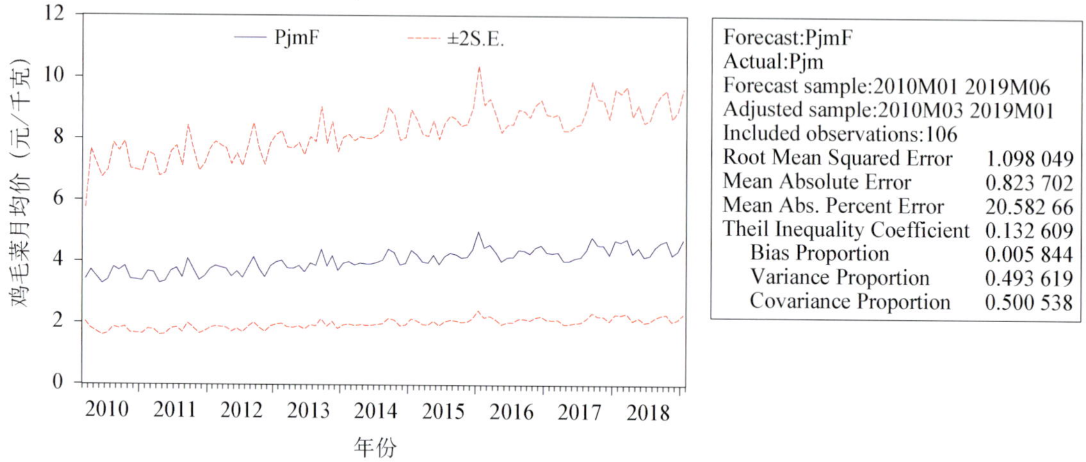

图 8-14 上海鸡毛菜 ARIMA(1, 1, 1)模型预测范围及精度检验

对 2010 年 1 月至 2019 年 6 月间的样本期进行静态预测，上海卷心菜 ARIMA 模型预测值与实际值之间的均方根误差 RMSE 为 0.311，偏倚比率 0.021，方差比率 0.147，协方差比率 0.830，不够接近于 1，可以看出 ARIMA(1, 1, 1)模型实际值与预测值之间有较大误差。

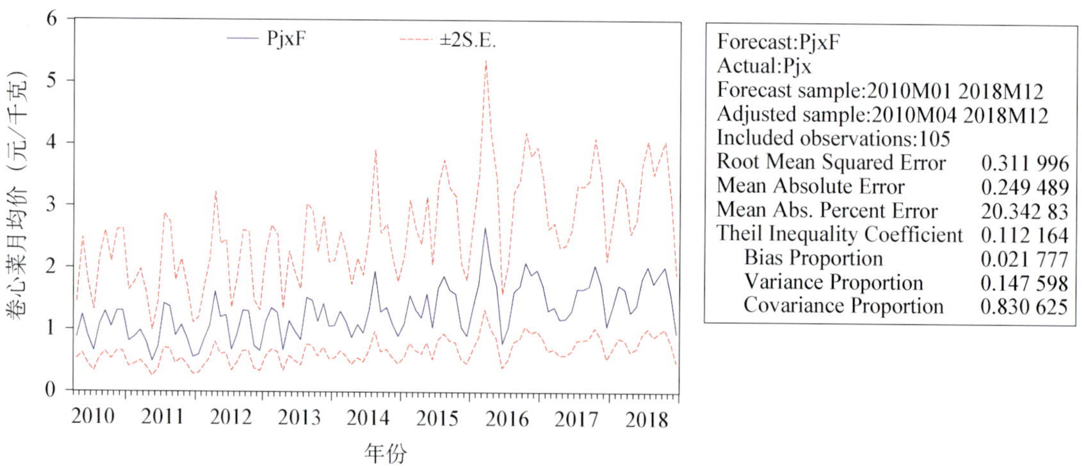

图 8-15 上海卷心菜 ARIMA(2, 1, 1)模型预测范围及精度检验

上海青菜、鸡毛菜、卷心菜的价格序列 Px 和预测序列 PxF 见图 8-16、图 8-17、图 8-18。从图中可以看出，上海青菜 ARIMA(2, 1, 1)和上海鸡毛菜 ARIMA(1, 1, 1)的模拟预测结果较差，上海卷心菜 ARIMA(2, 1, 1)的模拟预测结果较好。

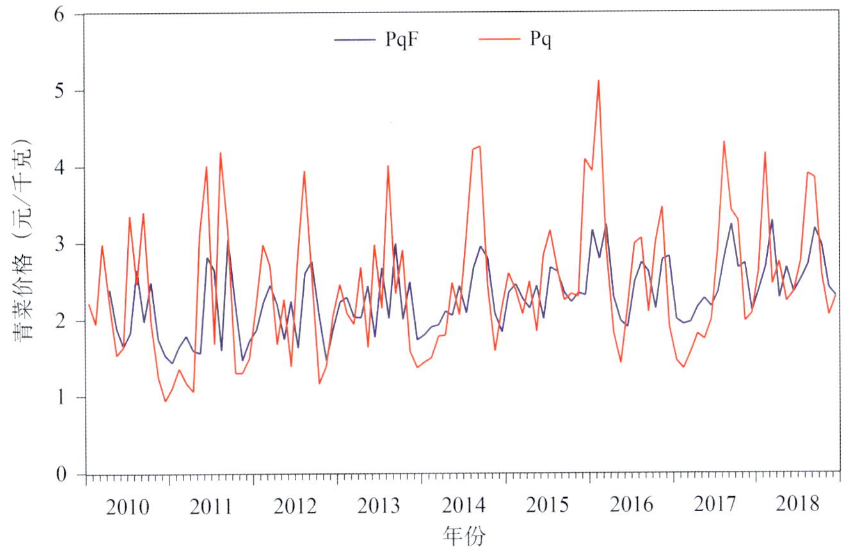

图 8-16 上海青菜 ARIMA(2，1，1)模型预测的上海青菜价格(PqF)和实际的青菜价格(Pq)对比

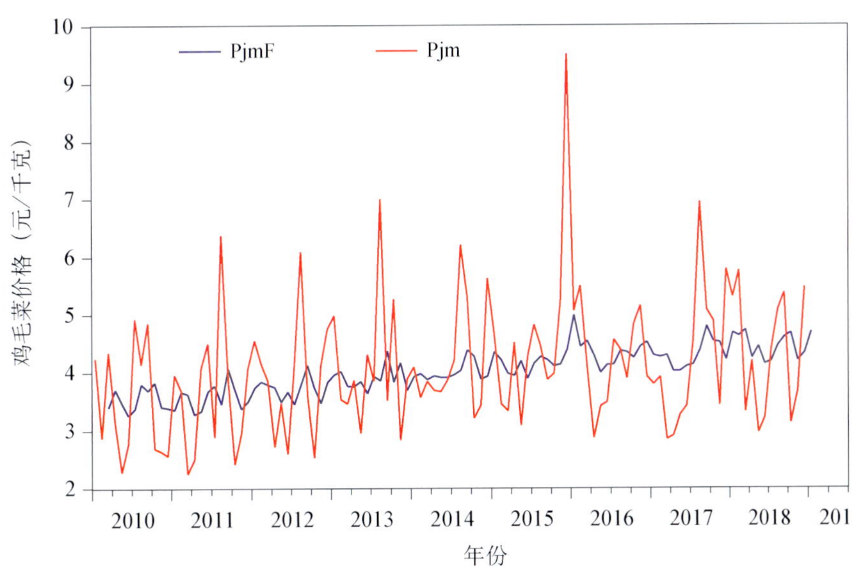

图 8-17 上海鸡毛菜 ARIMA(1，1，1)模型预测的上海鸡毛菜价格(PjmF)和实际的鸡毛菜价格(Pjm)对比

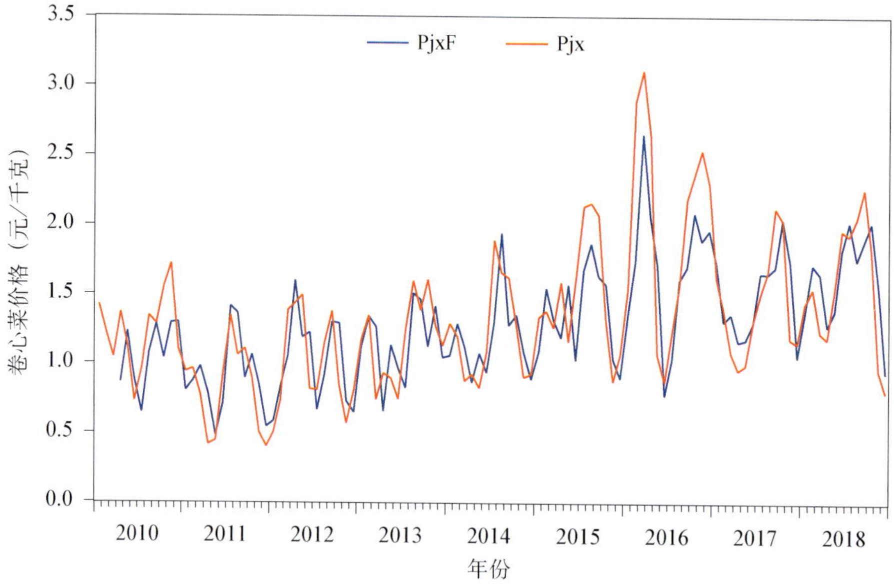

图 8-18　上海卷心菜 ARIMA(2, 1, 1)模型预测的上海卷心菜价格(PjxF)和实际的卷心菜价格(Pjx)对比

二、上海绿叶蔬菜价格 SARIMA 模型构建与预测

(一) 模型估计

本研究选择多种不同的 p、q，P、Q 取值组合模型进行拟合，如 SARIMA$(1, 1, 1)\times(1, 1, 1)_{12}$、SARIMA$(2, 1, 1)\times(1, 1, 1)_{12}$、SARIMA$(2, 1, 1)\times(1, 1, 2)_{12}$、SARIMA$(2, 1, 2)\times(2, 1, 1)_{12}$、SARIMA$(2, 1, 2)\times(2, 1, 2)_{12}$ 等 p、q 和 P、Q 为 3 以内的各种取值组合，发现 SARIMA$(2, 1, 3)\times(0, 1, 2)_{12}$ 参数显著性 t 检验结果参数显著性检验结果最好，确定上海青菜模型结构为$(2, 1, 3)\times(0, 1, 2)_{12}$。模型结构如式 8-4。

$$(1-\phi_1B-\phi_2B)\Delta^1\Delta^1_{12}\log Pq=(1-\theta_1B-\theta_2B-\theta_3B)(1-\Theta_1B^{12}-\Theta_2B^{24})\varepsilon_t$$

$$\varepsilon_t\sim N(0,\ 0.275) \qquad (式 8-4)$$

误差项的方差估计值为 0.275，式中各参数的取值见图 8-19。模型的残差序列经检验为平稳的白噪声序列。

上海鸡毛菜 SARIMA$(2, 1, 3)\times(0, 1, 1)_{12}$ 参数显著性 t 检验结果参数显著性检验结果最好，模型结构如式 8-5。

$$(1-\phi_1B-\phi_2B)\Delta^1\Delta^1_{12}\log Pjm=(1-\theta_1B-\theta_2B-\theta_3B)(1-\Theta_1B^{12})\varepsilon_t$$

$$\varepsilon_t\sim N(0,\ 0.211) \qquad (式 8-5)$$

误差项的方差估计值为 0.210，式中各参数的取值见图 8－20。模型的残差序列经检验为平稳的白噪声序列。

上海卷心菜 SARIMA(2，1，2)×(2，1，3)$_{12}$ 参数显著性 t 检验结果参数显著性检验结果最好，模型结构如式 8－6。

$$(1-\phi_1 B-\phi_2 B)(1-\Phi_1 B^{12}-\Phi_1 B^{24})\Delta^1\Delta_{12}^1 \log Pjx=(1-\theta_1 B-\theta_2 B)$$
$$(1-\Theta_1 B^{12}-\Theta_1 B^{24}-\Theta_1 B^{36})\varepsilon_t \quad \varepsilon_t \sim N(0,\ 0.129) \qquad (式 8-6)$$

误差项的方差估计值为 0.128，式中各参数的取值见图 8－21。模型的残差序列经检验为平稳的白噪声序列。

Dependent Variable: DLOG(Pq,1,12)
Method: Least Squares
Date: 09/18/19 Time: 23:37
Sample (adjusted): 2011M04 2018M12
Included observations: 93 after adjustments
Convergence achieved after 21 iterations
MA Backcast: 2009M01 2011M03

Variable	Coefficient	Std. Error	t-Statistic	Prob.
C	-0.001360	0.000391	-3.478575	0.0008
AR(1)	-0.220204	0.049189	-4.476657	0.0000
AR(2)	-0.838699	0.045419	-18.46586	0.0000
MA(1)	-0.566323	0.034088	-16.61342	0.0000
MA(2)	0.590039	0.036231	16.28557	0.0000
MA(3)	-0.983202	0.022834	-43.05881	0.0000
SMA(12)	-1.181153	0.100332	-11.77242	0.0000
SMA(24)	0.244924	0.101646	2.409573	0.0181

R-squared	0.771021	Mean dependent var	0.011124
Adjusted R-squared	0.752164	S.D. dependent var	0.554000
S.E. of regression	0.275799	Akaike info criterion	0.343805
Sum squared resid	6.465528	Schwarz criterion	0.561663
Log likelihood	-7.986944	Hannan-Quinn criter.	0.431770
F-statistic	40.88752	Durbin-Watson stat	1.593943
Prob(F-statistic)	0.000000		

Inverted AR Roots	-.11+.91i	-.11-.91i		
Inverted MA Roots	.99	.98	.90	.86+.50i
	.86-.50i	.78+.45i	.78-.45i	.50+.86i
	.50-.86i	.45-.78i	.45+.78i	.00+.99i
	.00-.99i	-.00+.90i	-.00-.90i	-.21-.98i
	-.21+.98i	-.45+.78i	-.45-.78i	-.50+.86i
	-.50-.86i	-.78+.45i	-.78-.45i	-.86+.50i
	-.86-.50i	-.90	-.99	

图 8－19　上海青菜价格 SARIMA 模型参数取值及检验结果

Dependent Variable: DLOG(Pjm,1,12)
Method: Least Squares
Date: 09/18/19 Time: 23:20
Sample (adjusted): 2011M04 2018M12
Included observations: 93 after adjustments
Convergence achieved after 21 iterations
MA Backcast: 2010M01 2011M03

Variable	Coefficient	Std. Error	t-Statistic	Prob.
C	-0.001655	0.000893	-1.854018	0.0672
AR(1)	-0.574170	0.075788	-7.575958	0.0000
AR(2)	-0.839213	0.070365	-11.92656	0.0000
MA(1)	-0.282629	0.066581	-4.244865	0.0001
MA(2)	0.360396	0.063600	5.666612	0.0000
MA(3)	-0.913903	0.062726	-14.56970	0.0000
SMA(12)	-0.850585	0.047732	-17.81996	0.0000

R-squared	0.765109	Mean dependent var	0.006498
Adjusted R-squared	0.748722	S.D. dependent var	0.420073
S.E. of regression	0.210573	Akaike info criterion	-0.205685
Sum squared resid	3.813320	Schwarz criterion	-0.015059
Log likelihood	16.56433	Hannan-Quinn criter.	-0.128715
F-statistic	46.68801	Durbin-Watson stat	2.045401
Prob(F-statistic)	0.000000		

Inverted AR Roots	-.29+.87i	-.29-.87i		
Inverted MA Roots	.99	.94	.85+.49i	.85-.49i
	.49+.85i	.49-.85i	-.00-.99i	-.00+.99i
	-.33+.93i	-.33-.93i	-.49-.85i	-.49+.85i
	-.85+.49i	-.85-.49i	-.99	

图 8－20　上海鸡毛菜价格 SARIMA 模型参数取值及检验结果

Dependent Variable: DLOG(PjX,1,12)
Method: Least Squares
Date: 09/18/19 Time: 22:55
Sample (adjusted): 2013M04 2018M12
Included observations: 69 after adjustments
Convergence achieved after 90 iterations
MA Backcast: 2010M02 2013M03

Variable	Coefficient	Std. Error	t-Statistic	Prob.
C	-0.007899	0.003026	-2.610753	0.0114
AR(1)	1.255111	0.128366	9.777621	0.0000
AR(2)	-0.721512	0.111045	-6.497460	0.0000
SAR(12)	-0.618527	0.117002	-5.286468	0.0000
SAR(24)	-0.324005	0.110576	-2.930149	0.0048
MA(1)	-1.258549	0.198001	-6.356272	0.0000
MA(2)	0.327566	0.193790	1.690316	0.0962
SMA(12)	0.220939	0.126554	1.745809	0.0860
SMA(24)	-0.249375	0.127129	-1.961587	0.0545
SMA(36)	-0.897961	0.032239	-27.85289	0.0000

R-squared	0.873386	Mean dependent var	0.003748
Adjusted R-squared	0.854072	S.D. dependent var	0.337565
S.E. of regression	0.128952	Akaike info criterion	-1.125471
Sum squared resid	0.981085	Schwarz criterion	-0.801687
Log likelihood	48.82874	Hannan-Quinn criter.	-0.997015
F-statistic	45.22021	Durbin-Watson stat	1.955561
Prob(F-statistic)	0.000000		

Inverted AR Roots	.94+.17i	.94-.17i	.90-.32i	.90+.32i
	.73+.62i	.73-.62i	.63+.57i	.63-.57i
	.62+.73i	.62-.73i	.32+.90i	.32-.90i
	.17+.94i	.17-.94i	-.17-.94i	-.17+.94i
	-.32-.90i	-.32+.90i	-.62-.73i	-.62+.73i
	-.73+.62i	-.73-.62i	-.90-.32i	-.90+.32i
	-.94+.17i	-.94-.17i		
Inverted MA Roots	1.00	.98+.19i	.98-.19i	.94-.33i
	.94+.33i	.89	.86+.50i	.86-.50i
	.76+.65i	.76-.65i	.65-.76i	.65+.76i
	.50-.86i	.50+.86i	.37	.33-.94i
	.33+.94i	.19+.98i	.19-.98i	.00-1.00i
	-.00+1.00i	-.19-.98i	-.19+.98i	-.33-.94i
	-.33+.94i	-.50-.86i	-.50+.86i	-.65-.76i
	-.65+.76i	-.76+.65i	-.76-.65i	-.86-.50i
	-.86+.50i	-.94-.33i	-.94+.33i	-.98-.19i
	-.98+.19i	-1.00		

图 8－21 上海卷心菜价格 SARIMA 模型参数取值及检验结果

上海青菜、鸡毛菜、卷心菜价格 SARIMA 模型特征根图见图 8 - 22 至图 8 - 24，模型拟合及残差见图 8 - 25 至图 8 - 27。

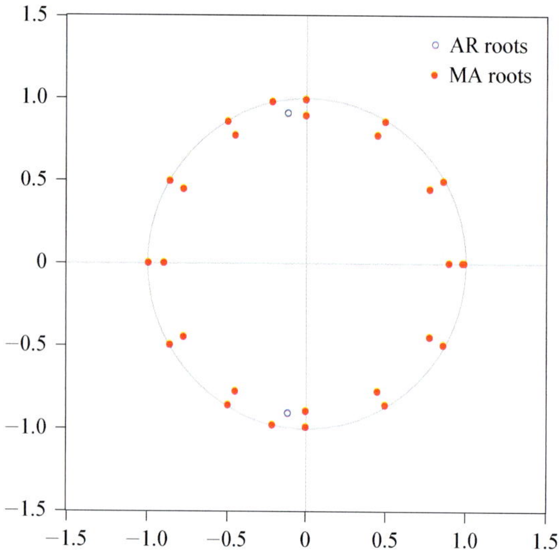

图 8 - 22　上海青菜价格 SARIMA 模型特征根 [Inverse Roots of AR/MA Polynomial(s)]

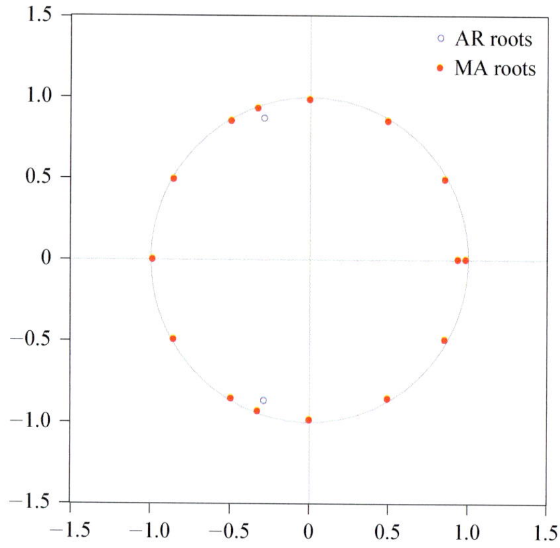

图 8 - 23　上海鸡毛菜价格 SARIMA 模型特征根 [Inverse Roots of AR/MA Polynomial(s)]

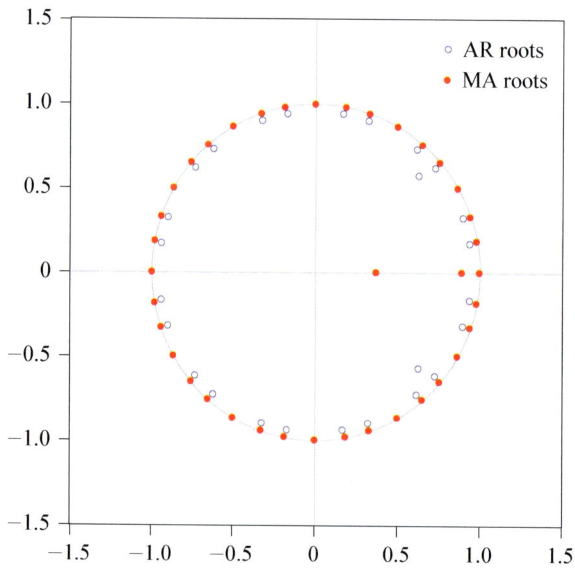

图 8 - 24　上海卷心菜价格 SARIMA 模型特征根 [Inverse Roots of AR/MA Polynomial(s)]

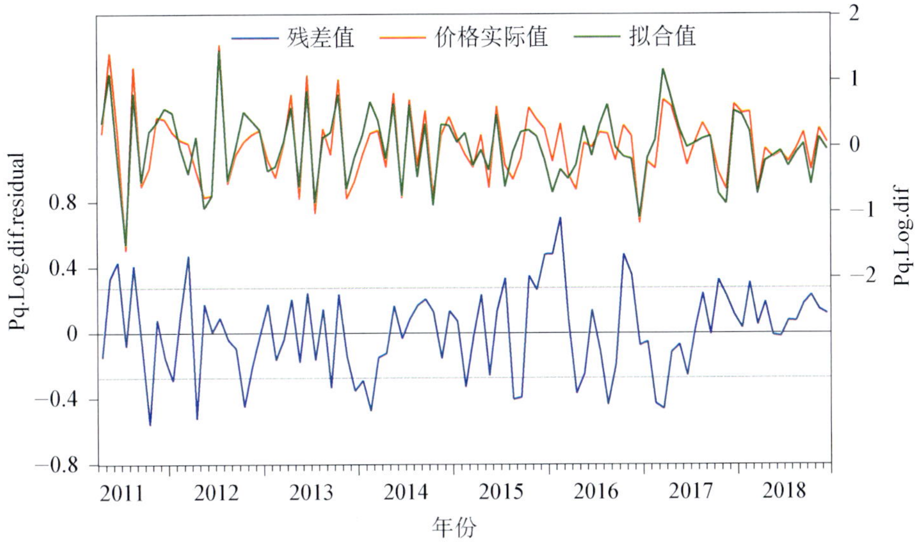

图 8-25 上海青菜价格 SARIMA 模型拟合曲线及残差曲线

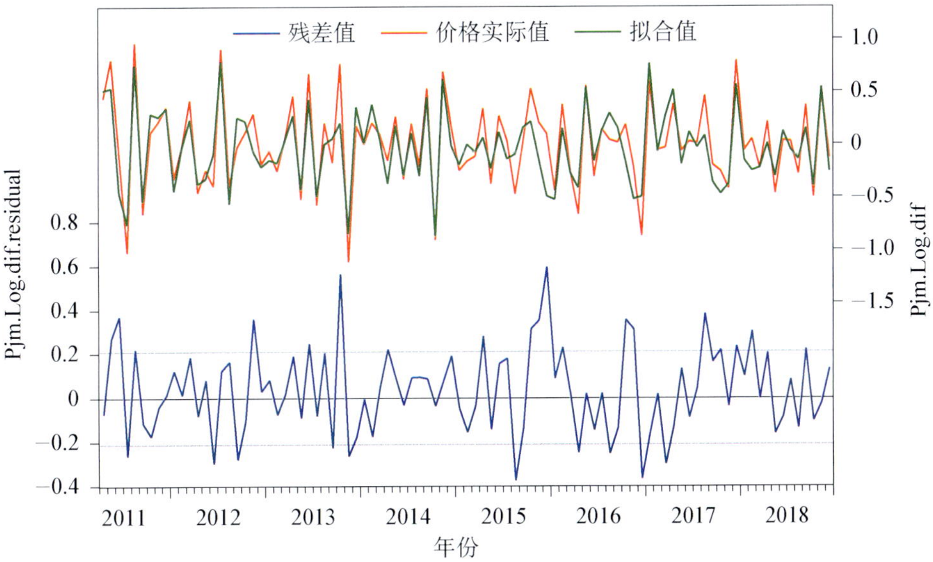

图 8-26 上海鸡毛菜价格 SARIMA 模型拟合曲线及残差曲线

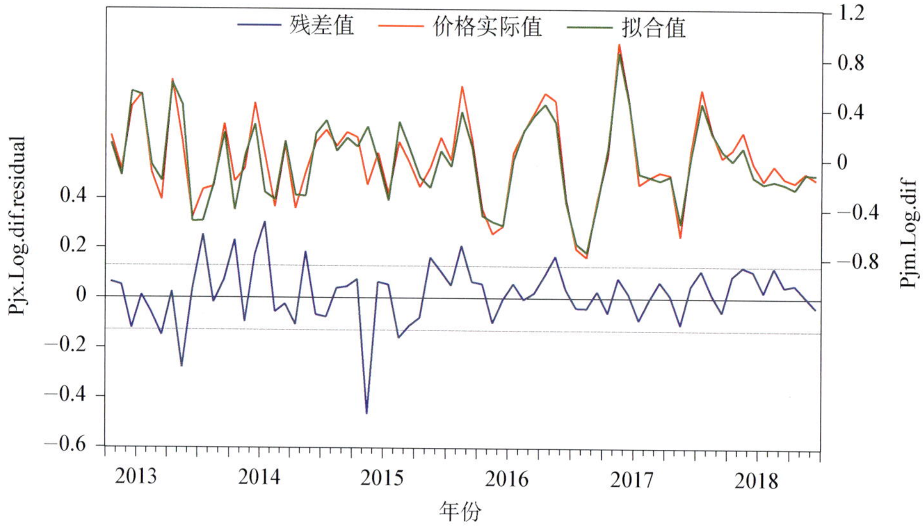

图 8-27　上海卷心菜价格 SARIMA 模型拟合曲线及残差曲线

（二）模型预测

对 2010 年 1 月至 2019 年 6 月间的样本期进行静态预测，得到预测图，图 8-28 为上海青菜 SARIMA 模型的模拟结果，预测值与实际值之间的均方根误差 RMSE 为 0.702，偏倚比率 0.016，方差比率 0.105，协方差比率 0.878。

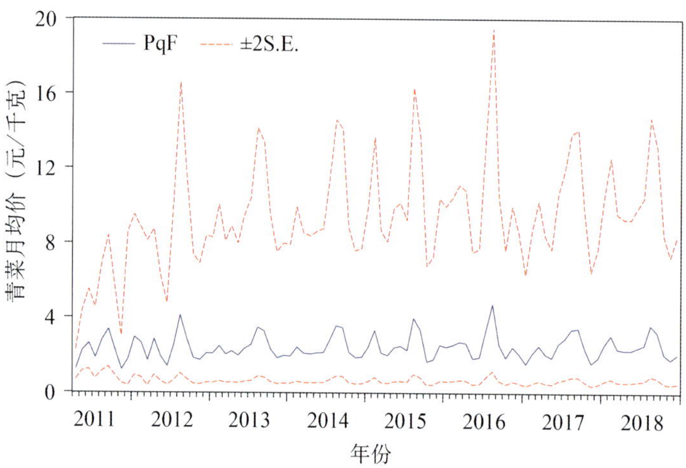

Forecast:PqF	
Actual:Pq	
Forecast sample:2010M01 2018M12	
Adjusted sample:2011M04 2018M12	
Included observations:93	
Root Mean Squared Error	0.702 140
Mean Absolute Error	0.538 079
Mean Abs. Percent Error	21.880 17
Theil Inequality Coefficient	0.136 538
Bias Proportion	0.016 481
Variance Proportion	0.105 276
Covariance Proportion	0.878 244

图 8-28　上海青菜 SARIMA(2，1，3)×(0，1，2)$_{12}$ 模型预测范围及精度检验

图 8－29 为上海鸡毛菜 SARIMA 模型的模拟结果，预测值与实际值之间的均方根误差 RMSE 为 0.934，偏倚比率 0.052，方差比率 0.149，协方差比率 0.797。

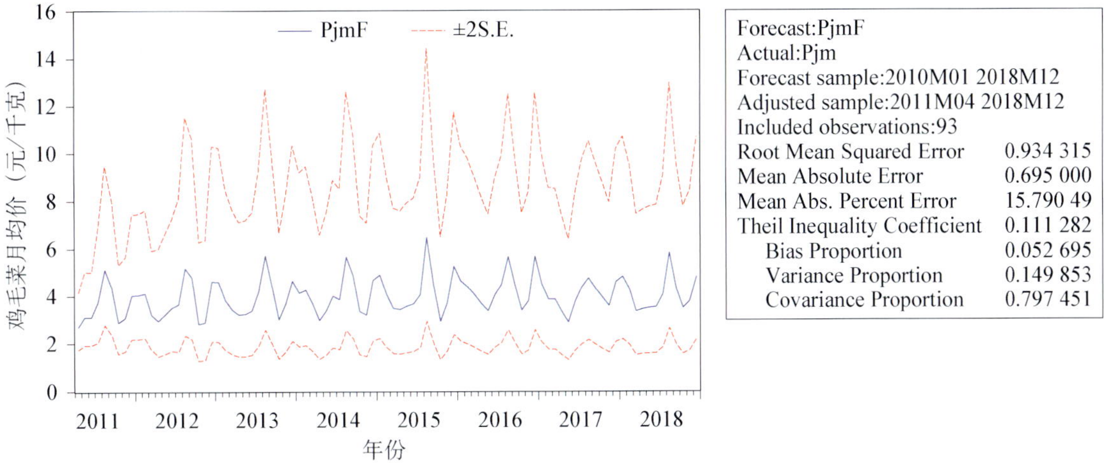

图 8－29　上海鸡毛菜 SARIMA(2，1，3)×(0，1，1)$_{12}$ 模型预测范围及精度检验

图 8－30 为上海卷心菜 SARIMA 模型的模拟结果，预测值与实际值之间的均方根误差 RMSE 为 0.185，偏倚比率 0.025，方差比率 0.031，协方差比率 0.943，接近于 1，可以看出该模型具有较好的预测效果。

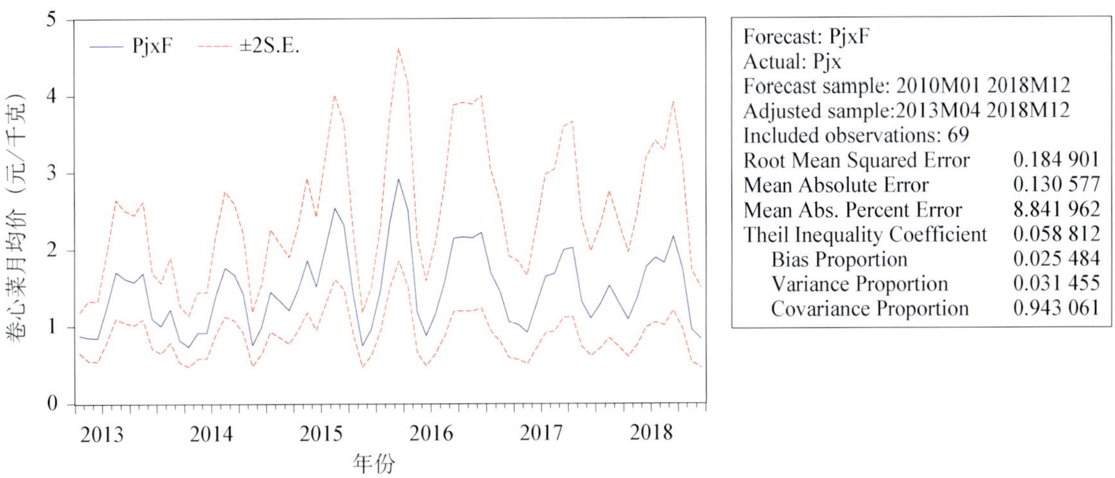

图 8－30　上海卷心菜 SARIMA(2，1，2)×(2，1，3)$_{12}$ 模型预测范围及精度检验

对比上海青菜、鸡毛菜、卷心菜价格序列 Px 和预测序列 PxF(图 8－31、图 8－32、图 8－33)可以看出，上海卷心菜模型模拟预测的价格与实际值较为一致。

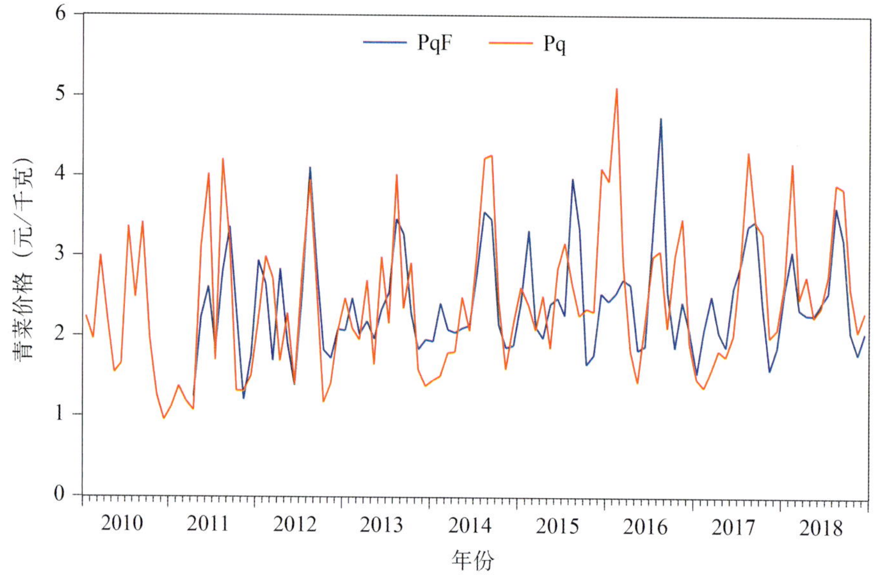

图 8-31　SARIMA(2, 1, 3)×(0, 1, 2)$_{12}$ 模型预测的上海青菜价格(PqF)和实际的青菜价格(Pq)对比

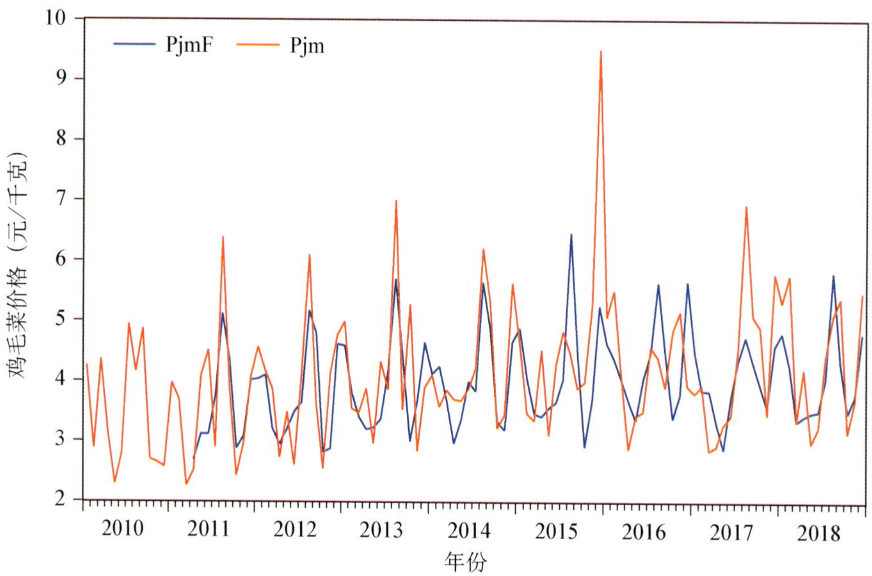

图 8-32　SARIMA(2, 1, 3)×(0, 1, 1)$_{12}$ 模型预测的上海鸡毛菜价格(PjmF)和实际的鸡毛菜价格(Pjm)对比

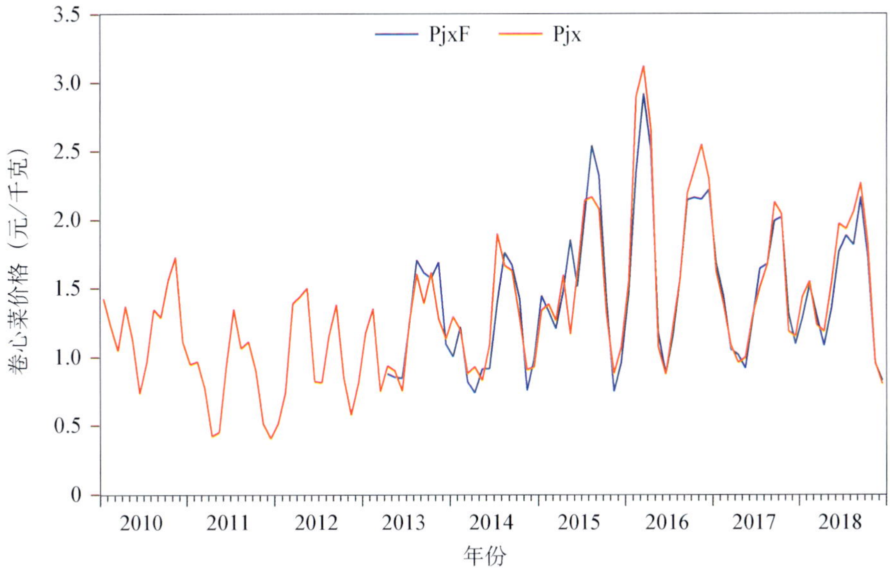

图 8－33　SARIMA(2，1，2)×(2，1，3)$_{12}$ 模型预测的上海卷心菜价格(PjxF)和实际的卷心菜价格(Pjx)对比

三、上海绿叶蔬菜价格 Holt-Winters 指数平滑模型构建与预测

（一）模型估计

在 EViews 软件中建立上海绿叶菜价格序列的 Holt-Winters 指数平滑模型，以 2010 年 1 月至 2018 年 12 月的数据为建模数据，因为青菜、鸡毛菜价格序列波动随时间变化不大，因此采用加法形式，得到模型的 α、β 和 γ 的取值和季节因子取值，具体见图 8－34、图 8－35。卷心菜价格季节波动有随时间的放大效应，因此选择乘法形式，得到模型的 α、β 和 γ 的取值和季节因子取值，具体见图 8－36，青菜模型精度验证残差平方和为 53.971，均方根误差 RMSE 值 0.707。接着对 Holt-Winters 指数平滑后的序列 Pricesa 进行趋势分析，采用指数模型进行趋势拟合，拟合后的模型系数取值见图 8－37。可以看出，上海青菜价格序列的趋势模型如式 8－7。

$$\log(Pricesa) = 2.0918 + 0.0061 \times T \qquad \text{（式 8－7）}$$

式 8－7 中，*Pricesa* 为去除了季节因子的上海青菜月平均批发价格序列，*T* 为时间趋势，2010 年 1 月取值 1，2010 年 2 月取值 2，以此类推。从模型的检验值可以看出，通过参数显著性检验和模型检验，参数的 *Prob.* 接近 0，极显著，模型的决定系数为 0.070，残差平方和为 52.858，*AIC* 和 *SC* 值分别为 2.160 和 2.210。

Date: 09/17/19 Time: 21:47
Sample: 2010M01 2018M12
Included observations: 108
Method: Holt-Winters Additive Seasonal
Original Series: Pq
Forecast Series: PqSM

Parameters:	Alpha		0.0000
	Beta		0.0000
	Gamma		0.0000
Sum of Squared Residuals			53.97186
Root Mean Squared Error			0.706922

End of Period Levels:	Mean		2.876076
	Trend		0.007017
	Seasonals:	M01	-0.156445
		M02	0.150956
		M03	-0.220191
		M04	-0.372520
		M05	-0.384093
		M06	-0.039459
		M07	0.334143
		M08	1.204733
		M09	0.598507
		M10	-0.119245
		M11	-0.577562
		M12	-0.418824

图 8-34 上海青菜价格序列 Holt-Winters 指数平滑模型参数及季节因子

Date: 09/17/19 Time: 21:50
Sample: 2010M01 2018M12
Included observations: 108
Method: Holt-Winters Additive Seasonal
Original Series: Pjm
Forecast Series: PjmSM

Parameters:	Alpha		0.0200
	Beta		0.0000
	Gamma		0.0000
Sum of Squared Residuals			82.28453
Root Mean Squared Error			0.872865
End of Period Levels:	Mean		4.529996
	Trend		0.009076
	Seasonals:	M01	0.481918
		M02	0.010232
		M03	-0.564375
		M04	-0.685521
		M05	-0.825738
		M06	-0.473684
		M07	0.170250
		M08	1.536813
		M09	0.273509
		M10	-0.454543
		M11	-0.403654
		M12	0.934793

图 8－35 上海鸡毛菜价格序列 Holt-Winters 指数平滑模型参数及季节因子

Date: 09/17/19 Time: 21:51
Sample: 2010M01 2018M12
Included observations: 108
Method: Holt-Winters Multiplicative Seasonal
Original Series: Pjx
Forecast Series: PjxSM

Parameters:	Alpha		1.0000
	Beta		0.0000
	Gamma		0.0000
Sum of Squared Residuals			13.64675
Root Mean Squared Error			0.355470
End of Period Levels:	Mean		1.028794
	Trend		0.003334
	Seasonals:	M01	0.969024
		M02	1.053129
		M03	0.950111
		M04	0.942206
		M05	0.824890
		M06	0.864732
		M07	1.132045
		M08	1.215356
		M09	1.293436
		M10	1.130915
		M11	0.846859
		M12	0.777296

图 8-36 上海卷心菜价格序列 Holt-Winters 指数平滑模型参数及季节因子

Dependent Variable: Pq_SA
Method: Least Squares
Date: 09/17/19 Time: 22:13
Sample: 2010M01 2018M12
Included observations: 108

Variable	Coefficient	Std. Error	t-Statistic	Prob.
T	0.006168	0.002180	2.830042	0.0056
C	2.091871	0.134963	15.49959	0.0000

R-squared	0.070250	Mean dependent var	2.421880
Adjusted R-squared	0.061479	S.D. dependent var	0.728926
S.E. of regression	0.706164	Akaike info criterion	2.160407
Sum squared resid	52.85878	Schwarz criterion	2.210076
Log likelihood	-114.6620	Hannan-Quinn criter.	2.180546
F-statistic	8.009138	Durbin-Watson stat	1.298259
Prob(F-statistic)	0.005569		

图 8-37 上海青菜价格序列季节趋势拟合模型参数取值及显著性检验结果

上海鸡毛菜指数平滑模型精度验证残差平方和为 82.281，均方根误差 *RMSE* 值 0.73，接着对 Holt-Winters 指数平滑后的序列 Pricesa 进行趋势分析，采用指数模型进行趋势拟合，拟合后的模型系数取值见图 8-38。可以看出，鸡毛菜价格序列的趋势模型如式 8-8。

$$\log(Pricesa)=3.575+0.009\times T \quad (式 8-8)$$

式 8-8 中，*Pricesa* 为去除了季节因子的上海鸡毛菜月平均批发价格序列，*T* 为时间趋势，2010 年 1 月取值 1，2010 年 2 月取值 2，以此类推。从模型的检验值可以看出，通过参数显著性检验和模型检验，参数的 *Prob.* 接近 0，极显著，模型的决定系数为 0.114，残差平方和为 72.325，*AIC* 和 *SC* 值分别为 2.473 和 2.523。

Dependent Variable: Pjm_SA
Method: Least Squares
Date: 09/17/19 Time: 22:40
Sample (adjusted): 2010M01 2018M12
Included observations: 108 after adjustments

Variable	Coefficient	Std. Error	t-Statistic	Prob.
T	0.009423	0.002550	3.695994	0.0003
C	3.575036	0.157871	22.64526	0.0000

R-squared	0.114160	Mean dependent var	4.079178
Adjusted R-squared	0.105803	S.D. dependent var	0.873529
S.E. of regression	0.826026	Akaike info criterion	2.473965
Sum squared resid	72.32589	Schwarz criterion	2.523634
Log likelihood	-131.5941	Hannan-Quinn criter.	2.494104
F-statistic	13.66037	Durbin-Watson stat	1.851508
Prob(F-statistic)	0.000349		

图 8-38 上海鸡毛菜价格序列季节趋势拟合模型参数取值及显著性检验结果

上海卷心菜模型精度验证残差平方和为 13.647，均方根误差 *RMSE* 值 0.335，接着对 Holt-Winters 指数平滑后的序列 Pricesa 进行趋势分析，采用指数模型进行趋势拟合，拟合后的模型系数取值见图 8-39。可以看出，卷心菜价格序列的趋势模型如式 8-9。

$$\log(Pricesa)=0.936+0.007\times T \quad (式 8-9)$$

式 8-9 中，*Pricesa* 为去除了季节因子的上海卷心菜月平均批发价格序列，*T* 为时间趋势，2010 年 1 月取值 1，2010 年 2 月取值 2，以此类推。从模型的检验值可以看出，通过参数显著性检验和模型检验，参数的 *Prob.* 均为 0，极显著，模型的决定系数为 0.196，残差平方和为 23.031，*AIC* 和 *SC* 值分别为 1.329 和 1.379。

（二）模型预测

采用趋势模型预测 2019 年 1～8 月的上海青菜、鸡毛菜、卷心菜价格趋势值，再用趋势

Dependent Variable: Pjx_SA
Method: Least Squares
Date: 09/17/19 Time: 22:41
Sample: 2010M01 2018M12
Included observations: 108

Variable	Coefficient	Std. Error	t-Statistic	Prob.
T	0.007328	0.001439	5.093460	0.0000
C	0.936164	0.089087	10.50846	0.0000

R-squared	0.196625	Mean dependent var	1.328216
Adjusted R-squared	0.189046	S.D. dependent var	0.517614
S.E. of regression	0.466127	Akaike info criterion	1.329626
Sum squared resid	23.03104	Schwarz criterion	1.379295
Log likelihood	-69.79978	Hannan-Quinn criter.	1.349765
F-statistic	25.94333	Durbin-Watson stat	0.675106
Prob(F-statistic)	0.000002		

图 8-39 上海卷心菜价格序列季节趋势拟合模型参数取值及显著性检验结果

值乘以相应月份的季节因子，得到上海绿叶蔬菜价格预测值，见图 8-40、图 8-41、图 8-42。预测与实际的对比来看，上海鸡毛菜和青菜价格变化规律的预测值和实际值较为一致，可用该方法模拟青菜和鸡毛菜价格序列变化趋势。卷心菜预测值和实际值相差较大，预测效果不及青菜和鸡毛菜。

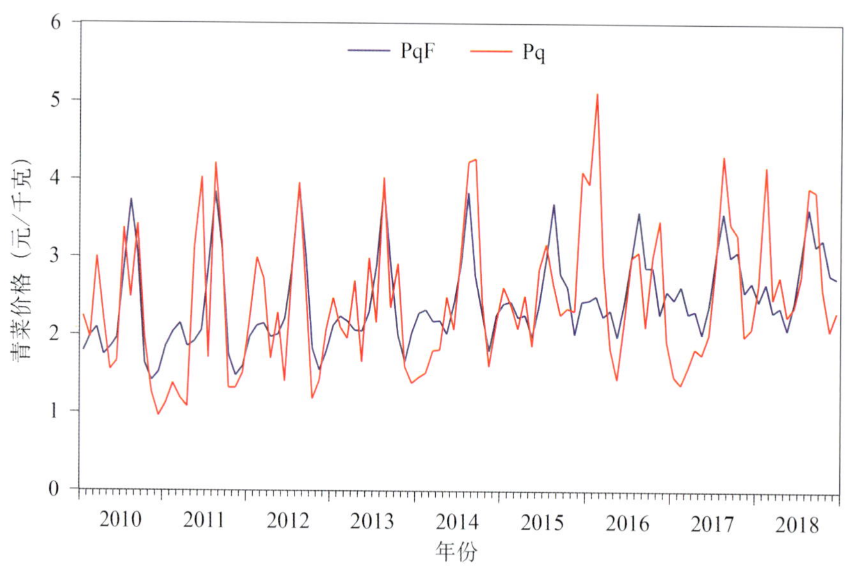

图 8-40 Holt-Winters 指数平滑模型预测的上海青菜价格(PqF)和实际的青菜价格(Pq)对比

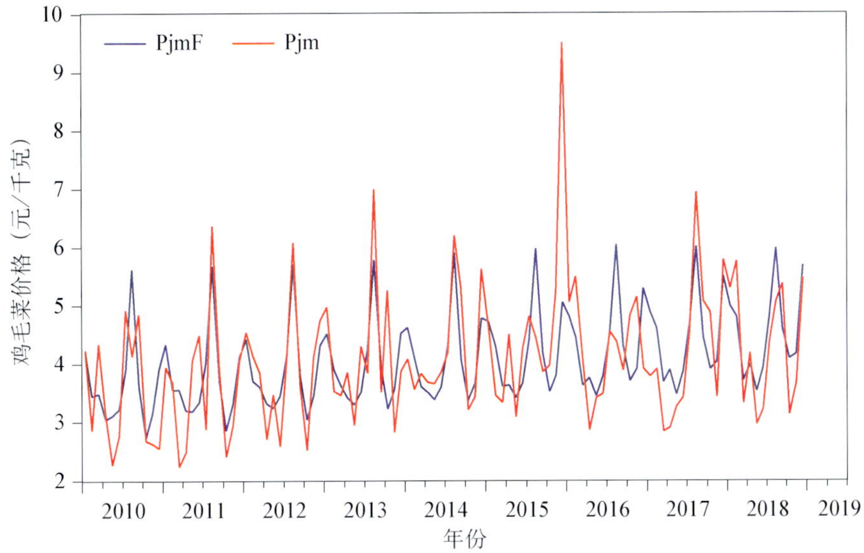

图 8-41 Holt-Winters 指数平滑模型预测的上海鸡毛菜价格(PjmF)和实际的鸡毛菜价格(Pjm)对比

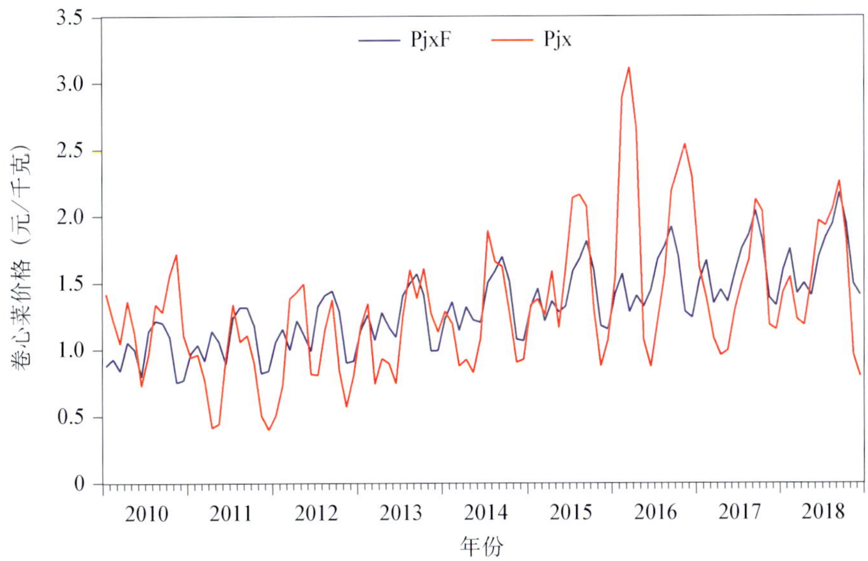

图 8-42 Holt-Winters 指数平滑模型预测的上海卷心菜价格(PjxF)和实际的卷心菜价格(Pjx)对比

四、结论与分析

从上海青菜价格时间序列模型——ARIMA 模型、SARIMA 模型和 Holt-Winters 指数平滑模型的结果可以看出，模型参数检验的 Prob. 显示，ARIMA 模型和 SARIMA 模型的模拟效果不及 Holt-Winters 指数平滑模型，采用 RMSE 值进行分析预测值与实际值的比较，ARIMA 模型、SARIMA 模型和 Holt-Winters 指数平滑模型与实际值的 RMSE 值分别为 0.496、0.752 和 0.490，结合模拟结果与实测结果对比图(图 8 - 43)，可以得出 Holt-Winters 指数平滑模是最适合分析预测上海青菜价格的模型。

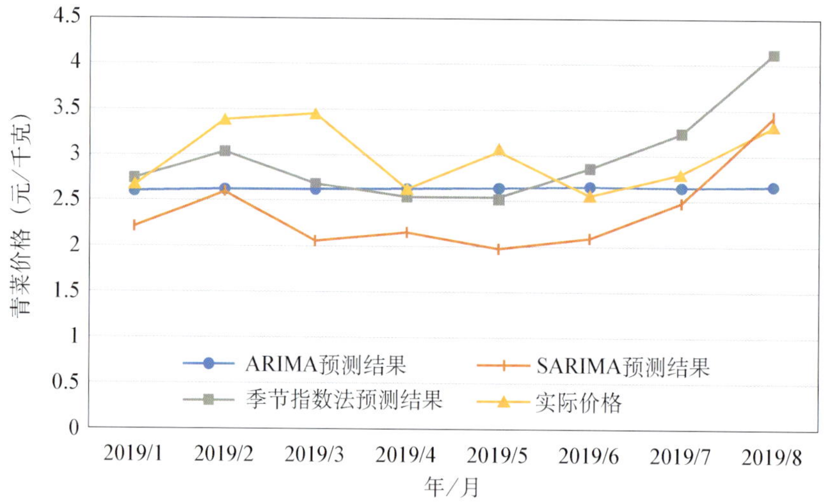

图 8 - 43　上海青菜价格时间序列模型预测价格和实际价格对比

从上海鸡毛菜菜价格时间序列模型——ARIMA 模型、SARIMA 模型和 Holt-Winters 指数平滑模型的结果可以看出，模型参数检验的 Prob. 显示，ARIMA 模型和 SARIMA 模型的模拟效果不及 Holt-Winters 指数平滑模型。采用 RMSE 值对预测值和实际值进行分析比较，ARIMA 模型、SARIMA 模型和指数平滑模型与实际值的 RMSE 值分别为 1.091，2.083，0.870，结合模拟结果与实测结果对比(图 8 - 44)也可以看出，Holt-Winters 指数平滑模型效果最好，是最适合分析预测上海鸡毛菜价格的模型。

从上海卷心菜价格时间序列模型——ARIMA 模型、SARIMA 模型和 Holt-Winters 指数平滑模型的结果可以看出模型参数检验的 Prob. 显示，三种模型效果类似，对比三种模型的实测值和模拟值(图 8 - 45)，结合 RMSE 值分别为 0.367，0.613，0.425 的对比结果，可见 ARIMA 模型效果最好，是最适合分析预测上海卷心菜价格的模型。

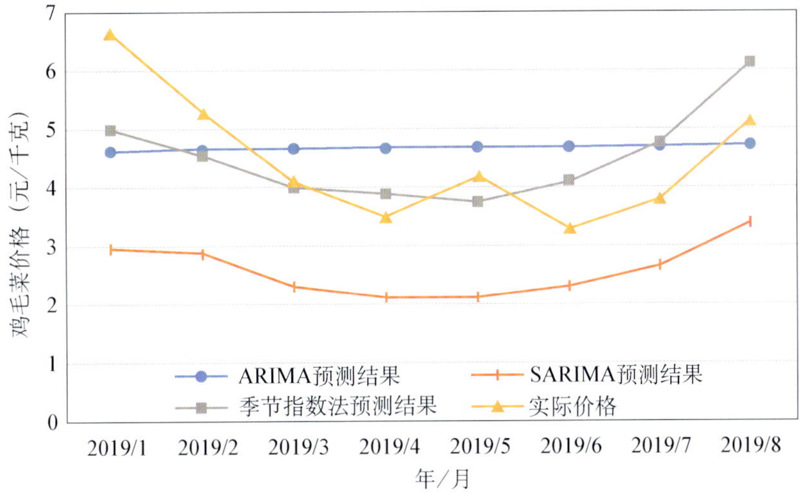

图 8-44　上海鸡毛菜价格时间序列模型预测价格和实际价格对比

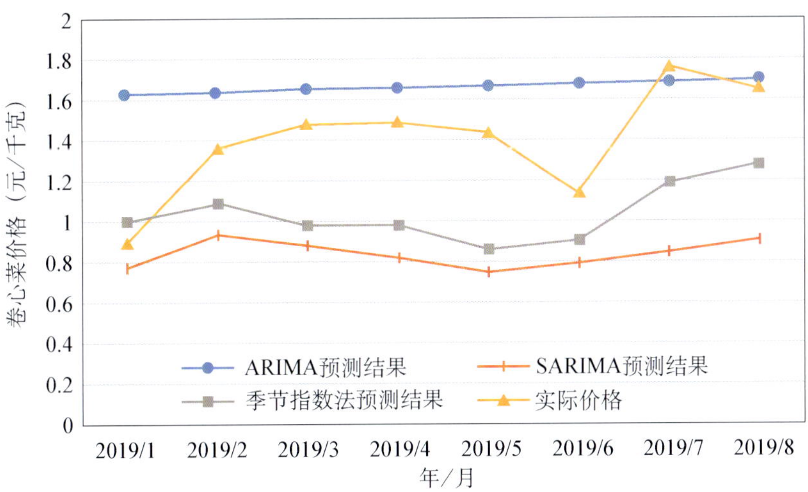

图 8-45　上海卷心菜价格时间序列模型预测价格和实际价格对比

第九章

农产品价格波动传导机制研究

一、数据来源与研究方法

二、上海青菜价格特征分析

三、上海青菜价格传导关系分析

四、结语与讨论

农产品价格的传导分为多种层次的传导，如国内市场与国际市场之间的传导，区域间的传导、产业链间的传导、同类产品间的传导以及同类产品生产者价格与零售价格之间的传导等。

国内市场与国际市场之间的传导研究常见的有政府长期对农产品价格主导的影响效果分析，国内市场开放与否影响国际农产品价格向国内市场的传递（顾国达等，2012）。如El-Dukheri 等（2011）研究认为，当政府对农产品进口和国内食品市场干预过多时，国内外食品价格连接通畅度较低。Myers 等（2012）研究发现，当政府主导的进口玉米数量较大时，各国间价格传导不明显，但当政府参与的进口量较低甚至没有时，进出口相对自由，此时地区间的价格传递程度相对较高。各种外在因素对国内外价格的传导也有重要的影响，如对非洲国家的食品援助会降低其国内食品的生产和零售价格，短期对国内市场的冲击不显著，但长期会破坏该国的农产品市场（Tadesse et al，2009），为此在全球化背景下，各国政府应认真考虑扭曲国际国内价格的传导所带来的后果。

区域间农产品价格横向传递的通畅程度与市场整合度密切相关，因为距离和消费市场的规模会影响地区间食品价格的传递（Cudjoe et al，2010），Brosig 等（2011）研究土耳其小麦价格的变化时发现，该国各区域间小麦市场整合程度较高，市场大小和传递成本影响市场整合的程度。

关于某一类农产品产业链上的价格纵向传递问题的研究有 Xu（2011）以蛋鸡为例的研究，该研究发现，我国蛋鸡产业的成本、蛋鸡价格和鸡蛋之间存在稳定的协整关系，且偏离协整关系后的恢复机制较强。李哲敏等（2010）研究了我国禽蛋产品产业链短期市场价格间的传导机制，认为其表现为成本推动型，即由上游产品价格变化引起中游和下游产品价格变化，并用同样的方法开展了生猪、肉鸡、蛋鸡、奶牛等四种主要畜禽产品的价格传导机制研究（李哲敏，2016）。

同类产品间的传导研究有：李新建等（2011）分析了豆油、菜籽油和棕榈油之间的关联性和价格引导作用。胡华平分析了我国主要农产品市场垂直价格传递和纵向市场联结的关系，发现我国农产品市场的两类纵向联结形式是以契约市场为准则建立的松散型联结和以产权一体化（或功能层级化）建立的紧密型联结，纵向市场联结越松散（契约型），非对称垂直价格传递特征越微弱；纵向市场联结越紧密（层级型），非对称垂直价格传递特征越明显[23]。

同类产品生产者价格与零售价格之间的传导较受关注，因为其传导受阻对两端的影响都较大，顾此难免失彼。目前生产者价格与零售价格之间的传导不及时常常表现为：产地价格偏低，而零售终端价格却居高不下，或是终端零售价格较高时，产地价格却迟迟涨不上去。Alemu（2011）研究咖啡的生产价格、拍卖价格和世界价格，发现由于流通链上信息的非对称和咖啡交易市场集中化程度越来越高，生产者对价格上涨的获益要比拍卖者少得多。蔬菜价格传导不及时的表现尤其明显，刘同山等（2011）研究发现，蔬菜零售价格远高于生产价格的原因是蔬菜流动成本过高，蔬菜自身价值低，但蔬菜的跨区域销售运输距离长，因此运输成本高而导致蔬菜价格上涨。李连英等(2011)通过构建蔬菜纵向渠道关系整合模型，运用结构方程模型分析了纵向渠道关系整合的变量关系及过程，认为适应性困难、互相依赖不紧密和信息沟通不对等都会影响蔬菜批发商与零售商纵向渠道关系的长期健康发展。刘芳等(2012)的研究表明，果蔬生产价格对零售价格的传导存在时滞，但零售价格对生产价格的传导通畅，为此生产价格低时零售价格依然居高，而零售价格下跌后生产者价格很快下跌。赵安平等(2011)实证模拟了北京市场大白菜、黄瓜和菠菜批发价和零售价之间的关系，这三类蔬菜批发价和零售价之间相关性均比较强，其认为批发价在价格传导链中处于主导地位。范润梅等(2007)的研究表明，易储存的蔬菜和不易储存蔬菜的零售价格对批发价格变化的反映不一致，就易储存蔬菜而言，零售商对市场的支配力要高于批发商，批发商对不易储存蔬菜的主导权大于零售商。宋长鸣等(2013)在剥离蔬菜生产价与零售价季节性波动因素的基础上，运用计量经济模型探寻了蔬菜生产与零售价自身的波动传导机制，认为蔬菜生产价格与零售价格之间相互影响，蔬菜本期生产价格受预期零售价格影响，本期零售价格受预期生产价格影响，蔬菜生产和零售价格本期的波动均来自前期的波动信息，但零售价格在蔬菜市场中主导作用更强。

青菜作为上海蔬菜中需求量较大的菜类之一，是少见的周年供应但不耐储运的蔬菜，因其不耐储运，上海市场90%左右的青菜产自本地，为此理清其价格波动传导机制，对控制蔬菜产业链中生产、流通、销售各环节的市场风险具有重要的现实意义，本章以上海青菜为例，研究分析青菜生产者价格与零售价格之间的传导机制。

一、数据来源与研究方法

本研究选取青菜月均田头价、批发价和零售价为研究对象，数据均来源于上海市农业农村委信息中心建立的农产品价格监测系统，样本数据选取为2014年4月至2018年12月。研究方法主要参照许世卫等(2010)提出的链合模型，主要包括对价格传导关系(长期均衡关系与短期动态关系)、价格传导路径(因果关系)、价格传导效率(传导反应时间与传导滞后效应)、价格传导强度(及时传导强度、滞后传导强度和累计传导强度)、价格调整能力(动态调整速度)等分析的一系列模型，这系列模型(包括协整检验、误差修正模型、格兰杰检验、脉冲响应函数，有限分布滞后模型、局部调整模型等)主要是对不同类别价格传导进行分解研究。

二、上海青菜价格特征分析

蔬菜价格的形成需经过生产、流通、消费等环节，各环节的价格主要由不同市场机制作用下的供求关系共同决定,各环节的价格演变表现出趋同存异的变动趋势特征,上海青菜市场也表现出同样的特征,如图 9-1 所示,上海青菜田头价、批发价与零售价总体表现出同升同降的变化趋势,只是三者波动幅度有所差异,三者波动"拐点"有时也存在一定的时滞性。

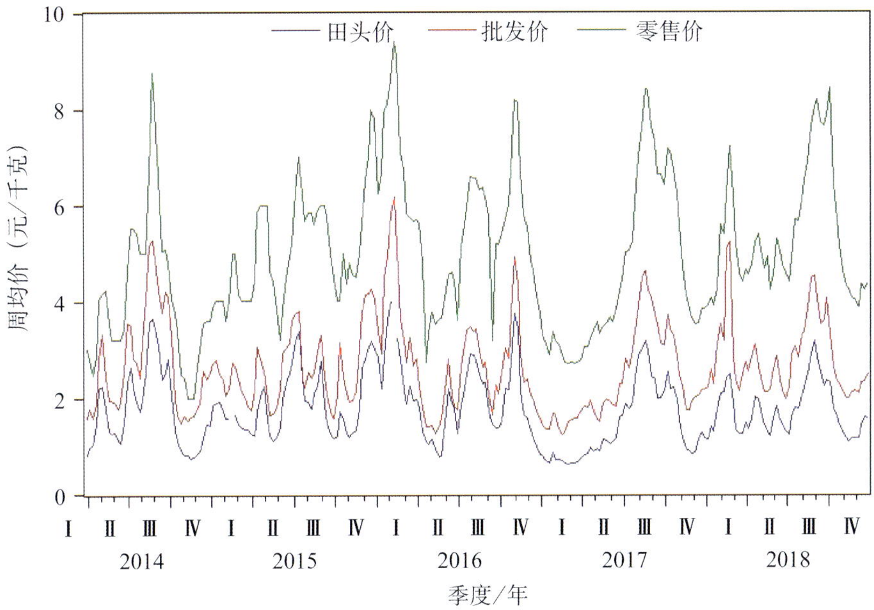

图 9-1　上海青菜田头价、批发价、零售价的周均价变动趋势

三、上海青菜价格传导关系分析

(一) 长期均衡关系与价格传导路径分析

1. 均衡关系检验

首先,对上海青菜田头价、批发价与零售价周平均价格序列分别进行平稳性检验,结果表明,在 1%显著性水平下,田头价、批发价、零售价均未通过显著性检验,但三者一阶差分序列在 1%显著性水平下均为平稳序列(表 9-1)。进而对青菜田头价、批发价与零售价间的长期均衡关系用 Johansen 协整迹检验与最大特征值检验(图 9-2),发现在 5%显著性水平下,三者存在长期稳定的均衡关系。

表 9-1　上海青菜田头价、批发价和零售价序列平稳性的单位根检验

变量	ADF 值	临界值(含有常数项)	Prob. *
田头价	−3.311 561	1%临界值−3.610 453	0.021 1
批发价	−3.433 758	1%临界值−3.610 453	0.015 6
零售价	−3.108 978	1%临界值−3.610 453	0.034 1
田头价的一阶差分	−5.731 794	1%临界值−3.615 588	0.000 0
批发价的一阶差分	−5.705 425	1%临界值−3.615 588	0.000 0
零售价的一阶差分	−5.873 269	1%临界值−3.615 588	0.000 0

Unrestricted Cointegration Rank Test (Trace)

Hypothesized No. of CE(s)	Eigenvalue	Trace Statistic	0.05 Critical Value	Prob.**
None *	0.073171	39.82872	29.79707	0.0025
At most 1 *	0.054962	22.27600	15.49471	0.0041
At most 2 *	0.039117	9.217571	3.841466	0.0024

Trace test indicates 3 cointegrating eqn(s) at the 0.05 level
* denotes rejection of the hypothesis at the 0.05 level
**MacKinnon-Haug-Michelis (1999) p-values

图 9-2　上海青菜田头价、批发价和零售价序列迹检验
(Unrestricted Cointegration Rank Test)结果

2. 因果关系检验

存在协整关系只能表明变量之间存在长期的均衡关系,但这种关系并不能指出因果关系的方向,对变量间因果关系的探析常用格兰杰因果检验,如对于时间序列变量 X 和 Y,如果 X 是 Y 变化的原因,则称 X 的变化应该发生在 Y 变化之前,X 的过去值应该有助于预测 Y 的未来值,但 Y 的过去值不应该能预测 X 的未来值。具体而言,添加 X 的滞后变量作为解释变量后,显著增加回归模型的解释能力,则称 X 是 Y 的格兰杰原因;反之,添加 X 的滞后变量作为解释变量后,没有显著增加回归模型的解释能力,则称 X 不是 Y 的格兰杰原因。

采用相关性检验发现上海青菜田头价、批发价和零售价任何两者间的相关系数都很高,田头价和批发价的相关关系为 0.932,批发价和零售价的相关关系为 0.847,田头价和零售价的相关关系为 0.873。而用格兰杰因果关系检验方法对上海青菜田头价、批发价、零售价之间关系进行检验分析(表 9-2),结果表明,上海青菜批发价是其零售价和田头价的格兰杰原因,田头价也是零售价的格兰杰原因,而零售价对批发价和田头价的解释作用较小,田头价对批发价的解释作用较小。

表 9－2 上海青菜田头价、批发价和零售价格兰杰因果关系检验结果

Pairwise Granger Causality Tests Lags：2			
Null Hypothesis：	Obs	F-Statistic	Prob.
LS does not Granger Cause PF	248	2.481 33	0.085 8
PF does not Granger Cause LS		39.297 5	$2.00e^{-15}$
TT does not Granger Cause PF	248	1.548 7	0.214 6
PF does not Granger Cause TT		12.847 1	$5.00e^{-6}$
TT does not Granger Cause LS	248	31.779	$6.00e^{-13}$
LS does not Granger Cause TT		0.643 83	0.526 2

注：PF、LS、TT 分别代表上海青菜周批发价、周零售价和周田头价。

3. 协整关系检验

基于格兰杰因果检验的结果，构建青菜批发价与零售价之间的长期均衡关系，从表 9－3 可以看出，回归模型中变量前系数全通过显著性检验，协整检验 DW 为 0.469，大于显著性水平为 5%的临界值 0.386(根据 Sargam 与 Bhargava 提供的临界值表，显著性水平为 1%、5%、10%的临界值分别为 0.511、0.386 与 0.322)，表明青菜批发价与零售价是协整的。且从残差直方图、相关性 LM 检验、异方差 ARCH 检验等可知，模型残差序列平稳，符合白噪声。协整关系检验结果表明，青菜批发价对零售价有显著正相关关系影响，批发价每变动 1%，就会引起零售价同方向变动 1.37%。青菜批发价对零售价存在长期协整关系。

表 9－3 上海青菜周批发价与周零售价的协整模型参数估计结果

Dependent Variable：LS				
Included observations：248				
Method：Least Squares				
Variable	Coefficient	Std. Error	t-Statistic	Prob.
C	1.337 357	0.155 153	8.619 62	0
PF	1.377 009	0.055 113	24.984 98	0
R-squared	0.717 322	Mean dependent var		4.984 436
Adjusted R-squared	0.716 173	S.D. dependent var		1.554 3
S.E. of regression	0.828 06	Akaike info criterion		2.468 569
Sum squared resid	168.678	Schwarz criterion		2.496 903
Log likelihood	−304.103	Hannan-Quinn criter.		2.479 975
F-Statistic	624.249	Durbin-Watson stat		0.469 975
Prob. (F-Statistic)	0			

构建青菜田头价与零售价之间的长期均衡关系，从表9-4可以看出，回归模型中变量前系数全通过显著性检验，协整检验DW为0.483，大于显著性水平为5%的临界值0.386（根据Sargam与Bhargava提供的临界值表，显著性水平为1%、5%、10%的临界值分别为0.511、0.386与0.322），表明青菜田头价与零售价是协整的。且从残差直方图、相关性LM检验、异方差ARCH检验等可知，模型残差序列平稳，符合白噪声。协整关系检验结果表明，青菜田头价对零售价有显著正相关关系影响，田头价每变动1%，就会引起零售价同方向变动1.83%。青菜田头价对零售价存在长期协整关系。

表9-4 上海青菜周田头价与周零售价的协整模型参数估计结果

Dependent Variable：LS				
Included observations：248				
Method：Least Squares				
Variable	Coefficient	Std. Error	t-Statistic	Prob.
TT	1.830 82	0.065 22	28.071 36	0
C	1.785 299	0.123 753	14.426 27	0
R-squared	0.762 089	Mean dependent var		4.984 436
Adjusted R-squared	0.761 122	S. D. dependent var		1.554 3
S. E. of regression	0.759 666	Akaike info criterion		2.296 157
Sum squared resid	141.964 8	Schwarz criterion		2.324 491
Log likelihood	−282.723	Hannan-Quinn criter.		2.307 563
F-Statistic	788.001 2	Durbin-Watson stat		0.483 72
Prob. (F-Statistic)	0			

构建青菜批发价与田头价之间的长期均衡关系，从表9-5可以看出，回归模型中变量

表9-5 上海青菜周批发价与周田头价的协整模型参数估计结果

Dependent Variable：TT				
Included observations：248				
Method：Least Squares				
Variable	Coefficient	Std. Error	t-Statistic	Prob.
C	−0.166 53	0.050 389	−3.304 87	0.001 1
PF	0.722 624	0.017 899	40.372 06	0
R-squared	0.868 863	Mean dependent var		1.747 38
Adjusted R-squared	0.868 33	S. D. dependent var		0.741 126

续表

Variable	Coefficient	Std. Error	t-Statistic	Prob.
S. E. of regression	0.268 928	Akaike info criterion		0.219 284
Sum squared resid	17.791 24	Schwarz criterion		0.247 618
Log likelihood	−25.191 2	Hannan-Quinn criter.		0.230 69
F-Statistic	1 629.903	Durbin-Watson stat		0.634 39
Prob. (F-Statistic)	0			

前系数全通过显著性检验，协整检验DW为0.634，大于显著性水平为5%的临界值0.386（根据Sargam与Bhargava提供的临界值表，显著性水平为1%、5%、10%的临界值分别为0.511、0.386与0.322），表明青菜批发价与田头价是协整的。且从残差直方图、相关性LM检验、异方差ARCH检验等可知，模型残差序列平稳，符合白噪声。协整关系检验结果表明，青菜批发价对田头价有显著正相关关系影响，批发价每变动1%，就会引起田头价同方向变动0.72%。青菜批发价对田头价存在长期协整关系，批发价是田头价的重要定价参考。

（二）短期动态关系分析

为了对两种价格内部关系有更全面了解，除对其长期均衡关系研究之外，还需进一步对两者间的短期动态关系进行研究，常用的方法有误差修正模型（ECM）。田头价与批发价、零售价与田头价的误差修正模型结果（表9-6、表9-7、表9-8）表明，上海青菜批发价对零售价、田头价对零售价、批发价对田头价的短期波动影响都较大。

表9-6　上海青菜周批发价与周零售价误差修正模型参数估计结果

Dependent Variable: D(LOGLS)				
Method: Least Squares				
Included observations: 247 after adjustments				
Variable	Coefficient	Std. Error	t-Statistic	Prob.
C	0.000 828	0.005 739	0.144 257	0.885 4
D(LOGPF)	0.422 127	0.034 468	12.246 83	0
ECM(−1)	−0.260 86	0.033 42	−7.805 55	0
R-squared	0.497 244	Mean dependent var		0.001 544
Adjusted R-squared	0.493 123	S. D. dependent var		0.126 679
S. E. of regression	0.090 189	Akaike info criterion		−1.961 74
Sum squared resid	1.984 719	Schwarz criterion		−1.919 12
Log likelihood	245.275 2	Hannan-Quinn criter.		−1.944 58
F-statistic	120.662 5	Durbin-Watson stat		1.813 268

表 9－7 上海青菜周田头价与周零售价误差修正模型参数估计结果

Dependent Variable：D(LOGLS)				
Method：Least Squares				
Included observations：247 after adjustments				
Variable	Coefficient	Std. Error	t-Statistic	Prob.
C	0.000 497	0.005 802	0.085 736	0.931 7
D(LOGTT)	0.403 096	0.032 631	12.353 01	0
ECM(−1)	−0.268 92	0.037 731	−7.127 23	0
R-squared	0.486 266	Mean dependent var		0.001 544
Adjusted R-squared	0.482 055	S. D. dependent var		0.126 679
S. E. of regression	0.091 169	Akaike info criterion		−1.940 14
Sum squared resid	2.028 057	Schwarz criterion		−1.897 52
Log likelihood	242.607 5	Hannan-Quinn criter.		−1.922 98
F-Statistic	115.477	Durbin-Watson stat		1.993 471

表 9－8 上海青菜周田头价与周田头价误差修正模型参数估计结果

Dependent Variable：D(LOGTT)				
Method：Least Squares				
Included observations：247 after adjustments				
Variable	Coefficient	Std. Error	t-Statistic	Prob.
C	0.002 489	0.011 057	0.225 154	0.822
D(LOGPF)	−0.024 63	0.056 682	−0.434 46	0.664 3
ECM(−1)	−0.198 07	0.041 433	−4.780 44	0
R-squared	0.086 448	Mean dependent var		0.002 374
Adjusted R-squared	0.078 898	S. D. dependent var		0.180 316
S. E. of regression	0.173 056	Akaike info criterion		−0.658 23
Sum squared resid	7.247 537	Schwarz criterion		−0.615 36
Log likelihood	83.633 14	Hannan-Quinn criter.		−0.640 97
F-Statistic	11.450 09	Durbin-Watson stat		1.198 439

（三）价格传导效率分析

价格传导效率是用价格序列之间的传导反应时间表示，常用脉冲响应函数来分析。脉冲相应函数反映的是一个内生变量对残差冲击的反应，在 EViews 软件中建立所有变量的 VAR 模型后可得到系统内全部信息相互脉冲作用的响应结果。

图 9－3 为所建立的上海青菜田头价、批发价和零售价的 VAR 模型特征根分布图，可以看出，VAR 模型所有根模的倒数都小于 1，表明该模型满足平稳性条件，可进一步做脉冲响应函数及方差分解分析。

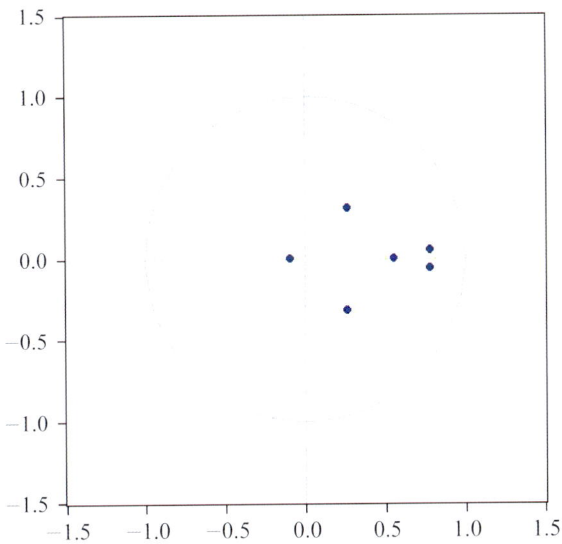

图 9－3　上海青菜田头价、批发价和零售价的 VAR 模型特征根分布
(Inverse Roots of AR Characteristic Polynomial)

从图 9－4 脉冲响应曲线中可以看出，上海青菜田头价对来自批发价的影响的响应是第一周影响没有响应，之后逐渐增大，到第 4、第 5 周时影响最大，最后逐渐减弱，而对零售价影响的响应程度要小于批发价，响应周期与批发价一致，上海青菜对自身一个标准差的影响的响应时间较快，当周就有响应，之后响应程度逐渐减弱。上海青菜批发价对自身一个标准差的影响的响应时间也较快，当周就有响应，但到第 2 周时影响最大，之后响应程度逐渐减弱，恢复平稳期的时间较长，对田头价和零售价的变动响应程度较弱，时间上也滞后到第 2 周。上海青菜零售价对自身一个标准差的影响的响应时间也较快，当周就有响应，之后响应程度逐渐减弱，其次对田头价的响应时间也较快，当周响应最大，影响 2 周，之后程度逐渐减弱，而对批发价的响应程度是逐渐增强的，到第 5 周达到最高，且响应程度大。

上述表明，青菜田头价受自身定价机制影响较大，反应即时，对批发价上涨或下跌信息的影响有一定的滞后，滞后期为 4～5 周，且响应程度大，回复到平稳的时间慢。批发价

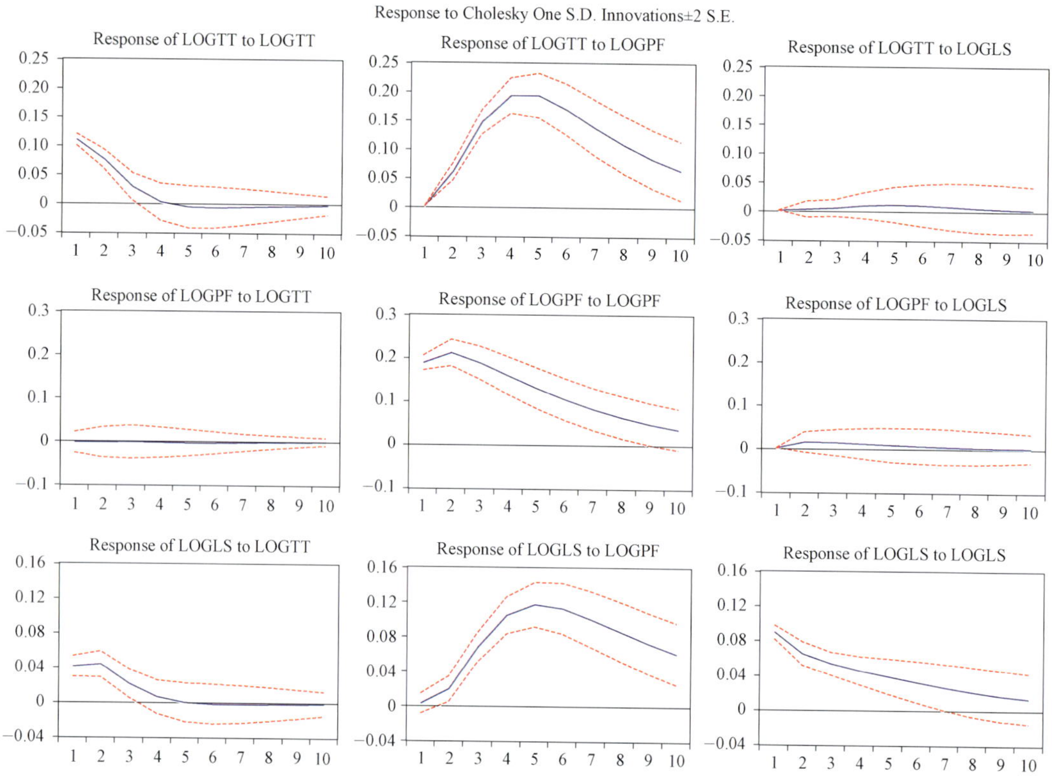

图 9-4　来自上海青菜周批发价的一个标准差单位冲击后的上海田头价(TT)、批发价(PF)和零售价(LS)的脉冲响应曲线[以上各图纵坐标为：青菜周均价(元/千克)；横坐标为：滞后期或稳定期出现的时间(周)]

的定价机制主要来源于其自身成本，受田头价和零售价的影响较小。零售价对批发价和田头价变动的信息都较敏感，且对批发价的响应有逐渐增强的效应，有 5 周的较大影响期，持续时间一般在 4～5 个月。

方差分解可以进一步评价各内生变量对预测方差的贡献度(图 9-5)。方差分解结果显示，在第 2 周之前，上海青菜田头价的预测标准差主要由其自身的残差冲击所致，其次为批发价和零售价；第 2 周之后，田头价的预测标准差主要由批发价的残差冲击所致，其次为自身和零售价，第 5 周后基本稳定。对应内生变量对标准差的贡献比例显示(图 9-6)，第 1 周，上海青菜田头价的预测标准差为 0.286，其中 100%由田头价的残差冲击所致。

上海青菜批发价的预测标准差主要由其自身的残差冲击所致，零售价和田头价贡献较小，且受零售价和田头价冲击的影响较小(图 9-5)。对应内生变量对标准差的贡献比例显示(图 9-7)，第 1 周，上海青菜批发价的预测标准差为 0.446，其中 69.53%由田头价的残差冲击所致，30.47%由批发价的残差冲击所致。

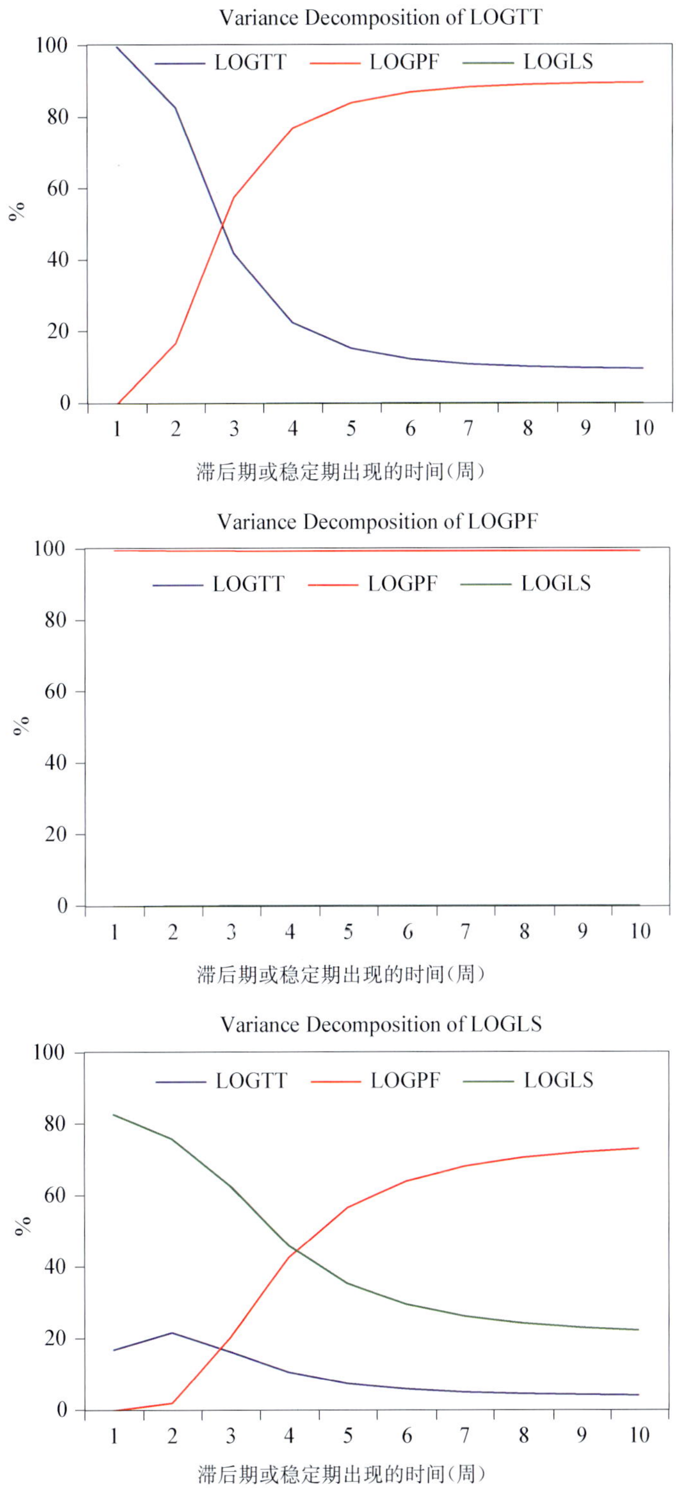

图 9-5　上海青菜田头价(TT)、批发价(PF)和零售价(LS)序列的方差分解

Variance Decomposition of TT:

Period	S.E.	TT	PF	LS
1	0.286460	100.0000	0.000000	0.000000
2	0.488972	96.74417	3.243757	0.012076
3	0.615225	95.79301	4.163825	0.043166
4	0.683634	95.80335	4.161345	0.035310
5	0.719717	95.99065	3.935063	0.074285
6	0.739478	96.08463	3.742972	0.172399
7	0.751047	96.06983	3.630513	0.299661
8	0.758275	95.99689	3.577313	0.425793
9	0.763015	95.90869	3.557000	0.534307
10	0.766222	95.82751	3.552073	0.620420

图 9-6 上海青菜田头价序列的方差分解

Variance Decomposition of PF:

Period	S.E.	TT	PF	LS
1	0.445801	69.52701	30.47299	0.000000
2	0.690428	72.02907	27.63122	0.339707
3	0.821938	73.59515	26.09683	0.308017
4	0.888493	74.82984	24.90328	0.266872
5	0.922899	75.68596	23.98996	0.324082
6	0.942098	76.21886	23.31742	0.463725
7	0.953857	76.52977	22.83397	0.636263
8	0.961645	76.70754	22.48869	0.803767
9	0.967084	76.81095	22.24119	0.947859
10	0.971001	76.87369	22.06256	1.063747

图 9-7 上海青菜批发价序列的方差分解

在第 4 周之前，上海青菜零售价的预测标准差主要由其自身的残差冲击所致，其次为田头价和批发价；在第 4 周之后，零售价的预测标准差主要由批发价的残差冲击所致，其次为自身和零售价，第 7 周后基本稳定（图 9-5）。对应内生变量对标准差的贡献比例显示（图 9-8），第 1 周，上海青菜零售价的预测标准差为 0.503，其中 33.81%由田头价的残差冲击所致，5.33%由批发价的残差冲击所致，60.85%由零售价的残差冲击所致。

总之，批发价的外部冲击传导至零售价并重新达到平衡需经历 7～8 周的时滞，而传导到田头价并重新达到平衡的时滞期为 5 周。

综合来看，零售价和田头价对来自批发价变动的信息均较为敏感，价格变化较大，零售价对批发价变动的响应滞后期为 2～5 个月，田头价对批发价变动的响应滞后期为 4～5 周。这表明稳定批发市场青菜的供给和价格可缓解整个青菜市场价格波动的剧烈程度。

Variance Decomposition of LS:

Period	S.E.	TT	PF	LS
1	0.503228	33.81469	5.334324	60.85099
2	0.830139	58.89485	8.447456	32.65769
3	1.075558	67.44971	9.378019	23.17227
4	1.239021	71.26098	9.165823	19.57320
5	1.346016	73.22375	8.641569	18.13468
6	1.417780	74.31534	8.118407	17.56625
7	1.467581	74.95222	7.689910	17.35787
8	1.503147	75.34191	7.364532	17.29355
9	1.529053	75.59271	7.125203	17.28208
10	1.548147	75.76192	6.951484	17.28660

图 9-8 上海青菜零售价序列的方差分解

（四）价格传导强度分析

被解释变量 Y_t 不仅受同期解释变量 X_t 的影响，还依赖于 X 的滞后值 X_{t-1}，X_{t-2}，……的影响，这种经济学中的滞后现象可用滞后变量模型来描述，根据滞后长度可分为有限滞后变量模型和无限分布滞后模型，若滞后期长度有限，称为有限滞后变量模型；若滞后期长度无限，称为无限分布滞后模型。

本研究选取有限滞后变量模型对上海青菜价格传导强度进行分析。根据格兰杰因果检验结果，上海青菜零售价受批发价影响最大，从上海青菜批发价滞后期对零售价的影响来看，零售价主要受当期批发价（影响强度 75.9%）、上期批发价（影响强度 50.2%）的影响；而田头价主要受当期批发价（影响强度 56.7%）、上期批发价（影响强度 15.7%）的影响；批发价主要受上期批发价（影响强度 120.2%）的影响（表 9-9、表 9-10、表 9-11）。

表 9-9 上海青菜周田头价和周批发价的有限分布滞后模型参数估计结果

Dependent Variable：TT				
Method：Least Squares				
Sample (adjusted)：4/21/2014 12/24/2018				
Included observations：245 after adjustments				
Variable	Coefficient	Std. Error	t-Statistic	Prob.
C	−0.219 32	0.055 2	−3.973 25	0.000 1
PF	0.566 926	0.036 808	15.402 21	0
PF(−1)	0.157 139	0.057 426	2.736 379	0.006 7
PF(−2)	0.051 328	0.057 384	0.894 46	0.372
PF(−3)	−0.032 29	0.036 655	−0.880 98	0.379 2

续表

Variable	Coefficient	Std. Error	t-Statistic	Prob.
R-squared	0.882 282	Mean dependent var		1.757 488
Adjusted R-squared	0.880 32	S.D. dependent var		0.739 881
S.E. of regression	0.255 96	Akaike info criterion		0.132 607
Sum squared resid	15.723 74	Schwarz criterion		0.204 061
Log likelihood	−11.244 3	Hannan-Quinn criter.		0.161 381
F-Statistic	449.692 8	Durbin-Watson stat		0.485 721
Prob. (F-Statistic)	0			

表 9-10　上海青菜周批发价和周批发价的有限分布滞后模型参数估计结果

Dependent Variable: PF				
Method: Least Squares				
Sample (adjusted): 4/21/2014 12/24/2018				
Included observations: 245 after adjustments				
Variable	Coefficient	Std. Error	t-Statistic	Prob.
C	0.447 182	0.092 207	4.849 756	0
PF(−1)	1.202 525	0.064 028	18.781 34	0
PF(−2)	−0.461 23	0.095 929	−4.808 02	0
PF(−3)	0.091 633	0.063 876	1.434 544	0.152 7
R-squared	0.782 712	Mean dependent var		2.661 058
Adjusted R-squared	0.780 008	S.D. dependent var		0.955 029
S.E. of regression	0.447 941	Akaike info criterion		1.247 879
Sum squared resid	48.356 82	Schwarz criterion		1.305 043
Log likelihood	−148.865	Hannan-Quinn criter.		1.270 899
F-Statistic	289.376 2	Durbin-Watson stat		1.987 889
Prob. (F-Statistic)	0			

表 9-11　上海青菜周零售价和周批发价有限分布滞后模型参数估计结果

Dependent Variable: LS
Method: Least Squares
Sample (adjusted): 4/21/2014 12/24/2018
Included observations: 245 after adjustments

续表

Variable	Coefficient	Std. Error	t-Statistic	Prob.
PF	0.759 141	0.100 99	7.517 018	0
C	0.804 761	0.151 451	5.313 684	0
PF(−1)	0.502 06	0.157 559	3.186 499	0.001 6
PF(−2)	0.070 885	0.157 444	0.450 227	0.653
PF(−3)	0.250 621	0.100 571	2.491 987	0.013 4
R-squared	0.796 426	Mean dependent var		5.011 768
Adjusted R-squared	0.793 033	S.D. dependent var		1.543 674
S.E. of regression	0.702 273	Akaike info criterion		2.151 207
Sum squared resid	118.364 9	Schwarz criterion		2.222 661
Log likelihood	−258.523	Hannan-Quinn criter.		2.179 982
F-Statistic	234.733 5	Durbin-Watson stat		0.359 102
Prob.(F-Statistic)	0			

从总体影响看，批发价格对当期零售价和田头价的影响都较大，而且会影响下一期的批发价、田头价和零售价。

四、结语与讨论

本章在系统分析农产品价格波动传导机制的研究进展基础上，对上海青菜这个在上海农产品消费市场上消费量多、本地供应比例高的蔬菜进行了价格波动传导机制研究，通过分析上海青菜 2014 年以来，从田头价格到批发价格再到零售价格的数据变化特征，以期找出蔬菜生产-中间市场-终端市场管理的关键环节，为平衡菜农和市民的均衡关系奠定一定基础。

研究结果表明，上海青菜田头价、批发价与零售价总体表现出同升同降的变化趋势，数据序列为非平稳序列，但三者一阶差分序列均为平稳序列，说明近年来上海青菜价格上下波动幅度在一定范围内。

进而对青菜田头价、批发价与零售价之间的长期均衡关系用 Johansen 协整迹检验与最大特征值检验，发现三者存在长期稳定的均衡关系。而因果关系检验表明，青菜批发价对零售价有显著正相关关系影响，批发价每变动 1%，就会引起零售价同方向变动 1.37%；田头价格也对零售价是正向相关关系，田头价每变动 1%，就会引起零售价同方向变动 1.83%；青菜批发价对田头价有显著正相关关系，批发价每变动 1%，就会引起田头价同方向变动 0.72%，而批发价是田头价的重要参考。短期动态关系分析同样表明，批发价变动对零售价、田头价对零售价、批发价对田头价的短期波动影响较大，短期动态波动的影响结果与长期趋势分析的结果保持一致。方差分解分析的脉冲响应函数表明，田头价、批发价、零售价对自身变化冲击的响应较快，当周即有响应，之后逐渐减弱；田头价、零售价对批发价变化的响应在 4～5 周时达到最大，之后逐渐减弱；田头价对零售价的影响约持续两周。价格传导效率分析的方差分解分析也表明，批发价的外部冲击传导至零售价并重新达到平衡需经历 2～5 个月的时滞；批发价的外部冲击传导至田头价并重新达到平衡需经历 4～5 周的时滞。表明稳定批发市场的青菜供给和价格，可缓解各级青菜市场价格波动的剧烈程度和影响时间。

价格传导强度分析结果表明，批发价对零售价的即期乘数为 0.759，长期乘数为 1.26，表明如果批发价每变动 1%，当期的零售价将同方向变动 0.759%，由于滞后效应的存在而使零售价同方向总体变动 1.26%。说明当期批发价对零售价的影响最大，这与短期动态分析结果是一致的。

综上分析结果表明：近年来上海青菜价格波动频繁，价格变化趋势性强，为非平稳序列，青菜价格从田头到批发市场再到零售市场波动趋势一致性强，同升同降，但价格变动的核心驱动力在批发市场，批发价每变动 1%，就会引起零售价同方向变动 1.26%～1.37%，且不仅对当期有影响，对远期也有影响，批发价的外部冲击传导至零售价并重新达到平衡需经历 2～5 个月的时滞，零售价调整速度慢。因此，在以青菜为代表的不耐储绿叶蔬菜的市场管理上，批发市场环节的定价机制和影响因素管理是关键。

第十章

国内外农业信息监测和农业展望工作体系建设

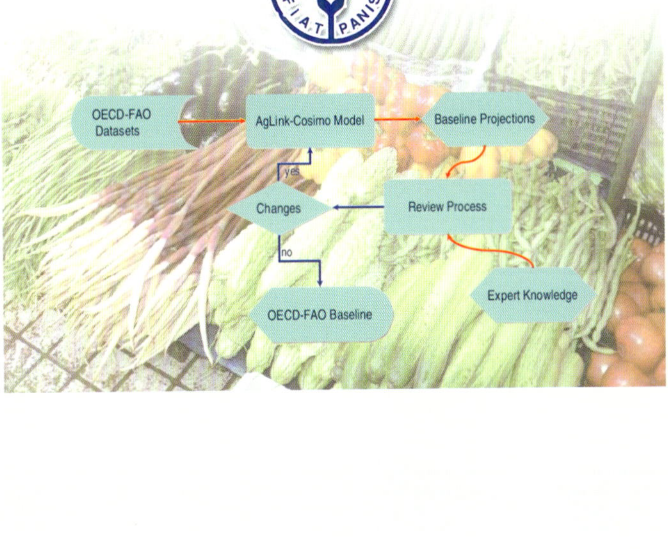

农产品市场是经济市场的重要组成部分,而农产品价格则是农产品市场的核心要素。农产品价格稳定关系到国民经济的发展和人民生活的稳定,准确监测和及时调控农产品价格是宏观经济调控的重点内容,也是促进社会稳定和提高政府执政能力的必要举措。2015 年中央一号文件《关于加大改革创新力度加快农业现代化建设的若干意见》第 10 条中明确指出:完善农产品价格形成机制,增加农民收入,必须保持农产品价格合理水平。

农业信息监测是农业生产经营管理、农业经营决策咨询的重要基础,有着十分悠久的历史。随着市场经济和经济全球化的发展,农产品价格成为农业信息监测的核心,价格关系着世界农产品贸易走向、农业经营者的经营收益,因此不仅成为农业信息监测的重要内容,也是农业信息监测中各指标监测的分析应用方向所在。

本章介绍分析了国内外农业信息监测的主要做法,包括信息的采集、信息的分析、信息的发布及预测或展望报告发布,总结探讨了围绕农业展望、价格预测的工作经验,以期为农产品价格监测体系建设和预警研究工作更好开展提供经验借鉴和理论支持。

一、国外农业监测体系建设

价格信息是农产品市场变动的"风向标"和"温度计"。欧美等发达国家为了及时把握农产品市场动态,由政府主导建立了从农业信息的采集、分析到发布的监测预警体系或农业展望制度,农产品价格是监测预警体系的核心。

(一) 美国农业监测预警发布体系

作为世界农业强国的美国,之所以能够有效引领国内农业发展,并长期掌控世界农产品贸易话语权,主要是因为构建了坚实的农业展望技术支撑体系,体系主要包括了完善的信息资源工作机制、强大的基础数据和科学的数据研究方法。

1. 信息采集

美国农业数据采集工作由美国农业部内部专业司局负责,美国农业部自 1863 年 7 月开展第一次作物调查以来,时至今日,已经建立了较为完善的国家农业统计体系,形成了以美国农业部所属的国家农业统计局、农业市场服务局、海外农业服务局等为主体的数据收集系统。数据信息均公布在美国农业部网站上,可以免费查询下载。美国主要发布的农业数据资源如下。

(1) 农业普查数据库。包括全国和 52 个州的人口、农业与农村经济、农场数量、资源与环境、农产品生产与实践等五个方面的数据(1840 年至今)。

(2) 经常性调查数据库。包括全国和52个州的3大类101种作物类产品数据、5大类40种动物类产品数据、80多种经济类指标数据和农作物气象监测数据，共计2 000多万条。

(3) 出口销售查询系统。包括195个国家44种农产品出口贸易额数据(1999年至今)，数据指标有日度、周度、月度和年度等4类。

(4) 全球农业贸易系统。包括195个国家4大类60多种农产品的进口、出口和净出口等月度数据(1976年至今)，数据指标有贸易量和贸易金额等。

(5) 生产、供应和配送数据库。包括195个国家13大类90多种农产品的生产、供应和配送数据(1960年至今)，数据指标有面积、单产、产量、进口量、出口量、饲料消费量、国内总消费量、期初库存、期末库存等。

2. 信息分析

信息的研究分析工作由政府部门、研究单位和大学共同负责，实行跨部门整合研究。所有研究人员不必参与基础数据收集。美国农业信息分析预警机构有：①美国农业部及所属研究机构，包括世界农业展望局、海外农业服务局、营销服务局、农场服务局、经济研究局(ERS)等，其中经济研究局是农业信息分析预警的专家智囊团；②大学和研究机构，如伊利诺伊大学、密苏里大学、美国食物政策研究所、康奈尔大学等；③以提供研究资讯和报告为业务的公司，如位于芝加哥的Agsource公司聚焦于为农场主、食品加工厂、对冲基金等提供市场价格服务，欧睿公司Euromonitor主要为政府和企业拓展海外市场提供研究咨询服务。

在研究方法上，采用了大量的综合贸易分析模型和数据量化工具，主要有：①SWOPSIM模型(Static World Policy Simulation Model)，该模型涉及22种农产品，并将全球划分为36个国家和地区进行模拟分析，模型具有结构简单、可动态化扩展及可简易表达等多方面的优点，模型标准结构已被各国学者广泛利用。②CPPA模型，主要用来对主要农产品的供给、需求和贸易状况进行动态的、理论上前后一致的按年度进行的长期预测。③多国商品联接基准模型(Baseline模型)，该模型运用经济学和计量经济学知识，分地区、分产品对农产品生产、消费、贸易和价格进行预测，已对43个国家和地区的24种农产品建立了模型，可通过世界价格、宏观经济发展趋势、国内相关经济和贸易政策等变量变化分析预测粮食和主要农产品生产、消费、进出口的变化。④美国农业部利用GAMS软件开发的一个农业贸易局部均衡模拟模型，它运用经济学中的完全市场竞争、生产者和消费者福利最大化等假设，对农产品生产、消费、贸易和价格等中长期预测及政策效果进行模拟分析。

依阿华大学和密苏里大学联合组成的美国食物政策研究所(FAPRI)开发了食物与农业政策模拟模型(Fapsim模型)，对相关数据进行研究，主要开展国内农产品市场和国际大宗商品市场的基线预测以及政策分析等。其中，依阿华大学农业与农村发展中心负责FAPRI模型的国际部分研究，密苏里大学国家粮食与农业政策中心负责FAPRI模型的国内部分研究。

3. 信息发布

美国农业部发布的官方报告，都要在世界农业展望局（WAOB）组织下，由专门的委员会进行审核发布，委员会对报告质量负责。每月 9～12 日发布的月度《世界农产品供需预测报告》（World Agricultural Supply and Demand Estimates，简称 WASDE）（图 10－1），每年度发布年度《农业中长期展望报告》（图 10－2），自 1973 年开始发布以来，已历时 47 年，提供美国农业部最新的预测数据，包括美国和世界主要谷物、大豆及其制品以及棉花的供给需求平衡情况，美国糖和畜产品的供给需求平衡情况。

October '15 USDA Supply and Demand Estimates In Millions Bushels									
	Corn			Wheat			Soybeans		
	'14/'15	15/'16	Change vs. Last Month	'14/'15	15/'16	Change vs. Last Month	'14/'15	15/'16	Change vs. Last Month
Area									
Planted	90.6	88.4	−0.5	56.8	54.6	−1.5	83.3	83.2	−1.1
Harvested	83.1	80.7	−0.4	46.4	47.1	−1.4	82.6	82.4	−1.1
Yield per harvested acre	171.0	168.0	0.5	43.7	43.6	−0.5	47.5	47.2	0.1
Beginning Stocks	1 232	1 731	−1	590	753		92	191	−19
Production	14 216	13 555	−30	2 026	2 052	−84	3 927	3 888	−46
Imports	32	30		149	125		33	30	
Supply, total	15 479	15 316	−31	2 766	2 930		4 052	4 109	−66
Feed and residual	5 317	5 275		120	180	−20	143	130	
Food, seed & industrial	6 566	6 630		1 039	1 039		1 875	1 880	10
Ethanol for fuel	5 207	5 250		—	—		—	—	
Domestic, total	11 883	11 905		1 159	1 219		2 018	2 010	10
Exports	1 864	1 850		854	850	−50	1 843	1 675	−50
Use, total	13 748	13 755	0	2 013	2 069		3 861	3 685	
Ending stocks, total	1 731	1 561	−31	753	861	−14	191	425	−26
Domestic Stocks to Use, %	12.6%	11.3%	−0.23%	37.4%	41.6%	0.71%	4.9%	11.5%	−0.57%
Domestic Stocks to Use, Days	46.0	41.4	−0.8	136.5	151.9	2.6	18.0	42.1	−2.1

图 10－1 美国农业部发布的月度《世界农产品供需预测报告》部分内容截图

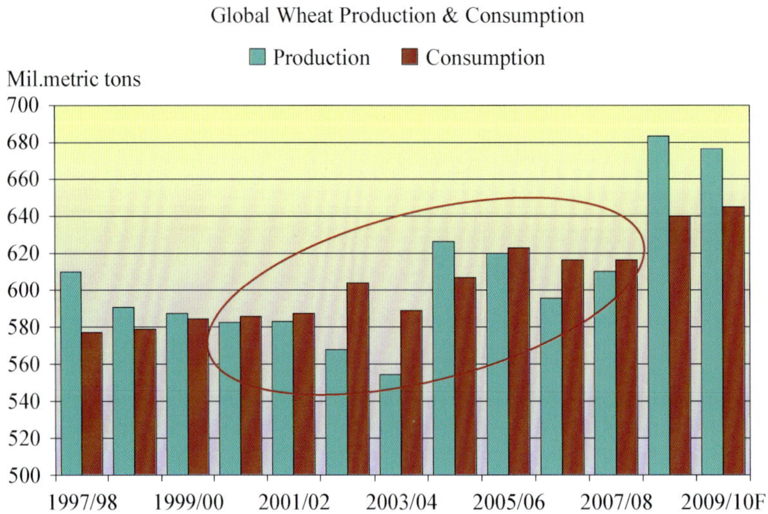

Source:USDA-WAOB, *World Agricultural Supply and Demand Estimates*, January 12, 2010.

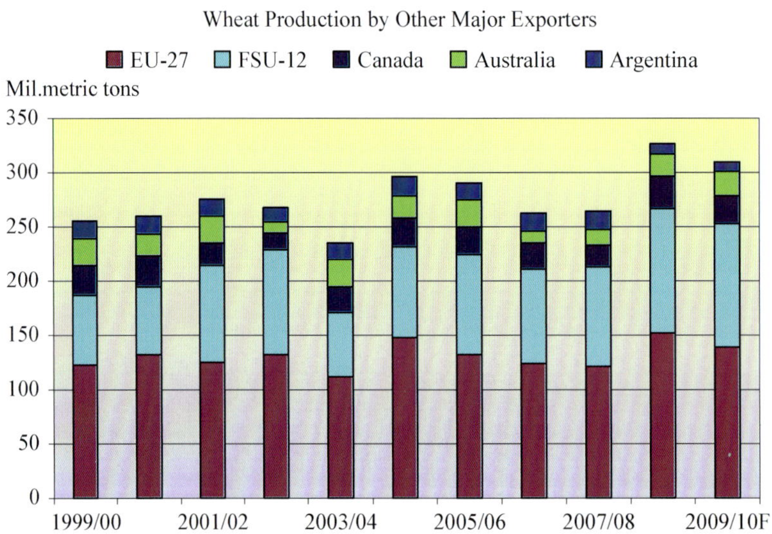

Source:USDA-WAOB, *World Agricultural Supply and Demand Estimates*, January 12, 2010.

图 10－2　美国农业部发布的年度《农业中长期展望报告》部分内容截图

月度 WASDE 报告由 WAOB 主持下的多个跨部门商品预测委员会(ICEC)召开闭门会议后发布,极具权威性。WASDE 报告是后续其他报告的起点,月报发布后,经济研究局(ERS)及其他部属单位才会陆续发布更详细的解读报告以及农场收入、食物价格预测、政策建议等报告。未来十年的展望报告用上年 11 月的月度供需报告作为开始点,确保了短期报告和长期报告的内在一致性。各类报告最终的审核发布由 WAOB 主持下的国际农业预测委员会(IAPC)负责,成员来自世界农业展望局(WAOB)、海外农业局(FAS)、经济研究局(ERS)、农场服务局(FSA)、营销服务局(AMS)等 11 个部门。

美国农业信息监测预警体系工作涉及 120 多个国家、60 多个品种,数据采集具有统一的调查程序和调查方案、规范的数据分析机制和封闭的分析过程，从资源采集到信息发布都进行立法管理，过程严格且权威（温继文等，2006；许世卫等，2008）。

美国农业部每年发布的报告主要供从事相关研究的专家、协会和公司查阅，而协会、大学等非政府组织和大量的研究咨询类公司基于农业部发布数据进行二次开发，再服务于农场主和贸易商。

该系列报告已经成为全球农产品市场变化的风向标，信息实时、全面，对政府的决策、农民的耕种计划和商品市场的农产品流向起着积极的促进作用。

（二）OECD－FAO 世界农业展望

经济合作与发展组织（OECD）和联合国粮农组织（FAO）联合，自 2005 年起开展农业展望活动，每年举行一次世界农业展望大会并发布《世界农业展望报告》，形成了比较完整的展望方法和技术体系。OECD－FAO 世界农业展望发布流程见图 10－3。

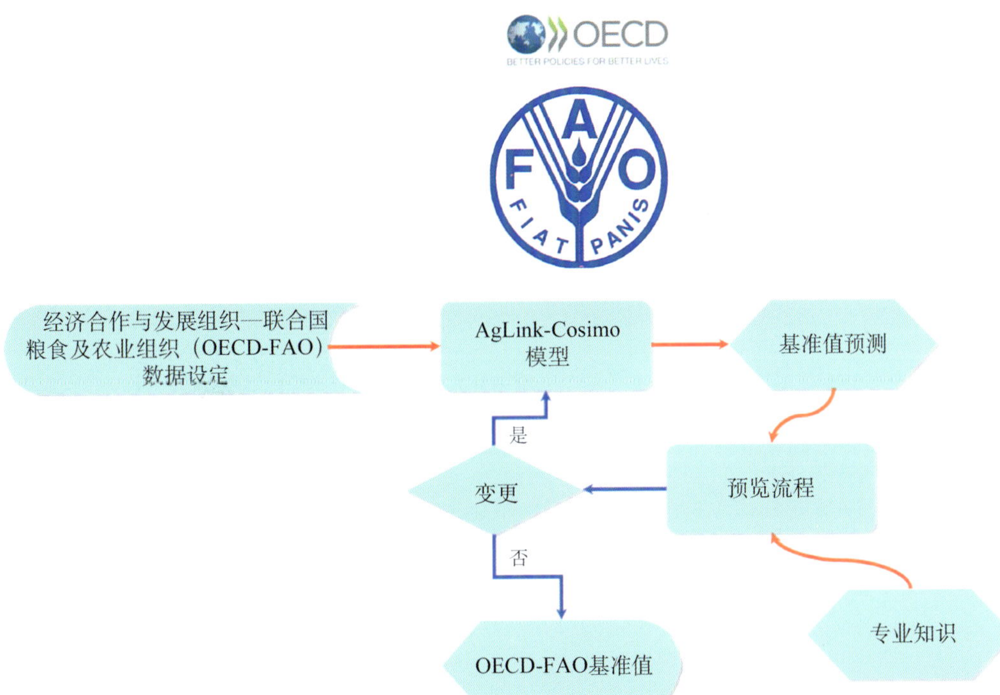

图 10－3 OECD－FAO 世界农业展望发布流程

1. 数据来源

OECD－FAO 世界农业展望的数据来源主要组成如下。

（1）OECD 向成员国发放包括农业生产、市场供需及政策措施和未来商品市场发展状况等内容的问卷；FAO 就未来农产品市场可能的发展趋势向国际货币基金组织、世界银行和联合国等主要经济组织和力量及内部的分品种商品专家征求意见，主要包括农产品分品种发展趋势数据、作物长势数据、气候变化数据、价格波动数据、政策影响数据等。

(2) 已有的统计数据。FAO 的统计数据库(FAOSTAT)是世界上最权威、最完备、最系统的农业信息监测数据库,主要包括农作物的收获面积、单产、产量、库存、进口、出口、消费、价格和成本等数据;畜产品的牲畜存栏量、肉产量、国内总产量、肉制品/乳制品库存变化量、活畜进口、活畜出口、食用消费量、价格和成本等数据。

(3) 其他数据资源。在世界农业展望活动中,OECD 和 FAO 加强了与欧盟、世界银行、美国农业部及国际性研究机构等国际组织的合作交流,强化农业生产、市场、贸易等数据资源共享。报告中的宏观经济指标和政策指标主要来自联合国和世界银行的预测结果,人口数据则来自联合国人口展望数据库。

2. 展望预测研究

OECD 和 FAO 展望专家的预测研究依靠强大的数据支撑和先进的展望模型来完成。OECD 和 FAO 运用动态回归和局部均衡理论,联合研发了独具特色的 AGLINKCOSIMO 模型。该模型系统涵盖 50 多个国家(地区)模型,总计约 23 000 个方程,对粮食、肉类、奶类、禽蛋、水产品及生物燃料等 20 多类主要农产品的生产、消费、价格和贸易等市场情况进行中长期(10 年)基期预测和展望,并模拟、分析各种政策或其他外部冲击对各国及全球农产品市场的影响。该模型充分考虑联动效应,能够体现农产品市场与国际宏观经济的联动性,能够体现世界各国区域间农产品市场的联动性,能够体现农产品分品种间的联动性;充分考虑各种政策效应,能够模拟并评价宏观经济政策、农业生产政策、农产品价格政策和国际贸易政策等不同政策的实施效果,可为相关政策制定提供有益参考;充分考虑不确定性因素,通过兼顾未来 10 年资源、人口、科技、经济、社会等各种不确定性,从而保证预测展望的科学性。

OECD 和 FAO 展望未来 10 年每一年度的农产品生产、消费、价格、库存、贸易等供需形势,并经多轮专家会商确定。

3. 展望报告发布

一般在每年 6 月 26～27 日于罗马召开的世界农业展望大会上,OECD - FAO 联合向世界发布未来 10 年世界农业展望报告。

(三) 澳大利亚农业信息监测预警体系

开展农业信息监测预警工作是澳大利亚政府管理农业的一个重要手段,为此建立了一套较为完善的农业信息监测预警体系。澳大利亚农业信息展望发布流程见图 10 - 4。

1. 信息采集

在信息采集方面,澳大利亚形成了由专门机构和相关协会共同承担、农户自发参与的农业信息采集系统,颁布了《澳大利亚普查和统计法》,农业信息采集工作有法可依,确保了数据的权威性。澳大利亚农业信息采集机构主要有澳大利亚农业部、澳大利亚统计局、联邦科学与产业研究组织(CSIRO)、澳大利亚气象局、研究与发展公司(RDCs)。

澳大利亚农业部主要负责农产品数据统计、澳大利亚食品统计、国内外渔业统计、生物

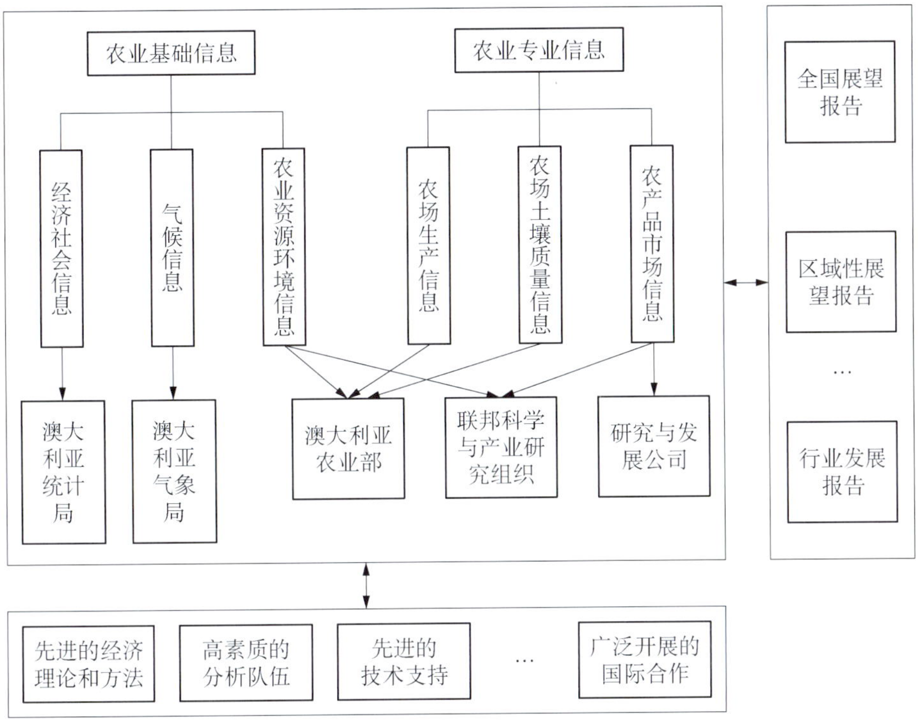

图 10－4 澳大利亚农业信息展望发布流程

安全统计等农业基础信息的收集与整理，负责数据收集的部门主要包括澳大利亚农业与资源经济服务局(ABARES)、农业与林业事业部、可持续性与生物安全政策司、出口事业部等。

澳大利亚统计局采集的数据中涉农数据主要包括：一般性农业统计资料(27 大类)、牲畜和畜产品信息(牛、绵羊、山羊、猪的屠宰量及其肉制品产量，冷冻库存，出口数量以及牛肉的主要出口目的地，羊毛产量等)、农作物和牧场信息(谷物尤其是小麦、蔬菜、豆类、干草、青饲料、大田作物和牧草等的面积、产量和单产，果树数量及水果产量，牧场用地及化肥使用量等)、农业用地信息(规模化用地的数量、按性别和职务统计的就业人口、化肥使用量、灌溉面积等)、农业金融统计和产品价值信息(大麦、高粱、燕麦、小麦、油菜、牛、羊、猪、家禽、羊毛、牛奶、鸡蛋的产值，作物、畜牧、畜产品等相关投入产出信息)。

联邦科学与产业研究组织(CSIRO)是澳大利亚最大的国家科学研究机构，其中涉及农业的领域主要有：动物与食物安全、农业可持续发展、生物安全、土地与水资源、气候变化、生态环境和渔业等方面。在信息采集和监测方面，该组织通过开发和应用澳大利亚社区气候和地球系统模拟器系统，实现对澳大利亚的重点生态系统的长期监测，并可以提供有关物种分布、潜在的碳存储和交换及气候变化信息。

澳大利亚气象局主要采集和发布气候、水资源、气候等资源基本信息。

研究与发展公司(RDCs)是澳大利亚政府支持的进行基础农业研究与发展的机构，该公司包含九大部门，分别为澳大利亚的牛、羊、猪、鸡蛋、乳业、肉类加工、森林与木制品、园艺等生产商提供市场营销和研发服务。

2. 信息分析

在信息分析方面，组建了一支“产、学、研”相结合的，由政府部门、研究单位、大学以及相关协会跨部门整合的分工明确、协调配合的农业分析团队。农业部的农业与资源经济服务局(ABARES)就是一个专门的独立研究机构，从澳大利亚和领先的国际大学雇佣经济学家、科学家、研究人员和分析师，组建了300多人的专业分析师队伍，确保提供高质量多学科的研究和分析。各个公司、相关协会等也各自拥有自己的行业分析师，同时也联合政府部门、科研机构、大学等单位的专家们一道成立专家委员会，对分析结果进行研判，达成一致意见后，对外发布。

在信息分析技术工具方面，澳大利亚基于经济理论、数学模型、计算机和网络技术等开发建立了各种数据分析模型、工具、系统和数据库等。例如，澳大利亚农业部的在线数据工具，包括监测预警工具(The Monitor)、气候影响分析模型(Climatch)、降水对牧草生长展望模型(Rainfall to Pasture Growth Outlook Tool)等，有效提升了数据挖掘分析利用能力；CSIRO正在开发和使用机器人、自主系统以及先进的电信、无线、天线和传感器网络等，以提高科研能力。各信息采集分析机构之间建立了稳定、顺畅的协作关系，对采集的农业信息进行相互校正与共享，对研判预测结果进行会商评估，对各种统计调查进行分工合作等。

3. 信息发布

在信息发布方面，形成了发布时间固定，短期、中期、长期预测报告相结合的、多渠道共同发布的机制，既通过网络在线传播，也通过传统出版物线下服务，既有数据信息，又有分析预测。如澳大利亚统计局和气象局在各自网站上定期发布与农业活动相关的统计数据和气象信息。农业部网站则定期发布涵盖农业生产(主要是土壤状况)、天气状况、气候变化、水资源与农产品等五个方面的具体数据信息。农业部农业与资源经济服务局(ABARES)还定期出版行业出版物，如澳大利亚谷物、澳大利亚羊肉、澳大利亚牛肉和澳大利亚乳制品等重要农产品分析预测和全球展望等线下报告。

ABARES每年都会发布一系列农业方面的展望报告，其中《澳大利亚农业展望报告》发布制度是其影响力最大的报告之一，全国农业展望大会每年3月初在首都堪培拉国际会议中心召开，自1971年举办以来已连续举办了49届，会议内容包括主要农产品分品种展望研讨、农业展望数据采集与处理、农业气象数据应用、展望模型构建、全国性与区域性数据协调等。除了每年3月的报告之外，每年6月、9月、12月也会各发布一次，主要针对农作物和大宗农产品分析，不同的是3月的报告中是对未来5年的农产品做出预测，而其他的三个报告，通常是对未来3～5个月的农业生产、贸易情况进行监测分析和研判预测。

一些行业信息服务组织定期编报本行业的动态报告，如澳大利亚红肉及畜产公司每6个月发布一次预测报告，对红肉和其他畜产品的产量、各主要市场的价格动态等做出预测。各类组织机构发布的这些报告，对于政府决策、政策制定、生产指导、引导市场等有着重要的参考价值，农业信息监测预警分析工作日益成为澳大利亚政府管理农业的一个重要手段。

各区域也会召开区域性的农业展望大会，以2014年为例，塔斯马尼亚地区在4月30日召开，南澳大利亚州在6月12日召开，北领地州在7月10日召开，昆士兰州在7月31

日召开，西澳大利亚州在 8 月 21 日召开，维多利亚州在 9 月 18 日召开，新南威尔士州在 10 月 15 日召开。在地区展望会议上，会对农业、渔业、林业、自然资源、气候及贸易等问题进行讨论，此类会议的预测报告和研究成果会直接应用于农村和区域，同时为政府机构和行业组织提供直接与农民、企业和当地政府交换意见的机会。农业展望大会成为各界广泛交流意见的平台，有助于提高预测和研究结果的准确度，有助于报告成果直接应用于农村地区，指导农业生产和贸易。

（四）G20 农业市场信息系统

2008 年以来，全球粮食短缺和价格危机凸显了市场信息、数据库和粮食安全监测预警系统的弱点。国际粮价持续上涨，物价攀升、通胀高企加剧了许多国家尤其是发展中国家的社会矛盾甚至引发了动荡。为此，2011 年 6 月，G20 农业部长会议通过了《粮食价格波动与农业的行动计划》，并在加强对农产品交易监管、增加市场信息透明度和控制粮价波动以及应对饥饿等问题上取得了进展，在应对粮食安全问题上显示出各国加强合作与协调的强烈意愿，同时，就建立农业市场信息系统（AMIS）系统达成一致，该系统的主要框架和流程如图 10－5 所示。2011 年 9 月，G20 在意大利罗马召开了 AMIS 成立大会。

图 10－5　G20 农业市场信息系统主要框架和流程

AMIS 主要由秘书处、全球粮食市场信息组和快速反应论坛三部分组成。秘书处成员由 10 个国际组织构成，负责根据成员国提供的信息分析世界粮食市场前景，并及时发布粮食市场展望。全球粮食市场信息组由成员国的粮食市场相关专家组成，每年召开两次会议，主要负责提供各国生产、库存、贸易、消费等信息，并研讨相关技术性问题。快速反应论坛由成员国政府官员组成，每年至少召开一次会议，主要负责促进信息沟通，加强政策协调与对话，讨论防范和应对危机之策。

AMIS 成员包括 FAO、OECD、WB、WTO、WFP 等 10 个国际组织以及中国、美国、欧盟、俄罗斯、澳大利亚、巴西、印度、日本等 23 个国家和地区。我国是 G20 的 AMIS 成员国之一，AMIS 中国工作业务由中国农业科学院农业信息研究所主要承担，从 2014 年 2 月起向 AMIS 提供月度供需预测展望报告，积极开展 AMIS 监测预警技术交流合作工作，选派专家参与并承担 AMIS 能力建设项目任务，组织翻译 AMIS 全球粮食市场监测月度报告。按照 AMIS 的方法体系，需要我国实时公布粮食库存数据、推进粮食消费数据调查、规范农业统计信息采集与发布。

（五）欧盟食品与饲料快速预警系统

2002 年欧盟建立了欧盟食品与饲料快速预警系统（图 10－6）。

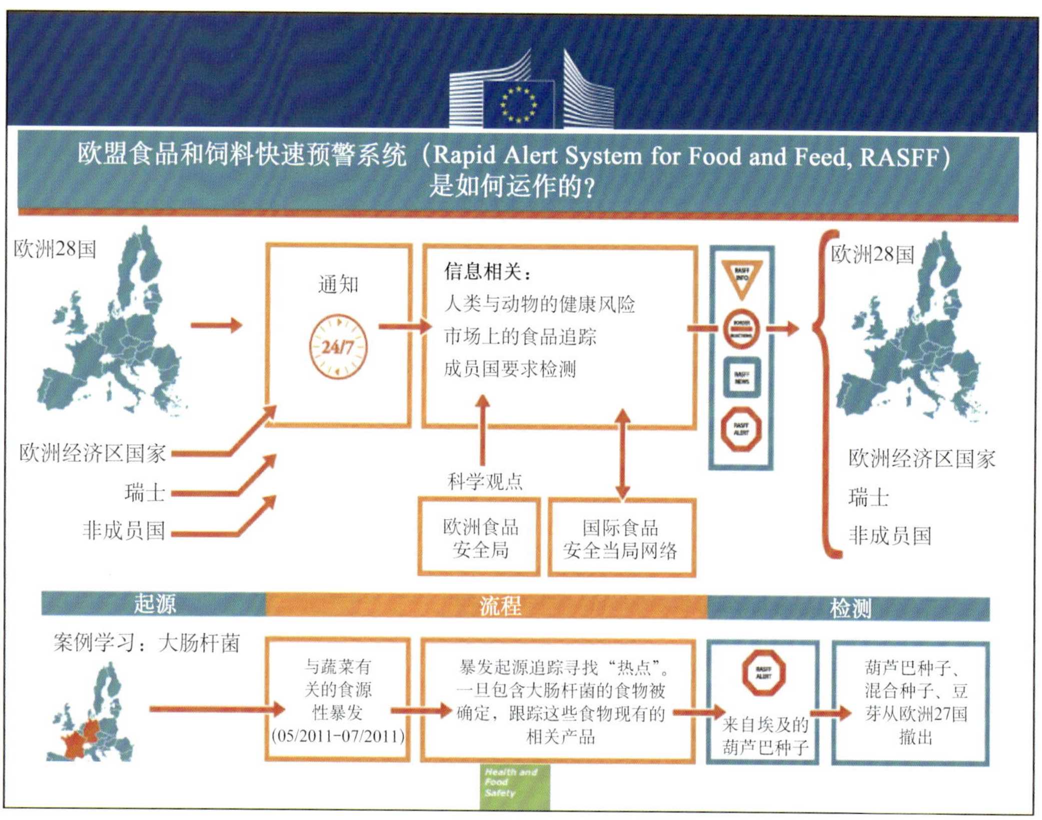

图 10－6　欧盟食品与饲料快速预警系统流程

欧盟食品与饲料快速预警系统(RASFF)将整个欧盟成员国、食品安全管理局等构成一个庞大的系统,为欧盟各成员食品安全主管机构提供有效的信息交换途径(张星联等,2012)。英国则将公益性、社会化和商业化(或半商业化)的信息服务相结合,建立了全方位、多渠道的价格监测和服务体系。法国的价格监测体系中各个体系都能通过自己的系统直接连通生产经营者,各主体之间又构成了一种纵横交织的关系,彼此相连(郑火国,2006)。由此可见,以美国为代表的欧美发达国家农产品监测体系建设相对完善和系统,数据资源种类丰富多源,系统功能强大,既包括监测也具有预警能力,对价格波动响应迅速,可在短期内对农产品的生产和市场情况做出预测,并迅速公布。

二、我国农业展望及监测体系建设

(一) 我国农业展望

近几十年来,我国农业监测预警经历了三个阶段,即以传统计数与统计为基础的起步阶段、以计算机辅助为特征的成长阶段、以信息感知与智能分析为特征的成熟阶段。2002年,农业部开始对农产品进行定时市场形势分析,按照月度、季度、年度定期提出分析报告。2011年,农业部建立了农业部市场预警专家委员会,为我国农产品市场调控政策的制定提供智力支撑。2015年,农业部开始启动覆盖全国各省直辖市、自治区的农产品全产业链信息分析预警工作,组建了一支由首席分析师、会商分析师、省级分析师和产业信息员组成的预警团队。

2014年,我国开始举办农业展望大会,发布未来十年中国农业展望,至今已连续举办5年,主要发布《中国农业展望报告》,分析当前市场形势,展望未来市场走势;权威分析国内外农产品供需形势,针对水稻、小麦、玉米、大豆、棉花、油料、糖料、蔬菜、水果、肉类、禽蛋、奶制品、水产品、饲料等主要农产品进行国内外形势分析;并就乡村振兴、电子商务与减贫、农业监测预警、国际贸易与投资、数字农业、农业科技创新等主题,举行高层专家研讨。

《中国农业展望报告》中的各类农产品的当前与未来形势研判主要是基于我国农产品监测预警模型(CAMES)(图10-7),该模型属于局部均衡模型,监测预警的农产品种类多、品种全,涵盖11大类953个农产品种类,而且监测预警的空间分布广、区域性强,监测预警时期包含短期、中期和长期,监测预警模型涵盖气象、投入和管理等影响因子(许世卫,2018)。CAMES模型系统是我国当前较为成熟和系统的农产品监测与预警分析系统。

《中国农业展望报告》成为国内农产品市场权威信息发布的重要渠道之一,为提高农产品市场透明程度、加强信息共享、发挥市场作用、提升农业预警能力、规避农业风险、推进新形势下的现代农业发展发挥了重要作用。

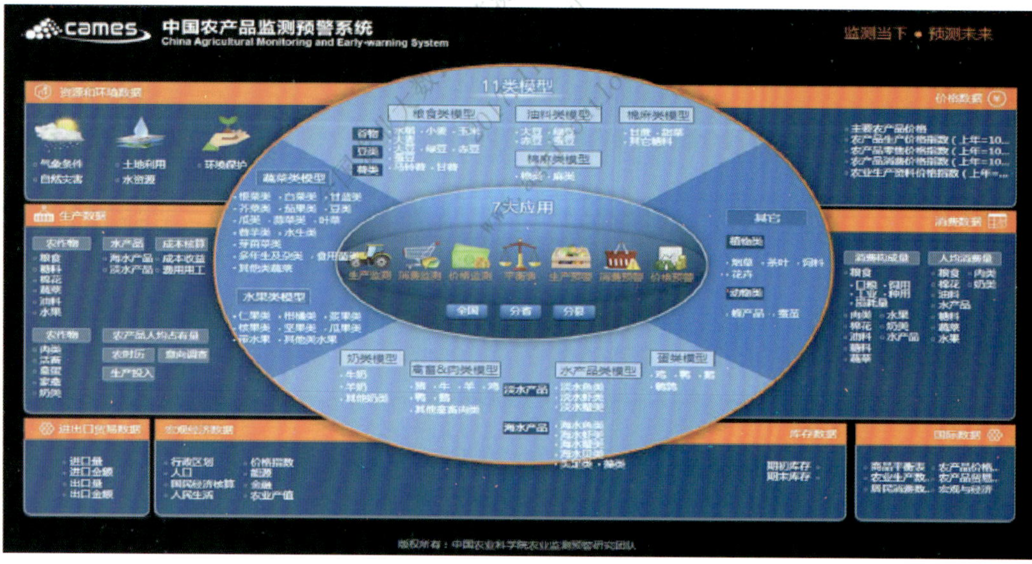

图 10－7　中国农产品监测预警系统界面

（二）农产品价格监测行政管理体系

自 1978 年开始我国农产品价格监测便有记录，主要由国家发展改革委员会牵头统计，统计对象是以粮食为主的大宗农产品生产价格指数、农资价格指数、农业生产服务价格指数、居民消费价格指数等，发布渠道为国家统计年鉴。该类数据主要为计划经济和政府工作服务。因此在我国改革开放初期，初级出版物与新闻媒体报道仍然是大多数农民获取可靠信息的来源(孙艳华等，2014)。由于大多数农民知识层面狭窄，对信息筛选度不足，导致农户对农业信息易发生逆向选择(庄传礼，2007)。

为了改变信息资源匮乏的现状，1995 年由原农业部牵头，以纵向到底的方式，负责主要农产品批发市场价格信息采集，在农业农村部农产品监测预警数据仓库中积累了来自全国 500 多家批发市场、11 个产品大类、500 多种农产品的价格数据，包括生产者价格、批发市场价格、批发价格指数、国际价格、供求数据等 15 个数据集市。

目前，农业农村部发布的月度《主要农产品月度供需形势分析》和年度《中国主要农产品供需分析与展望》会对大宗农产品的供需动态、市场价格、进出口贸易等情况进行分析，可为政府决策、从业人员安排生产提供参考。

（三）信息发布渠道

目前，由农业农村部建设的全国农产品批发价格信息网(http://pfscnew. agri. gov. cn/)每天采集全国 100 家农产品批发市场的数据，并将价格行情、价格指数及分析报告等数据按地区和类别实时发布在网页上；国家发改委的中国价格信息网(http://www. chinaprice. gov. cn/)在监测粮食、经济作物、肉禽蛋、蔬菜、饲料等农产品的批发市场价格之外，还监测了农资、涉农收费等相关领域的价格信息。

我国部分省、市也建立了区域价格信息监测系统，监测内容包括产地田头信息、批发、零售信息等。如由农业农村部在成都试点的蔬菜产销“菜易通”平台（http://www.zgcyt.cn/），自 2014 年 4 月底投入运行以来，该平台覆盖了 0.33 公顷（5 亩）以上的规模种植户 5 718 家、专业合作社 548 家以及采购商 1.2 万个，蔬菜生产信息涉及的种植面积超过 5 万公顷（75 万亩），包括蔬菜品种、生产地点、种植时间、上市时间、上市量等信息；还在成都市主要蔬菜生产区域布局了 40 个蔬菜离地价格采集点，重点针对 25 个蔬菜大宗种类每日报送离地价格；通过整合供需信息、交易数据采集以及政府价格采集数据，该平台的数据分析系统可在日、周、月、年不同时间段，分析市场行情、价格走势、供需走势等，发布实时指导信息，对种植蔬菜分布、产量情况、上市情况等进行监测和预警，引导蔬菜种植户调整蔬菜种植品种和生产量，使蔬菜种植户从传统的“自发式生产”转向和采购商直接对接的“订单式生产”。

上海市农业农村委早于 2009 年就开始建立农产品价格监测平台，涵盖了田头价、批发价、零售价信息采集，信息来源于本市 10 个区（县）50 余家种养大户、龙头企业、批发市场、农贸市场价格和超市，涉及 5 大类农产品共 78 个种类的价格数据统计分析、预测。与此同时，展开了全国范围的农产品贸易数据、田头价、批发价和零售价数据共享工作，为政府部门及时了解农产品从田头到餐桌各环节的价格行情及走势提供了数据支持。上海蔬菜网（http://www.shveg.com/）、上海蔬菜集团网（http://www.vgtbl.com/）等多家网站每日更新上海市区各大菜市场的农产品价格行情，同时还记录了大量农产品的历史数据（钱婷婷等，2017）。上海市人民政府为提高农产品价格监测能力，于 2014 年颁布了沪府发〔2014〕77 号文件，提出加快上海农产品价格监测平台建设。在此要求下，上海农产品价格监测和预测分析工作得到了进一步提升。

上海地区田头价的采集主要由各个定点生产基地的生产者按照统一的采集规程定时上报给主管行政部门，由主管部门负责数据在信息系统中的录入和统计；各批发市场及零售市场的农产品价格则由各个市场中的价格调查专员统计录入价格检测平台中。目前批发市场和零售市场的数据采集和上传信息化程度较高，价格发布网站中的数据更新速度也相应较快。田头价的上报最初采用传统的电话上报形式，再由主管部门手工录入价格系统中。由于程序复杂，不仅影响数据采集效率，而且数据易于丢失。因此，上海市田头价采集方法迅速改善，开发出灵巧便携、稳定传输的数据采集应用软件。

（四）数据采集方法及标准

从现有的采集方式来看，主要有以下两种方式。一是聘用大量的市场信息采集人员，到各个农产品批发市场进行价格调研，然后上报给上级主管部门。二是信息化程度比较高的农产品批发市场，每个市场有几个固定信息采集人员，每天定时汇总该批发市场农产品价格（张石锐等，2011）。现有的采集方法相对落后且效率低下，信息量小，覆盖面窄，且不利于统计分析。

随着移动通信和网络技术的发展，互联网、手机和便携式移动采集器等信息技术产品应用于农产品市场信息采集时有报道。如基于语音识别的农产品价格信息采集方法(许金普等，2015)，让采集人员通过语音报价便可记录价格信息；多源网络信息语义异构识别方法(张静，2014)，解决了在通过语音进行信息采集过程中存在的语法异构、语义异构的现象；基于GSM的数据采集方法(张石锐等，2011)，实现了终端与服务器的数据库同步；基于空间数据库技术、富客户端、GeoServer开源WebGIS平台的农产品供求与价格地理信息系统开发(唐伟，2013)，实现了数据的多源采集、农产品信息的动态展示、数据空间处理分析等功能。通过数据采集技术的革新，可有效降低多元异构数据采集难度、提高数据采集效率、减少人力成本投入、提高数据更新速度。

在数据采集和管理标准上，世界海关组织制定有《商品名称和编码协调制度(HS)》(刘嵩，1999)，联合国统计委员制定了《联合国国际贸易标准分类(SITC)》。我国也制定了《农产品全息市场信息采集规范》(NY/T 2138－2012)(许世卫等，2011)、《全国主要产品分类和代码》(GB/T 7635.1－2002)(中国标准化研究院，2002)、《统计用产品分配目录》等。然而各种标准和规范中对农产品的分类和定义不一致，导致数据无法有效衔接和比较(许世卫，2014)。

三、农业信息监测的经验总结

(一) 准确而系统的数据信息是核心

尽管目前可监测到的数据类型多样，但数据时效性难以保证，数据采集方式有待更新，数据如何有效加工和利用仍然需要进一步研究。

总的来说，目前农产品价格监测体系仍不完善。国内多数省、市的农产品价格监测体系以批发市场价格体系为主，产地体系少，与价格直接相关的影响因素如在田面积、产量等信息缺失较多，主要原因是缺乏简单便捷的信息采集装置来方便数据获取和缺乏对实时数据的快速处理能力。因此，研发生产信息实时获取和快速处理装备，尤其是便携式的蔬菜种植信息快速获取和处理装置对于提高价格实时获取能力、降低信息获取成本和获取难度具有重要作用。此外，本地产品和外来产品的分类不明确，不同质量标准的农产品价格在现有体系中没有体现，与农产品质量挂钩的体系建设还不完整，以食品安全状态为监测内容的指标体系还没有纳入监测预警体系中(黄晓娟等，2008)。

(二) 科学的分析技术手段是关键

农产品价格形成机制较为复杂，大数据、云计算等技术将为理清农产品价格形成机制提供有效手段。

在价格形成过程中，很多因素会直接或间接影响价格形成，而且这些因素如天气、灾害、面积、产量、供求比等数量庞大、种类繁多且相互关联，目前使用的采集手段很难获取全面。有些获取到的信息如自然灾害，也因难以量化而无法直接参与价格建立关联。目前，大数据技术的发展为数据采集及融合提供了新的手段。通过大数据技术对数据的融合，可以改变传统农业中通过调查用合理的抽样去无限接近总体的缺陷，使直接面对农业客体全部数据成为可能(孙忠富等，2013)。

要真正发挥大数据技术的优势作用，统一数据标准是开展大数据系统构建的前提。目前我国现有的《农产品全息市场信息采集规范》(NY/T 2138－2012)及《全国主要产品分类和代码》(GB/T 7635.1－2002)中，对农产品的分类和定义不一致，导致数据无法有效衔接和比较。因此，需设定数据的采集、传输、存储和汇交标准，构建农业标准数据库，对数据采集的内容、方式、时间、地点、传输速率、方式、存储格式、存储方式、数据结构、汇交方法、汇交内容、汇交分类、汇交范围等制定标准和规范，只有这样，才能够保证农业数据分析和应用的顺畅。

(三) 统一持续的信息发布平台是支撑

建立全面、综合的信息平台可解决农产品市场信息资源分散的现状，预警能力的提升和信息推送及时发布是发挥信息交流平台能力的关键。

在无法及时、准确获取市场信息时，农业经营者往往会出现判断失误，进而造成农产品价格剧烈波动。由于目前我国农产品价格市场的信息化水平还较为薄弱，生产者获取市场信息的渠道较少，获取的信息不够全面，信息咨询多以被动查询为主，缺少主动定制推送服务，因而易出现如“姜你军”“蒜你狠”等价格波动剧烈的现象。准确、及时的信息推送服务对于市场参与者及时了解市场动态具有重要的作用。因此，从信息应用的角度出发，创新价格信息服务模式，以信息技术为依托、以电子商务为手段、以第三方物流为保障建立全面、综合的信息平台是未来的发展方向(李穗豫，2008；杨坤等，2010)。

信息平台中信息推送功能的可靠性主要取决于分析和预警工作的准确性，目前价格波动分析和预测的方法种类繁多、应用范围较广，从现有研究进展中可以看出，不同的模型综合的信息不同，并且实际情况中影响价格波动的因素、影响力大小等也不是固定不变的。因此，针对实际问题选择合适的模型对于准确模拟和预警至关重要，尤其是蔬菜，因其种类繁多，各地栽培品种、栽培环境差异较大，人民消费水平和消费习惯等方面也存在差异，需要针对不同的环境、对象选择不同的分析和模拟方法，这就决定了农产品价格尤其是蔬菜价格预警体系的建立是一项长期的、综合性极强的工作。

第十一章

上海绿叶蔬菜
价格辅助决策系统和服务平台

建立统一持续的信息发布平台是农业监测预警工作的重要支撑，无论是对农业经营者还是对农业政策决策者，权威、便捷、持续的信息发布平台是一切工作的最后承载基地，也是农业大数据更好应用的起点。本书所研究的蔬菜价格相关大数据的获取、分析、建模、预测等工作最终都是通过上海绿叶菜信息采集与服务推送平台系统统一发布应用的。该系统包括农产品价格采集APP、上海绿叶菜价格分析预测和生产指导，以及应用更加便捷直接的信息分析报告。

一、农产品价格采集APP

农产品价格大数据研究，价格数据的采集是基础。为了实现信息采集的便捷方便，价格采集可采用智能手机填报、发送，于是开发了农产品价格采集APP，如图11-1所示，用户通过选择市场、选择蔬菜种类、填报价格、确认数据、提交数据，即可完成数据的填报。

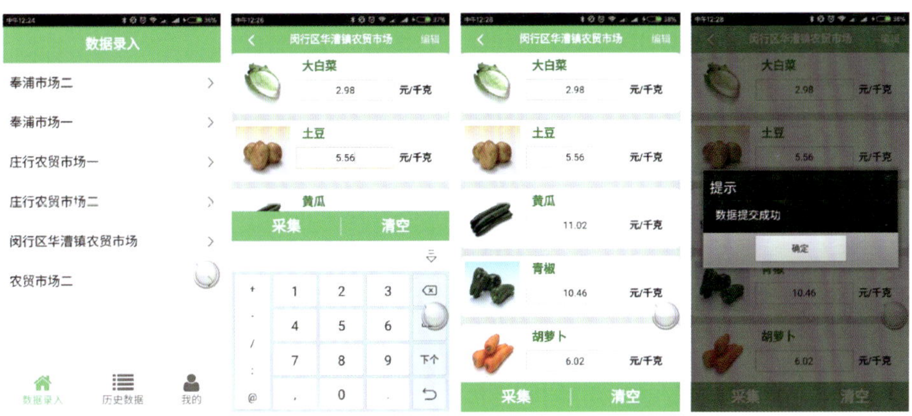

图11-1 农产品价格采集APP使用流程界面

信息采集员也可以同时查看历史数据、一周价格趋势图。用户管理界面可以管理市场信息、需采集的蔬菜种类信息和数据的检查更新等(图11-2)。

二、上海绿叶蔬菜价格辅助决策系统

上海绿叶菜信息采集与服务推送平台系统是前几章研究内容的集成发布和应用平

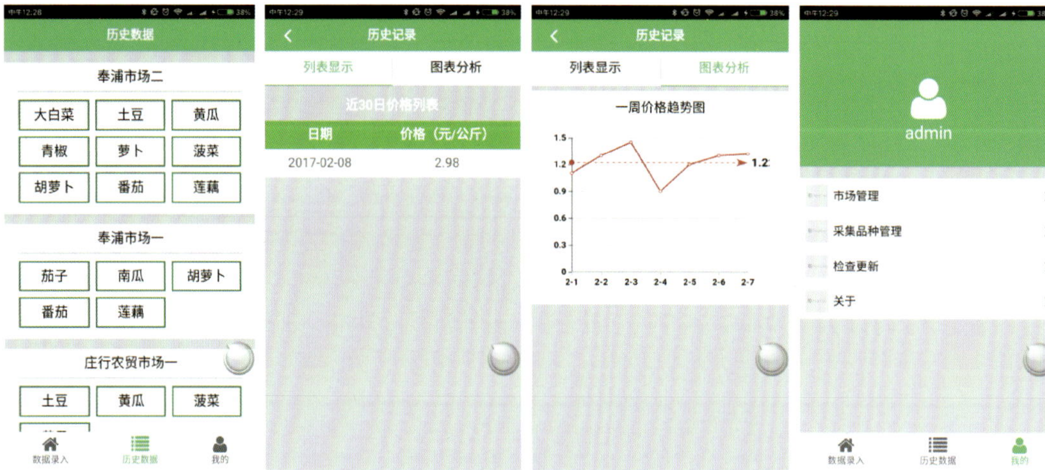

图 11－2　农产品价格采集应用管理界面

台，该系统包括上海绿叶菜价格数据发布、走势分析、价格预测与分析、政策查询、消费习惯分析、生产指导等功能模块(图 11－3)。

图 11－3　上海绿叶菜信息采集与服务推送平台系统界面

上海绿叶菜信息采集与服务推送平台系统是采用 ASP. NET 技术开发的 B/S 模式系统，用户通过浏览器即可访问，同时开发 APP 供移动终端使用。

（一）平台系统首页

首页包含网站简介和系统主要功能的汇总综合图(图 11－4)。

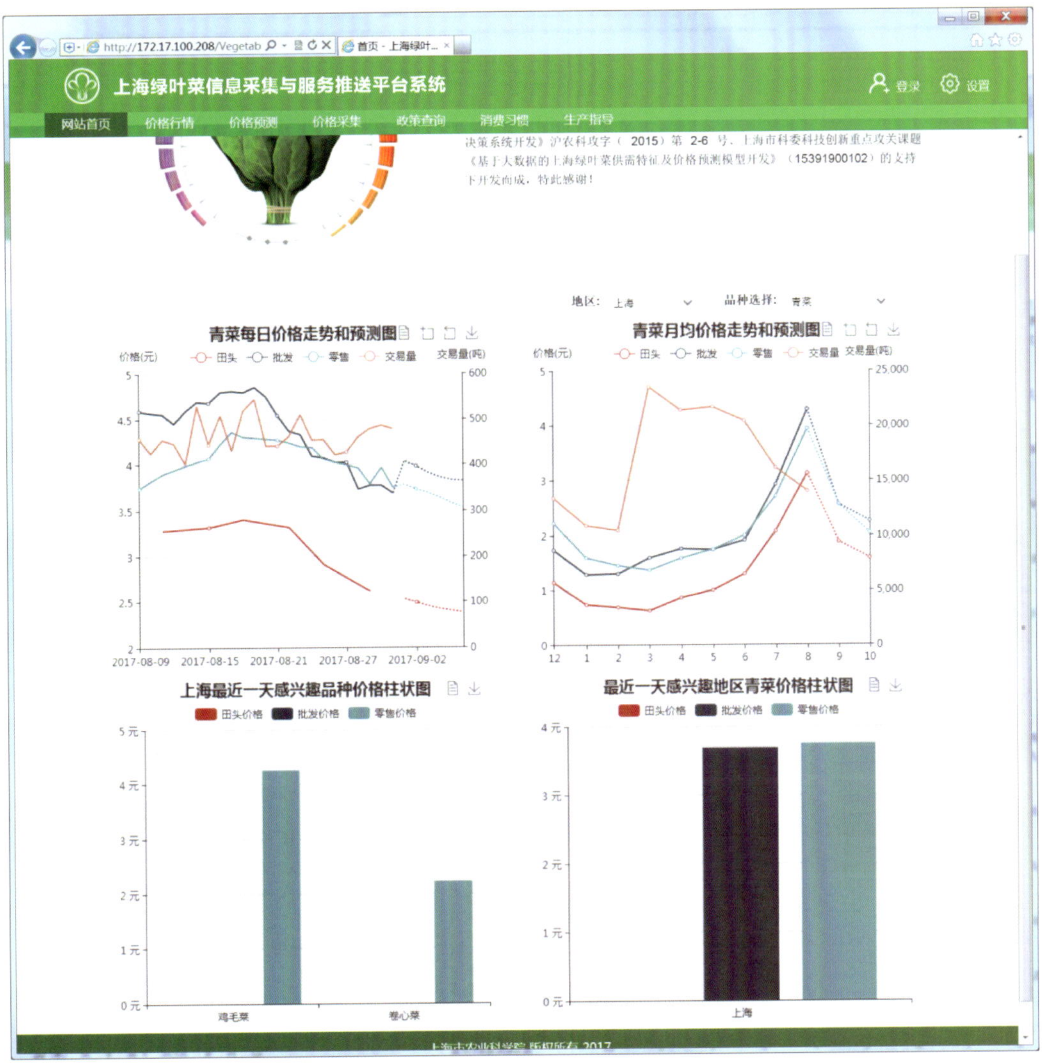

图 11－4 上海绿叶菜信息采集与服务推送平台系统汇总综合价格

1. 绿叶菜每日价格走势和预测曲线图

包括 23 日的历史数据和 7 日的预测数据。历史数据用实线显示，预测数据用虚线显示。历史数据种类包括田头价、批发价、零售价和交易量，预测数据有田头价、批发价和零售价。用户可选择地区(全国 31 个省、自治区、直辖市可选)和种类(青菜、卷心菜、鸡毛菜可选)。

2. 绿叶菜月均价格走势和预测曲线图

包括 9 个月的历史数据和 3 个月的预测数据。历史数据用实线显示，预测数据用虚线显示。历史数据种类包括田头价、批发价、零售价和交易量，预测数据有田头价、批发价和零售价。用户可选择地区(全国 31 个省、自治区、直辖市可选)和种类(青菜、卷心菜、鸡毛菜可选)。

3. 最近一天感兴趣种类价格柱状图

选择地区，如上海最近一天的不同种类价格的柱状图，即同一地区不同种类蔬菜的价格对比。

4. 最近一天感兴趣地区价格柱状图

全国各省、自治区、直辖市最近一天绿叶菜价格均值的柱状图，即同一种蔬菜不同区域的价格对比。

(二) 价格行情分析模块

价格行情页面也是主要显示四类信息，以左侧表格、右侧图形的形式呈现(图 11 - 5)。

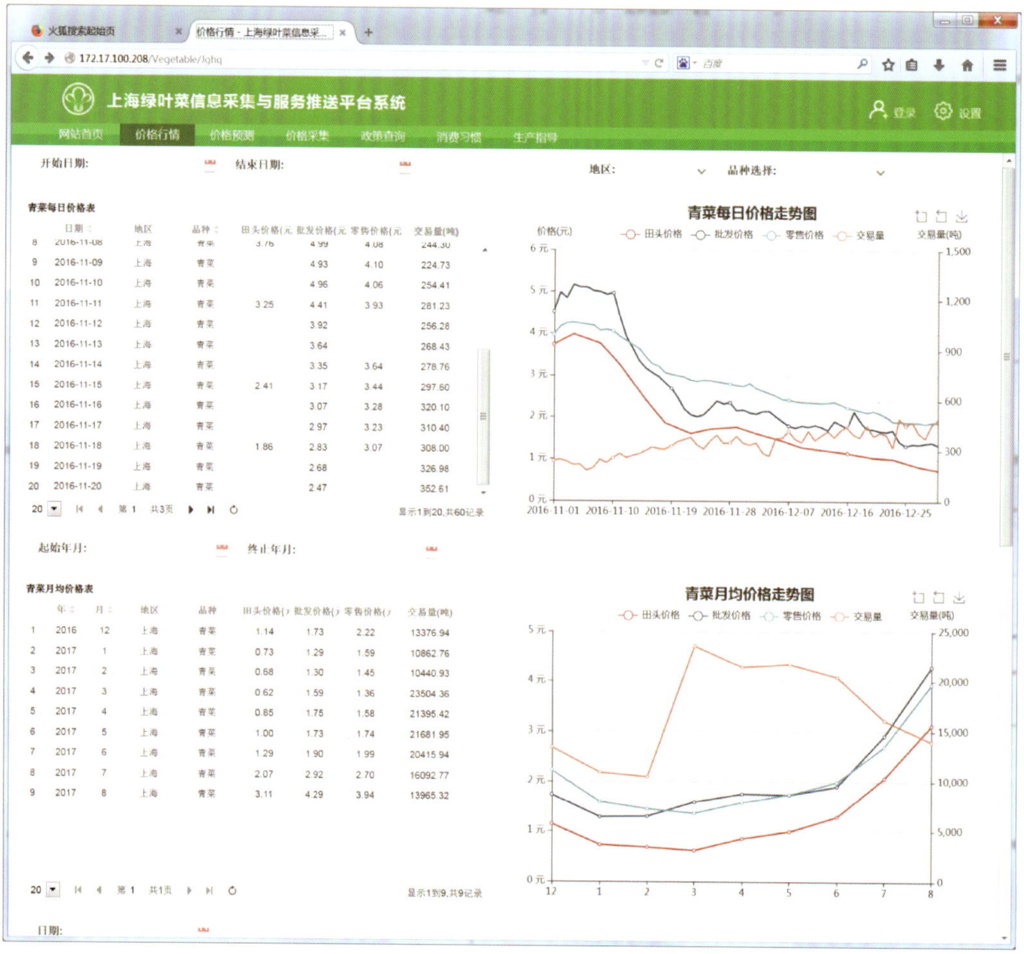

图 11 - 5　平台价格行情分析模块

1. 每日价格行情图表

查看某段时期的每日价格行情数据表格和曲线图，用户可选择种类、地区、起始日期和终止日期(默认最近 30 天)。

2. 月度价格行情图表

查看某段时期的月平均价格行情数据表格和曲线图，用户可选择种类、地区、查询起始年月和终止年月(默认最近 12 个月)。

3. 不同种类日价格图表

查看选中地区不同种类蔬菜的价格数据表和柱状图，用户可以选择地区(默认上海)、日期(默认最近一天)。

4. 不同地区日价格图表

查看不同地区同一种类的价格数据表和柱状图，用户可以选择地区、品种和日期(默认最近一天)。

(三) 价格预测模块

价格预测页面主要功能是绿叶菜价格预测与对比(图 11－6)。

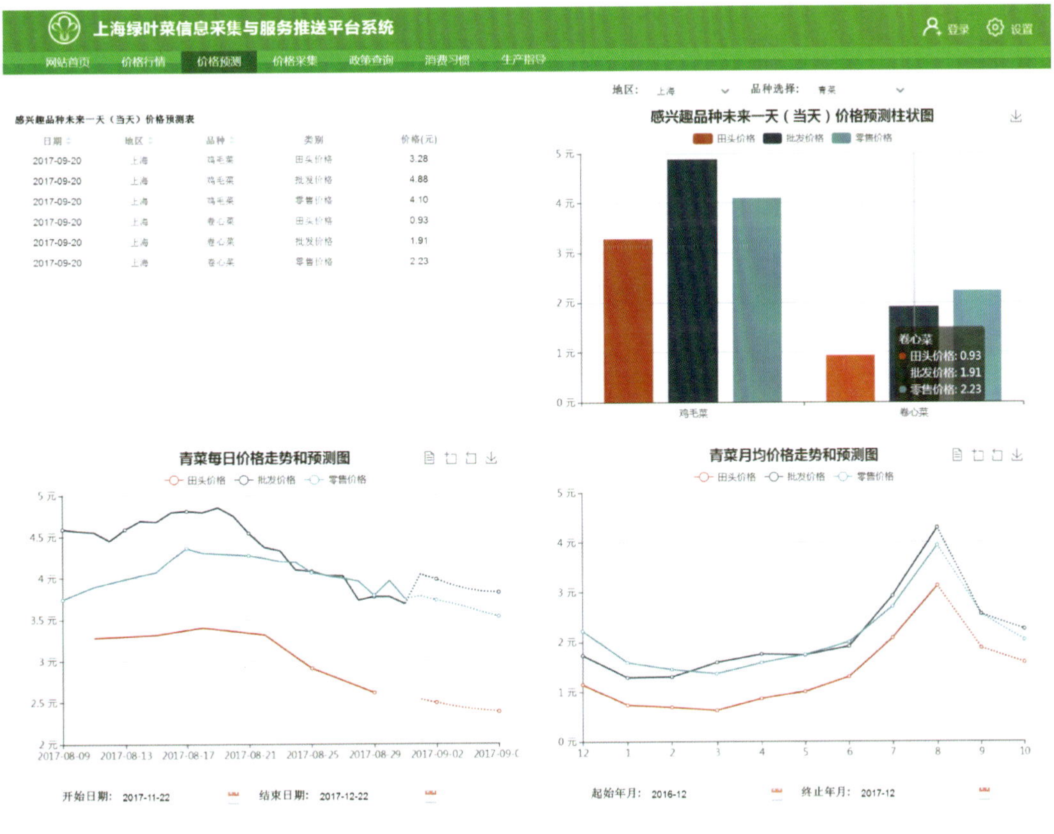

图 11－6　平台价格预测发布模块

1. 绿叶菜未来一天价格预测图表

预测未来一天价格数据表格和柱状图，以左侧数据表、右侧柱状图形式呈现，预测数据由 Matlab 软件编写时间序列模型中的各类蔬菜对应的最适合模型实现。

2. 绿叶菜每日价格走势和预测曲线图

包括 23 日的历史数据和 7 日的预测数据，预测数据由 Matlab 软件的各类蔬菜最适合的时间序列模型计算得出。历史数据用实线显示，预测数据用虚线显示。历史数据种类包括田头价、批发价、零售价，预测数据有田头价、批发价和零售价。用户可选择地区（全国 31 个省、自治区、直辖市可选）和品种（青菜、卷心菜、鸡毛菜可选）。

3. 绿叶菜日预测价格和实际价格比较曲线图

比较 30 天的预测数据和实际数据，查看日度价格预测的准确性。

4. 绿叶菜月均价格走势和预测曲线图

包括 9 个月的历史数据和 3 个月的预测数据。历史数据用实线显示，预测数据用虚线显示。预测数据由 Matlab 软件的各类蔬菜最适合的模型计算得出，上海青菜和鸡毛菜用 Holt-Winters 指数平滑模型，上海卷心菜采用 ARIMA(2, 1, 1)模型。历史数据种类包括田头价、批发价、零售价，预测数据有田头价、批发价和零售价。用户可选择地区（全国 31 个省、自治区、直辖市可选）和种类（青菜、卷心菜、鸡毛菜可选）。

5. 绿叶菜月均预测价格和实际价格比较曲线图

比较 12 个月的预测数据和实际数据，查看月度价格预测的准确性。

（四）生产指导模块

根据信息获取——信息分析——管理预警——措施指导的流程，开发基于实时预警信息的绿叶菜生产精准管理专家系统，该专家系统主要使用对象是对青菜、鸡毛菜、杭白菜等有一定生产经验者。系统使用者简单输入蔬菜种植种类、种植时间、选择露天还是大棚种植，即可获得其所种青菜种植阶段的信息、长势标准的信息，并根据季节给予生产建议；绿叶菜种植者如遇特殊情况，还可获得产业技术体系专家的联系方式，针对特定情况咨询专家。系统同时根据种植者种植的绿叶菜所处时间绘出生长进度条，方便生产者及时安排采收、销售、复种等经营管理措施（图 11 - 7、图 11 - 8）。

同时，根据设在上海奉贤区庄行农业综合试验站内的环境信息采集物联网系统采集的数据，实时分析环境信息是否会异常、对病虫害发生进行预判，并将信息实时发布到绿叶菜生产精准管理专家系统内，并给予生产措施，指导生产者科学使用农药，严格农药使用浓度，按农药安全间隔期采收蔬菜，从而达到绿叶菜生产管理及时、精准、安全的目的。

目前上述基于物联网技术环境信息实时获取的绿叶菜精准管理专家系统已示范应用于上海市农业科学院庄行综合试验基地内的绿叶菜生产设施栽培过程中，今后还将在实践中不断完善技术的实用性、有效性和可推广性。

图 11－7　平台绿叶菜栽培管理专家知识系统界面

图 11－8　青菜栽培管理专家知识系统截面

三、上海绿叶蔬菜价格推送服务

（一）推送服务模块

开发了推送服务模块手机 APP，名称为上海农产品价格分析预测 APP（图 11－9）。

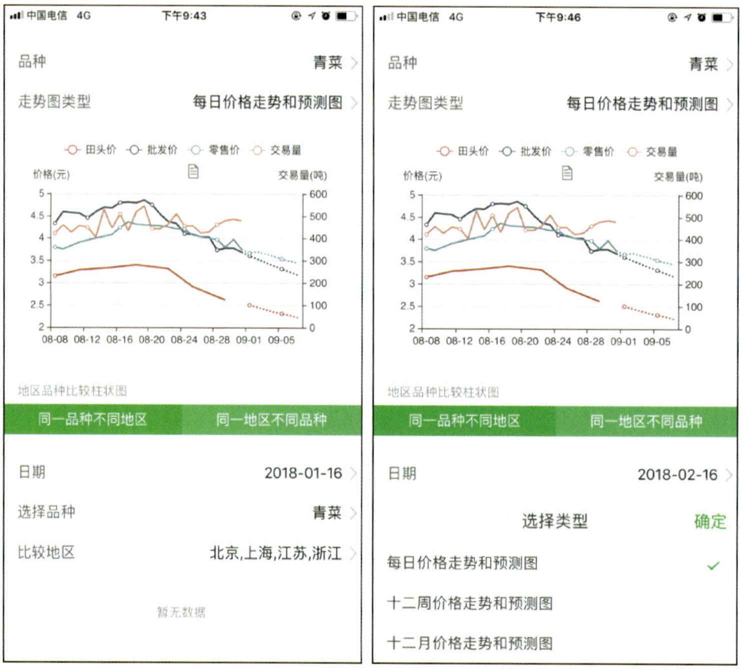

图 11－9　上海农产品价格分析预测 APP 界面及走势与预测（价格为每千克的单价，下同）

用户安装手机 APP 后，通过选择绿叶菜种类青菜、卷心菜、鸡毛菜中的一个，可显示该绿叶菜的 30 天价格走势预测图，包括 23 个实际价格和交易量、7 个预测价格，价格有田头价、批发价、零售价三种价格，以左边纵坐标标识价格、右边纵坐标标识交易量的形式展示推送内容。

除 30 天的日价格以外，同时还可以显示周价格和月价格。周价格推送 12 周的价格走势预测，包括 9 个实际价格和交易量、3 个预测价格；月价格推送 12 个月的价格走势预测，包括 9 个实际价格和交易量、3 个预测价格（图 11－10）。

推送服务还包括推送不同地区的蔬菜价格比较和不同蔬菜种类之间的价格比较。不同地区的蔬菜价格比较通过多选地区的形式，推送同一品种不同地区的价格柱状图，左边纵坐标标识价格，右边纵坐标标识交易量。同一地区不同蔬菜种类之间的价格比较，通过多选种类的形式，推送同一地区不同品种柱状图，左边纵坐标标识价格，右边纵坐标标识交易量（图 11－11）。

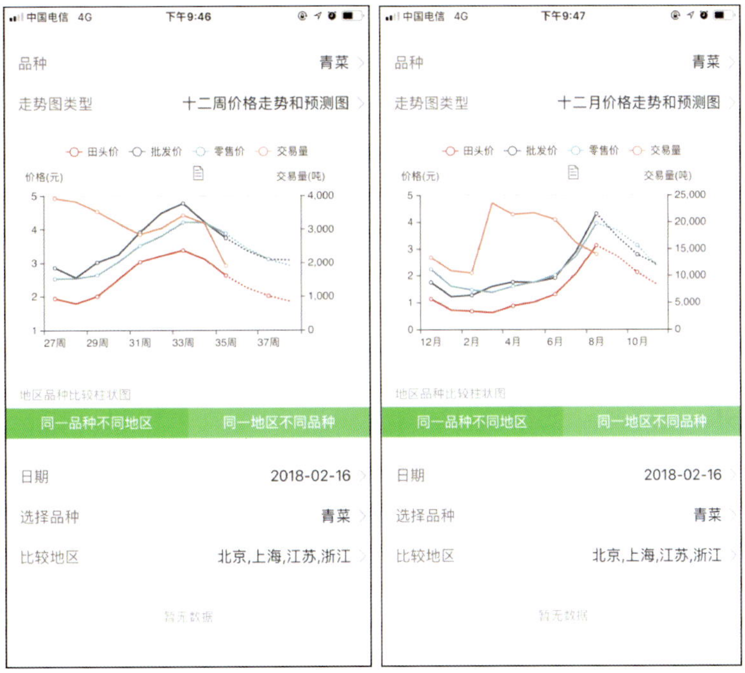

图 11-10　上海蔬菜价格周走势、年走势及预测

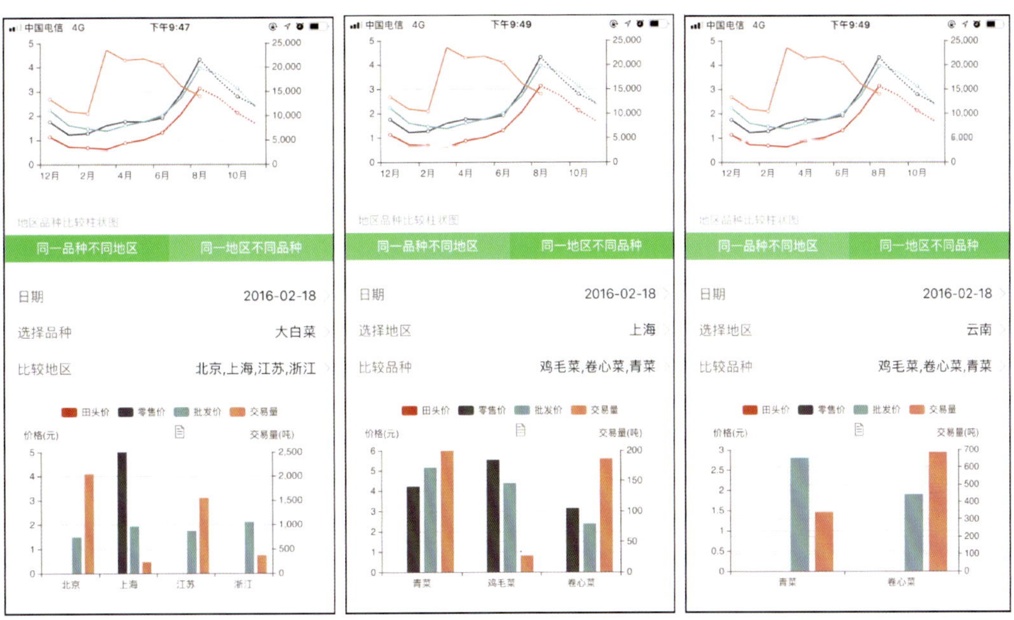

图 11-11　蔬菜价格同一种类不同地区和同一地区不同种类比较

各类推送服务图,用户点击数据视图按钮便可切换到查看统计图对应的数据表格。

总之,推送服务模块提供了直观的数据比较功能、价格预测功能和数据库查询功能,非常实用和方便。

（二）上海蔬菜生产分析报告

1. 上海蔬菜生产消费情况总述

上海市蔬菜生产常年菜田在3.3万公顷（50万亩）上下，年播种面积保持在11.8万公顷（178万亩），复种指数3左右，高于全国平均水平，其中绿叶菜生产夏季面积稳定在1.4万公顷（21万亩）以上，有农业部标准园19家、市级标准园128家。

上海蔬菜年生产量约330万吨（2015年），自给率约50%，则全市蔬菜的年总供应量约为658万吨，其中绿叶菜本市日均供应4 000吨，绿叶菜自给率约90%，则全市绿叶菜的年总供应量为162万吨。据估计，全市绿叶菜年消费量为158万吨，绿叶菜消费量占总蔬菜消费量的25.5%，则蔬菜总消费量约为619.6万吨。

2. 上海农产品价格监测分析报告

上海市农业农村委信息中心一直发布上海农产品价格月度、季度、半年度和年度动态分析报告。报告根据上海农产品监测系统发布的数据，发布月度蔬菜和青菜的田头价、批发价和零售价动态变化，分析指标包括均价变化、环比和同比；绘制2011年1月至今的批发价格走势图；绘制24种蔬菜的批发价格环比数据图；重点分析每日青菜田头价、批发价和零售价的走势变化和月均环比、同比变化；分析蔬菜交易量变化并预测未来价格走势。报告内容还包括猪肉、鸡蛋、海产品和淡水产品的价格。

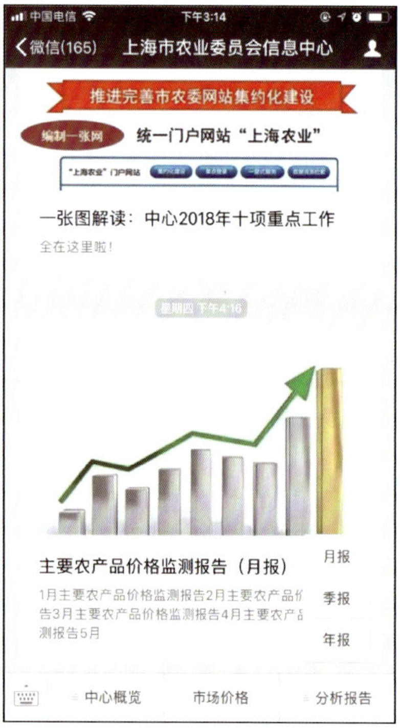

图11－12 微信公众号主界面

在季度分析报告中，会加入本季度各月的价格走势和原因分析，并分析上海蔬菜和绿叶菜价格与周边区域及全国的对比，以及未来价格的走势变化，重点聚焦工作建议。

半年度和年度分析报告，除年度同比分析外，重点是青菜本年度内波动平稳与否及其原因分析和未来一年的走势判断。

（三）微信公众号服务模式

用户关注"上海市农业委员会信息中心"微信公众号（图11－12），点击右下角的"分析报告"，选择"月报、季报、年报"，即可浏览不同时间的上海市蔬菜和绿叶蔬菜的价格变化情况，推送服务信息通过表格、折线图、柱状图和分析总结的形式呈现给用户，方便用户获取服务信息或通过价格变化来自己分析市场行情（图11－13至图11－15）。

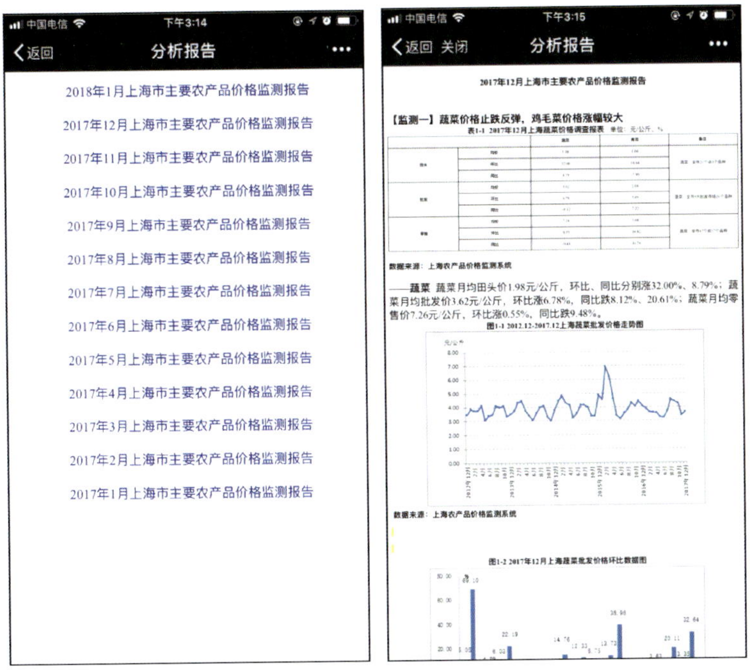

图 11－13 月报界面及内容

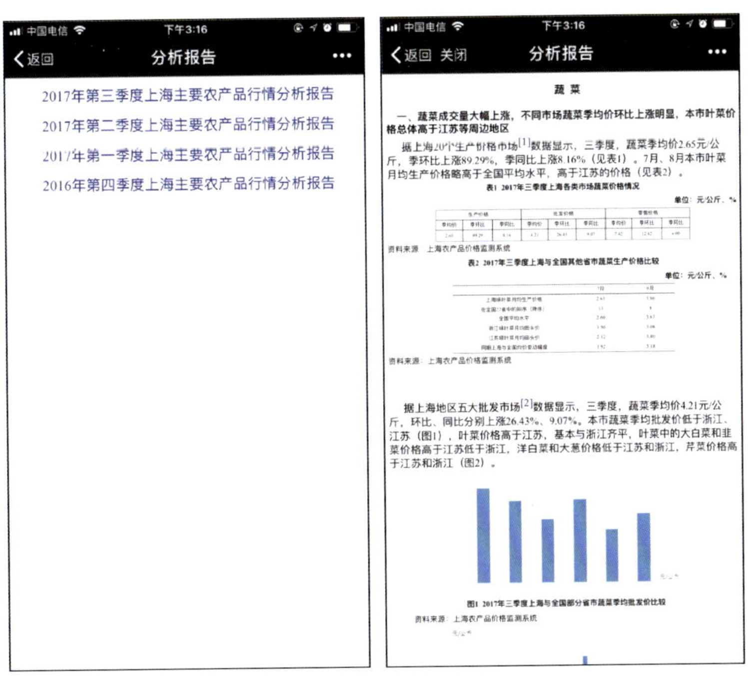

图 11－14 季报界面及内容

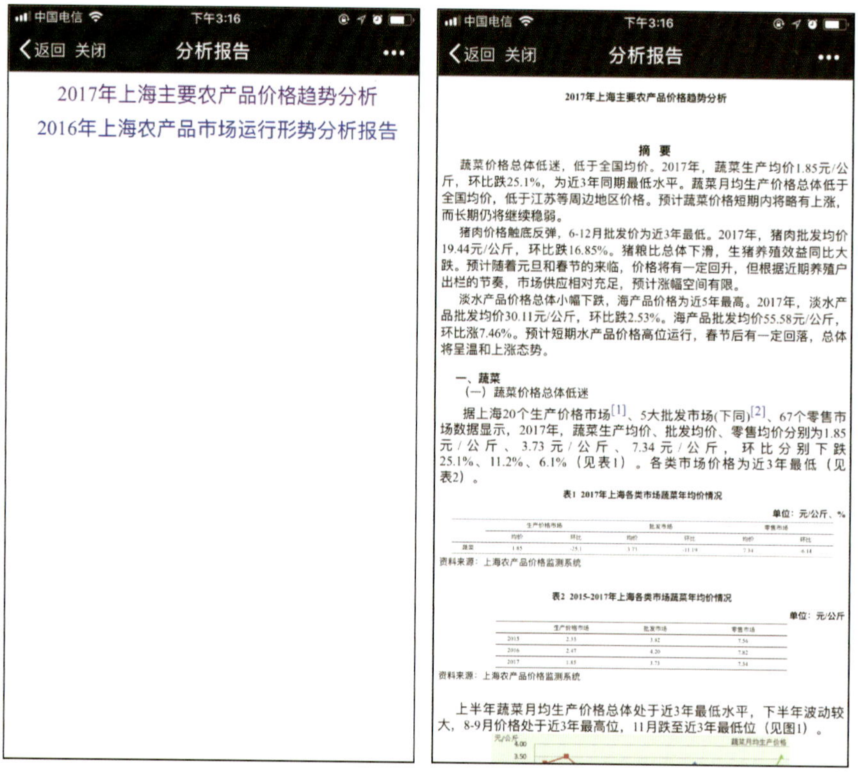

图 11-15　年报界面及内容

四、结语与讨论

本章以上海绿叶蔬菜为例，生动形象地展示了蔬菜价格相关大数据从采集到分析、展示、预测发布和推送服务等的全过程，包括了大数据分析技术、信息通信技术、软件开发技术等多项信息技术的综合应用，其中的农产品价格分析技术在本书中采用的 EViews 软件，实际平台系统开发过程中采用了开放性的数据分析模块产品，以确保时间序列模型类型选型和模型参数随着数据的不断积累而实时更新，达到最优化预测的效果；数据的更新同样是实时获取自上海市农业农村委上海农产品价格监测系统，并将预测结果实时返回该系统供社会应用；软件的开发尤其是信息推送服务顺应时代发展，采用手机 APP 和微信公众号两种方式，发挥两种方式各自的优点，以更好地为农业经营者和决策者服务。

参考文献

[1] Alemu Z. G., Worako T. K. Price transmission and adjustment in the Ethiopian coffee market [J]. Agrekon, 2011, 50(2): 27 - 43.

[2] Andrade G. L., Petri J. L. Volatility of international prices received by Chilean fresh kiwi and apple farmers [J]. Revista Brasileirade Fruticultura, 2008, 30(1): 133 - 139.

[3] Anokye M., Francis T. O. Cobweb model with buffer stock for the stabilization of tomato prices in Ghana [J]. Journal of Management and Sustainability, 2013, 3(1): 1630 - 1632.

[4] Brosig S., Glauben T., Götz L., et al. The Turkish wheat market: spatial price transmission and the impact of transaction costs [J]. ZBW-Leibniz Information Centre for Economics, 2011, 27(2): 147 - 161.

[5] Cox C. B., Luby P. J. Predicting hog price [J]. Journal of Farm Economics, 1956, 38(11): 931 - 939.

[6] Cudjoe G., Clemns B., Diao X. S. Local impacts of a global crisis: Food price transmission, consumer welfare and poverty in Ghana [J]. Food Policy, 2010, 35(4): 294 - 302.

[7] Dick N. A., Wilson P. Analysis of the inherent energy-food dilemma of the Nigerian biofuels policy using partial equilibrium model: The Nigerian Energy-Food Model (NEFM) [J]. Renewable and Sustainable Energy Reviews. 2018, 98: 500 - 514.

[8] DONG Wan-lu, WANG Xiao-bing, YANG Jun. Future perspective of China's feed demand and supply during its fast transition period of food consumption [J]. Journal of Integrative Agriculture, 2015, 14(6): 1092 - 1100.

[9] El-Dukheri I., Elamin N., Kherallah M. Farmers' response to soaring food prices in the Arab region [J]. Food Security, 2011, 3: 149 - 162.

[10] Foster K. A., Havenner A. M., Walburger A. M. System theoretic time-series forecasts of weekly live cattle prices [J]. American Journal of Agricultural Economics, 1995(11): 1012 - 1023.

[11] Hu T., Zhang X. S., Hou Y. X., et al. A hybrid model for forecasting aquatic products short-term price integrated wavelet neural network with genetic algorithm [M]. Springer-Verlag Berlin Heidelberg, 2005: 352 - 360.

[12] Jarrett F. G. Short term forecasting of Australian wool prices [J]. Australian Economic Paper, 1965(4): 93 - 102.

[13] Just R. E., Rausser G. C. Commodity price forecasting with large-scale econometric models and the futures market [J]. American Journal of Agricultural Economics, 1981(5): 197 - 208.

[14] La Via G., Nucifora A. M. D., Cucuzza G. Short term forecasting of vegetables prices in Sicily [J]. Acta Horticulturae, 2003, 2: 857 - 862.

[15] Leal I., Melin P. Time series forecasting of tomato prices in Mexico using modular neural networks and processing in parallel [J]. Hybrid Intelligent Systems, 2007, 208: 385 - 402.

[16] Li G. Q., Xu S. W., Li Z. M. Short-term price forecasting for agro-products using artificial neural networks [J]. Agriculture and Agricultural Science Procedia, 2010, 1: 278 - 287.

[17] Longworth N., Jongeneel R. A., Saatkamp H. W. A vertically linked dynamic partial equilibrium model to analyze market shocks caused by HPAI control in the Dutch egg production chain [J].

NJAS-Wageningen Journal of Life Sciences, 2019,88: 112 - 128.

[18] Luo C. S. , Wei Q. F. , Zhou L. Y. , et al. Prediction of vegetable price based on neural network and genetic algorithm [J]. Li D. , Liu Y. , Chen Y. CCTA 2010, PartⅢ, IFIP advances in information and communication technology, 2011,346: 672 - 681.

[19] Maly M. Partial equilibrium model-beef [J]. Agricultural Economics-Zemedelska Ekonomika. 2013, 59(6): 247 - 261.

[20] Michal Čermák, Karel Malec, Mansoor Maitah. Price volatility modelling wheat: GARCH model application [J]. Agris On-line Papers in Economics and Informatics, 2017,9(4): 15 - 24.

[21] Mitra S. , Boussard J. M. A simple model of endogenous agricultural commodity price fluctuations with storage [J]. Agricultural Economics, 2012,43(1): 1 - 15.

[22] Moore H. L. Forecasting the Yield and the Price of Cotton [M]. New York: The Macmillan Company, 1917: 100 - 113.

[23] Myers R. J. , Jayne T. S. Multiple-Regime Spatial Price Transmission with an Application to Maize Markets in Southern Africa [J]. American Journal of Agricultural Economics, 2012,94(1): 174 - 188.

[24] Naimzada A. , Pecora N. , Tramontana F. A cobweb model with elements from prospect theory [J]. Journal of Evolutionary Economics, 2019,29(2): 763 - 778.

[25] O' Rourke A. D. The world apple market. Fpp Agricultural Commodity Economics Distribution & Marketing [M], New York: the Harworth Press, 1994.

[26] Ramirez O. A. , Fadiga M. Forecasting agricultural commodity prices with asymmetric-error GARCH models [J]. Journal of Agricultural and Resource Economics. 2003,28(1): 71 - 85.

[27] Ribeiro C. O. , Oliveira S. M. A hybrid commodity price-forecasting model applied to the sugar-alcohol sector [J]. Australian Journal of Agricultural and Resource Economics. 2011,55(2): 180 - 198.

[28] Russo C. , Green R. , Howitt R. Estimation of supply and demand elasticities of California commodities [R]. Department of Agricultural and Resource Economics, UC Davis, 2008.

[29] Schmitz A. , Watts D. G. Forecasting wheat yield: an application of parametric time series modeling [J]. American Journal of Agricultural Economics, 1970,52: 247 - 254.

[30] Szulczyk K. R. , Md Atiqur Rahman Khan. The potential and environmental ramifications of palm biodiesel: evidence from Malaysia [J]. Journal of Cleaner Production, 2018,203: 260 - 272.

[31] Tadesse, G. , Shively G. Food Aid, Food prices, and producer disincentives in Ethiopia [J]. American Journal of Agricultural Economics, 2009,91(4): 942 - 955.

[32] Trostle R. Global agricultural supply and demand: factors contributing to the recent increase in food commodity prices [R]. USDA's Economic Research Service, Washington DC, USA: DIANE Publishing, 2010.

[33] TzongRu L. , Cheng H. F. Application of gray's theory to predict prices of agricultural products-the case of adzuki beans [J]. Journal of Agriculture and Forestry, 2000,49(2): 83 - 92.

[34] Xu, Shi-wi, Dong Xiao-xia, Li Zhe-min. Vertical price transmission in the China's layer industry chain: an application of FDL approach [J]. Agricultural Sciences in China, 2011,10(11): 1812 - 1823.

[35] Yang J. Economic analysis of blueberry investment in British Columbia [D]. Columbia: The University of British Columbia, 2010.

[36] Yu S. H. , Huang H. R. , Qu J. Y. Forecasting model of agricultural products prices in wholesale markets based on combined BP neural network-time series model [C]. Proceedings of the 6th Conference of Biomathematics, 2009.

[37] Yu Sheng, Ligang Song. Agricultural production and food consumption in China: A long term projection [J]. China Economic Review, 2019,53: 15 - 29.

[38] Zhang W. S. , Chen H. F. , Wang M. S. A forecast model of agricultural and livestock products price [J]. Applied Mechanics and Materials, 2010,20 - 23: 1109 - 1114.

[39] 曹帅，林海，曹慧. 中国农业补贴政策变动趋势及其影响分析[J]. 公共管理学报，2012，4：55－63.

[40] 陈彦峰. 近年蔬菜价格上涨原因分析及蔬菜价格中长期走势预测[J]. 中国瓜菜，2008，1：47－48.

[41] 陈永福，刘春成. 中国杂粮供求：基于局部均衡模型的结构与模拟分析[J]. 中国农村经济，2008，7：53－62.

[42] 程国强，徐雪高. 改革开放以来我国农产品价格波动的回顾[J]. 重庆工学院学报：社会科学版，2009，23(4)：1－3.

[43] 程瑞芳. 我国农产品价格形成机制及波动效应分析[J]. 中国流通经济，2007，21(3)：22－24.

[44] 董晓霞，李干琼，刘自杰. 农产品市场价格短期预测方法的选择及应用——以鲜奶零售价格为例[J]. 山东农业科学，2010(1)：109－113.

[45] 董永刚. 基于蛛网模型的食用菌价格波动预测——以平菇为例[J]. 中国食用菌 2019，38(7)：128－132.

[46] 范润梅，庞晓鹏，王征南. 蔬菜市场批零价差和价格传递机制分析——以北京市为例[J]. 商业研究，2007(11)：110－114.

[47] 傅如南，林丕源，严尚维等. 基于 ARIMA 的肉鸡价格预测建模与应用[J]. 中国畜牧杂志，2008，44(20)：17－21.

[48] 龚璇，孙文，徐晓峰等. 农产品价格变动分析与对策探究——基于蛛网模型和市场因素以湖北省蕲春县瓜果蔬菜类农产品为例[J]. 现代商贸工业，2013，19：14－16.

[49] 顾国达，方晨靓. 国际农产品价格波动成因研究述评[J]. 华中农业大学学报(社会科学版)，2012(2)：11－17.

[50] 郭超. 农产品价格数据挖掘与趋势预测模型的研究[D]. 济南：山东大学，2009.

[51] 胡华平，李崇光. 农产品垂直价格传递与纵向市场联结[J]. 农业经济问题，2010，1：10－17.

[52] 黄德林，李向阳，蔡松锋. 基于中国农业 CGE 模型的农业补贴政策对粮食安全影响的研究[J]. 中国农学通报，2010，26：429－435.

[53] 黄晓娟，刘北林. 食品安全风险预警指标体系设计研究[J]. 哈尔滨商业大学学报(自然科学版)，2008，24(5)：621－623.

[54] 李凡. 基于季节时间序列模型的甜椒生产与消费价格波动分析[J]. 台湾农业探索，2013，4：24－30.

[55] 李干琼，许世卫，李哲敏等. 农产品市场价格短期预测方法与模型研究——基于时间序列模型的预测[J]. 中国农业大学学报，2011，16(2)：172－178.

[56] 李娜，史建民. 蔬菜价格比较分析——以大白菜、黄瓜、西红柿、豆角和土豆为例[J]. 中国农学通报，2012，28(23)：302－309.

[57] 李穗豫. 基于电子商务农产品物流体系的构建研究[J]. 商场现代化，2008(8)：155－157.

[58] 李锁平，王利农. 我国蔬菜供给对价格的反应程度分析[J]. 农业技术经济，2006，5：59－62.

[59] 李哲敏. 农产品市场价格传导机制研究[M]. 北京：中国农业科学技术出版社，2016.

[60] 李哲敏，李干琼. 禽蛋市场价格短期预测[J]. 中国食物与营养，2010(6)：36－39.

[61] 李哲敏，任育锋，彭春燕. 大数据时代的澳大利亚农业信息监测预警体系[J]. 世界农业，2015，10：21－26.

[62] 李哲敏，许世卫，董晓霞等. 中国禽蛋产业链短期市场价格传导机制[J]. 中国农业科学，2010，43(23)：4951－4962.

[63] 刘芳，王琛，何忠伟. 果蔬产品产销间价格传导机制研究[J]. 农业技术经济，2012，1：99－108.

[64] 刘海清，方佳. 基于指数平滑模型的海南省芒果价格预测[J]. 热带农业科学，2010，30(1)：79－81.

[65] 刘书琪，费月升. 黑龙江省大豆价格预测分析[J]. 边疆经济与文化，2004(6)：21－23.

[66] 刘嵩. 运用商品名称及编码协调制度(HS)促进我国商品进出口业务[J]. 中国标准化，1999(4)：31－33.

[67] 刘同山，吴乐. 我国蔬菜价格形成及对策研究——基于经济学的视角分析[J]. 价格理论与实践，2011，2：40－41.

[68] 刘艺卓. 汇率变动对中国农产品价格的传递效应[J]. 中国农村经济，2010，1：19－27.

[69] 卢素丽，熊炳忠. 上海绿叶菜价格时间序列建模分析[J]. 上海农业科技，2012，2：12－14.

[70] 鲁晓旭，张劼. 基于蛛网模型理论的柑橘生产和价格波动分析[J]. 农村经济，2010，8：60－62.

[71] 罗超平，王钊，翟琼. 蔬菜价格波动及其内生因素——基于 PVAR 模型的实证分析[J]. 农业技术经济，2013，2：22－30.

[72] 罗永恒. 基于 ARMA 模型的中国农产品价格的分析与预警[J]. 经济数学,2013,1: 96 - 99.
[73] 罗长寿. 基于神经网络与遗传算法的蔬菜市场价格预测方法研究[J]. 科技通报,2011,27(6): 881 - 885.
[74] 吕超,周应恒. 我国蔬菜播种面积的影响因素分析[J]. 经济地理,2011,31(1): 118 - 122.
[75] 马国英,杨蕾,王晶晶等. 我国蔬菜价格变动的原因分析和对策探讨[J]. 蔬菜,2011,7: 1 - 4.
[76] 马孝斌,王婷,董霞等. 向量自回归法在生猪价格预测中的应用[J]. 中国畜牧杂志,2007,43(23): 4 - 6.
[77] 马雄威,朱再清. 灰色神经网络模型在猪肉价格预测中的应用[J]. 内蒙古农业大学学报: 社会科版,2008,10(4): 91 - 93.
[78] 苗开超. 基于指数平滑模型的农产品价格预测研究[D]: 合肥: 合肥工业大学硕士学位论文,2009.
[79] 平平,刘大有,杨博等. 组合预测模型在猪肉价格预测中的应用研究[J]. 计算机工程与科学,2010,5: 109 - 112.
[80] 齐振新,田广金,齐振荣. 蔬菜价格在市场淡旺季转换时期的变动及影响[J]. 现代农业,2005,12: 61.
[81] 钱婷婷,赵京音,杨娟等. 农产品价格监测体系建设及监测预警方法进展[J]. 上海农业学报,2017,33(4): 146 - 151.
[82] 钱智,康芳华,张晔. 上海市蔬菜价格持续上涨的成因及对策[J]. 科学发展,2011,1: 53 - 59.
[83] 宋长鸣,徐娟,章胜勇. 蔬菜价格波动和纵向传导机制研究——基于 VAR 和 VECH 模型的分析[J]. 农业技术经济,2013,2: 10 - 21.
[84] 苏博,刘鲁,方锋锋. 基于逐步回归的中国粮食价格预警研究. 企业经济,2006,1: 131 - 133.
[85] 孙素芬,罗长寿. 基于 RBF 神经网络的蔬菜价格预报研究[J]. 中国农学通报,2011,27: 269 - 273.
[86] 孙艳华,林凌. 农业信息化对农产品价格波动的影响研究[J]. 湖南农业科学,2014(5): 70 - 71,76.
[87] 孙忠富,杜克明,郑飞翔等. 大数据在智慧农业中研究与应用展望[J]. 中国农业科技导报,2013,15(6): 63 - 71.
[88] 唐伟. 基于开源 WebGIS 的农产品供求与价格信息系统应用研究[D]. 成都: 四川师范大学,2013.
[89] 滕素珍,刘羽,于建坤. 价格预测模型及算法[J]. 大连理工大学学报,1995,10: 593 - 595.
[90] 屠星月,薛佳妮,郭承坤等. 基于时间序列与 RBF 的农产品市场价格短期预测模型[J],广东农业科学,2014,23: 168 - 173.
[91] 王方舟. 河北省蔬菜生产对价格变动的反应研究——基于经济学的蛛网模型检验[J]. 湖北农业科学,2013,52(2): 463 - 466.
[92] 王海军,顾舒鸣,钟超. 农业供给侧结构性改革背景下柑橘最优种植规模的探究——基于价格波动视角[J]. 农林经济管理学报,2017,16(5): 614 - 621.
[93] 王寒笑,安玉发,龙熹. 我国蔬菜供给、需求现状及价格变动分析[J]. 中国蔬菜,2009,15: 6 - 8.
[94] 王晶晶,陈永福. 2010 年我国蔬菜市场分析与预测[J]. 农业展望,2010,4: 21 - 25.
[95] 王美凤,赵京音,邵芳等. 上海青菜价格短期预测模型的比较研究[J]. 上海农业学报,2017,33(1): 160 - 165.
[96] 王舒鸿. 灰色预测模型在鸡蛋价格预测中的应用[J]. 中国禽业导刊,2008,25(15): 48 - 50.
[97] 王晓东. 基于模糊神经网络的商品价格预测模型[J]. 价值工程,2008(5): 90 - 92.
[98] 王勇,张浩. 小麦期货价格预测的马尔科夫模型[J]. 安徽农业科学,2008,36(5): 1721.
[99] 王禹,许世卫,李哲敏. 美国农业部(USDA)组织架构和职能概况[J]. 世界农业,2015,6: 145 - 149.
[100] 温继文,李道亮,朱翔等. 我国与美国农业信息服务体系建设的比较研究[J]. 南方农村,2006(1): 49 - 53.
[101] 吴敬婷. 农产品价格时间序列几种预测模型的研究[J]. 黑龙江科技信息,2013,31: 93 - 95.
[102] 辛佳临,陈永福. 近期蔬菜类农产品市场分析与预测[J]. 农业展望,2009,5(5): 8 - 12.
[103] 徐雅卿,魏轶华,李旭刚. 农产品价格预测模型的构建[J]. 统计与决策,2017,12: 75 - 77.
[104] 许金普,诸叶平. 基于语音识别的农产品价格信息采集方法[J]. 中国农业科学,2015,48(3): 449 - 459.
[105] 许世卫,李哲敏,李干琼等. 农产品市场价格短期预测研究进展[J]. 中国农业科学,2011,44(17):

3666－3675.
[106] 许世卫,李哲敏,李干琼.美国农业信息体系研究[J].世界农业,2008,1：44－46.
[107] 许世卫,张永恩,李志强等.农产品全息市场信息规范及分类编码研制[J].中国食物与营养,2011,17(12)：5－8.
[108] 许世卫.农业大数据与农产品监测预警[J].中国农业科技导报,2014,5：14－20.
[109] 许世卫.中国农业监测预警的研究进展与展望[J].农学学报,2018,8(1)：197－202.
[110] 薛正平,李军,孙燕等.气象条件对青菜价格的影响及其关系模型[J].上海农业学报,2014,30(5)：114－119.
[111] 杨坤,王志峰.农产品价格信息监测预测系统设计与实现[J].农业网络信息,2010,11：37－39.
[112] 姚霞,彭汉良,朱艳等.时鲜农产品价格预测的ARIMA时序模型构建与运用[J].农业系统科学与综合研究,2007,23(1)：89－94.
[113] 袁红春,陈明,黄冬梅.一种基于CBR的网络水产品价格预测方法[J].计算机应用与软件,2008,25(12)：39－42.
[114] 翟欣,黄丹枫.都市绿叶蔬菜价格波动原因与对策研究[J].长江蔬菜,2012,14：1－6.
[115] 张洪星.我国蔬菜供给的动态反应[J].江苏农业科学,2014,42(8)：470－473.
[116] 张静.多源网络信息语义异构识别与消除技术研究[D].北京：中国农业科学院,2014.
[117] 张石锐,郑文刚,申长军等.基于GSM的农产品价格采集系统的设计与实现[J].农机化研究,2011,33(9)：193－196.
[118] 张小栓.水产品价格预测支持系统研究[D].北京：中国农业大学,2003.
[119] 张星联,张慧媛,唐晓纯.国内外农产品质量安全预警系统现状研究[J].农产品质量与安全,2012,3：19－21.
[120] 章涛,孙鹤,潘明善.国际与国内粮食市场价格传导机制研究——基于局部均衡模型[J].当代经济,2012,4：6－7.
[121] 赵安平,赵友森,王川等.蔬菜批发市场和零售市场价格变化及传导机制研究[J].中国农学通报,2011,27(4)：253－260.
[122] 郑火国.农业信息服务平台的构建与实现[D].北京：中国农业科学院,2006.
[123] 中国标准化研究院.全国主要产品分类与代码：GB-T7635.1,2002[S][M].北京：中国标准出版社,2002.
[124] 中国农业科学院农业信息研究所.OECD-FAO世界农业展望的方法与技术[R].2015中国农业展望大会专题.
[125] 中国农业科学院农业信息研究所.G20农业市场信息系统AMIS[R].2015中国农业展望大会专题.
[126] 中国农业科学院农业信息研究所.澳大利亚开展农业展望的基本做法[R].2015中国农业展望大会专题.
[127] 中国农业科学院农业信息研究所.美国农业展望技术支撑体系[R].2015中国农业展望大会专题.
[128] 朱海燕,司伟.中国小麦价格波动影响因素分析[J].农业技术经济,2015,5：47－58.
[129] 庄传礼.农村信息服务中的“道德风险”与防范对策[J].中国城市经济,2007,11：55－57.